過陰收魂
尼山薩滿的滿語對話

莊吉發編譯

國立臺灣大學滿文講義

滿　語　叢　刊

文史哲出版社印行

國家圖書館出版品預行編目資料

過陰收魂：尼山薩滿的滿語對話 / 莊吉發編譯. -- 初版.-- 臺北市：文史哲, 民 108.05
面： 公分.（滿語叢刊；34）
ISBN 978-986-314-463-2 (平裝)

1.滿語 2.讀本

802.918 108007060

滿語叢刊 34

過陰收魂：尼山薩滿的滿語對話

編譯者：莊吉發
出版者：文史哲出版社
http:// www.lapen.com.tw
e-mail:lapen@ms74.hinet.net
登記證字號：行政院新聞局版臺業字五三三七號
發行人：彭正雄
發行所：文史哲出版社
印刷者：文史哲出版社
臺北市羅斯福路一段七十二巷四號
郵政劃撥帳號：一六一八〇一七五
電話886-2-23511028・傳真886-2-23965656

定價新臺幣四六〇元

民國一〇八年（2019）五月初版
民國一〇八年（2019）七月初版二刷

ISBN 978-986-314-463-2 65134

過陰收魂

尼山薩滿的滿語對話

目　　次

尼山薩滿畫像

過陰收魂
尼山薩滿的滿語對話

導 讀

薩滿，滿洲語讀如「Saman」，是阿爾泰語系通古斯語族稱呼跳神巫人的音譯。在通古斯族的語言中，薩滿一詞是指能夠通靈的男女，他們在跳神作法的儀式中，受到自我暗示或刺激後，即產生習慣性的人格解離，薩滿人格自我真空，將神靈引進自己的軀體，使神靈附體，而產生一種超自然的力量，於是具有一套和神靈溝通的法術。崇奉薩滿信仰的民族認為人生的禍福，宇宙的各種現象，都有神靈在冥冥之中主宰著，人們與神靈之間，必須設法溝通。通過占卜、祭祀、祈禱等手段，可以預知、撫慰，乃至征服自然界中的某種神秘力量。薩滿就是在相信泛靈論的環境中，與神靈溝通的靈媒，是連繫人的世界與神靈世界的橋樑，在阿爾泰語系各民族中，具有超自然能力的這些人就是薩滿。

薩滿信仰的觀念和活動，是以巫術為主體和主流而發展起來的複雜文化現象，源遠流長。典型的薩滿信仰出現於東北亞至西北亞的漁獵社會，而以北亞貝加爾湖及阿爾泰山一帶較為發達，表現最為完整。古代匈奴、烏桓、鮮卑、柔然、高車、突厥、肅慎、挹婁、靺鞨、契丹、女真、蒙古等民族的巫覡信仰，就是屬於薩滿信仰的範疇。

探討薩滿信仰，不能忽視古代巫術文化的背景。古籍中關於巫覡招神、逐疫、治病、除不祥的記載，已屢見不鮮。《周禮·春官》記載說：

> 男巫：掌望祀望衍，授號，旁招以茅。冬堂贈，無方無算。春招弭，以除疾病。王弔，則與祝前。女巫：掌歲時祓除釁浴。旱暵則舞雩。若王后弔，則與祝前。凡邦之大災，歌哭而請[1]。

男巫又叫做覡，女巫又叫做巫。所謂「旁招以茅」，就是招來四方所望祭者，亦即招神。「堂贈」就是逐疫，冬歲至終，以禮送不祥及惡夢，其行必由堂始，巫覡與神靈相通，神諭當東則東，當西則西，可近則近，可遠則遠，道理無數。「釁浴」是以香薰草藥沐浴，「祝前」、「祓除釁浴」，就是除不祥。「舞雩」、「大災歌哭而請」則為禳災。古代薩滿信仰的社會功能，主要也是為人逐疫治病、禳災驅祟、求神祈福等活動，與巫覡相近，薩滿的法術，與古代的巫術，性質相似。歷代史書對巫覡的活動，記載頗詳。《史記·封禪書》有一段記載說：

> 後四歲，天下已定，詔御史，令豐謹治枌榆社，常以四時春以羊彘祠之。令祝官立蚩尤之祠於長安。長安置祠祝官、女巫。其梁巫，祠天、地、天社、天水、房中堂上之屬；晉巫，祠五帝、東君、雲中、司命、巫社、巫族人、先炊之屬；秦巫，祠社主、巫保、族纍之屬；荊巫，祠堂下、巫先、司命、施糜之屬；九天巫，祠九天，皆以歲時

1 《周禮》（臺北，中華書局，四部備要），卷二六，頁四。

> 祠宮中。其河巫，祠河於臨晉，而南山巫，祠南山秦中。秦中者，二世皇帝，各有時月[2]。

司馬貞《索引》引《三輔故事》說：「胡巫事九天於神明台[3]。」胡巫，即指匈奴巫，因匈奴巫奉祀九層的天上界，所以匈奴巫就稱為九天巫。《漢書・匈奴傳》有一段記載說：

> 貳師在匈奴歲餘，衛律害其寵，會母閼氏病，律飭胡巫言：「先單于怒，曰：胡故時祠兵，常言得貳師以社，何故不用？」於是收貳師。貳師罵曰：「我死必滅匈奴。」遂屠貳師以祠。會連雨雪數月，富產死，人民疫病，穀稼不孰，單于恐，為貳師立祠室[4]。

《史記》、《三輔故事》、《漢書》所載「九天巫」、「胡巫」是對北方民族崇信巫覡的較早記載。樊圃撰〈六到八世紀突厥人的宗教信仰〉一文已經指出「胡巫或九天巫奉祀的九天，完全是薩滿信仰的宗教觀，薩滿就是中國古代史書中的巫[5]。」誠然，後世所稱薩滿，就是古代史書中所載北方民族所崇信的巫覡。《漢書・蘇建傳》記載杜陵人蘇建有三子：蘇嘉為奉車都尉，蘇賢為騎都尉，中子蘇武最知名，他曾出使匈奴，原書有一段記載說：

> 單于使衛律治其事。張勝聞之，恐前語發，以狀語武。武曰：「事如此，此必及我。見犯乃死，重負國。」欲自殺，

---

2 《史記》（臺北，臺灣商務印書館，百衲本，民國五十六年七月），卷二八，〈封禪書〉，頁一八。

3 《史記》（臺北，鼎文書局，民國五十六年七月），卷二八，頁一三七九。

4 《漢書》（臺北，臺灣商務印書館，民國五十六年七月），卷九四，列傳六四上，頁三 〇 。

5 樊圃撰〈六到八世紀突厥人的宗教信仰〉，《文史》，第十九輯（北京，中華書局，一九八三年八月），頁一九二。

> 勝、惠共止之。虞常果引張勝。單于怒，召諸貴人議，欲殺漢使者。左伊秩訾曰：「即謀單于，何以復加？宜皆降之。」單于使衛律召武受辭，武謂惠等：「屈節辱命，雖生，何面目以歸漢？」引佩刀自刺。衛律驚，自抱持武，馳召毉。鑿地為坎，置熅火，覆武其上，蹈其背以出血。武氣絕，半日復息。惠等哭，輿歸營。單于壯其節，朝夕遣人候問武，而收繫張勝[6]。

匈奴巫能治病，也能急救。引文中的「毉」，就是巫醫。蘇武自殺後，匈奴大臣衛律召來巫醫，鑿了地穴，下置熅火，把蘇武放在上面，用腳踹他的後背，使他出血。蘇武原先已經氣絕，半日後卻蘇醒過來了。由此可知匈奴的巫醫確實懂得急救及醫治外傷，「毉」不僅是匈奴的巫覡，也是匈奴的醫生[7]。

魏晉時期，匈奴內部分裂成許多部，各有名號，芮芮就是其中一部，亦即匈奴別種。據史書記載，芮芮部也崇尚巫術。《梁書・西北諸戎傳》記載芮芮國的巫覡信仰說：

> 其國能以術祭天，而致風雪，前對皎日，後則泥潦橫流，故其戰敗莫能追及。或於中夏為之，則曀而不雨，問其故，以暖云[8]。

祭天而致風雪，就是一種巫術，是匈奴社會裡常見的活動。梁武帝中大通六年（五三四），北魏分裂為東、西魏，其後，雙方仍與柔然和親，結為外援。大統三年（五三七），西魏文帝納柔然敕連頭兵豆伐可汗阿那瓌女郁久閭瓦為后，即悼皇后。

---

6 《漢書》，卷五四，列傳二四，頁一七。

7 林幹撰＜關於研究中國古代北方民族文化史的我見〉，《內蒙古大學學報》，一九八八年，第一期（呼和浩特，內蒙古大學，一九八八年一月），頁七。

8 《梁書》（臺北，臺灣商務印書館，民國五十六年七月），卷五四，列傳四八，頁四七。

大統六年（五四〇），悼皇后懷孕將產，居於瑤華殿，聞有狗吠聲，心裡很厭惡，又看見盛裝婦女來至悼皇后住處。悼皇后問左右說：「此為何人？」醫巫旁侍，悉無見者，當時相信盛裝的婦人就是文皇后的亡靈[9]。悼皇后懷孕待產時，仍然醫巫旁侍，可見她對醫巫的崇信，仍未改變。《北史，蠕蠕傳》記載醜奴信奉醫巫的情形，更加詳細，原書略謂：

> 初，豆崙之死也，那蓋為主，伏圖納豆崙之妻候呂陵氏，生醜奴、阿那瓌等六人。醜奴立後，忽亡一子，字祖惠，求募不能得。有尼引副升牟妻是豆渾地萬，年二十許，為醫巫，假託神鬼，先常為醜奴所信，出入去來。乃言：「此兒今在天上，我能呼得。」醜奴母子欣悅。後歲仲秋，在大澤中施帳屋，齋潔七日，祈請天神，經一宿，祖惠忽在帳中，自云恒在天上。醜奴母子抱之悲喜，大會國人，號地萬為聖女，納為可賀敦。授夫副升牟爵位，賜牛、馬、羊三千頭。地萬既挾左道，亦是有姿色，醜奴甚加重愛，信用其言，亂其國政。如是積歲，祖惠年長，其母問之。祖惠言：「我恒在地萬家，不嘗上天，上天者，地萬教也。」其母具以狀告醜奴。醜奴言地萬懸鑒遠事，不可不信，勿用讒言也[10]。

祖惠失蹤後，躲在地萬家中，未嘗上天。地萬是一位醫巫，假託神鬼，挾其左道，且有姿色，但因其能懸鑒遠事，所以始終得到醜奴的信任。高車也是匈奴別種，南北朝時期，為突厥所併。

---

9 《北史》（臺北，臺灣商務印書館，民國五十六年七月），卷一五，后妃列傳第一，頁二三。

10《北史》，卷九八，列傳八六，頁一〇。

高車地區的巫祝活動，也很普遍。《北史．高車傳》有一段記載說：

> 俗不清潔，喜致震霆。每震，則叫呼射天而集之移去。來歲秋，馬肥，復相率候於震所，埋羖羊，然火拔刀，女巫祝說，似如中國祓除，而群隊馳馬旋繞，百匝乃止。人持一束柳桋回，豎之，以乳酪灌焉。婦人以皮裹羊骸，戴之首上，縈屈髮鬢而綴之，有似軒冕。其死亡葬送，掘地作坎，坐尸於中，張臂引弓，佩刀挾稍，無異於生，而露坎不掩。時有震死及疫癘，則為之祈福；若安全無他，則為報賽。多殺雜畜，燒骨以燎，走馬遶旋，多者數百匝。男女無小大，皆集會。平吉之人，則歌舞作樂；死喪之家，則悲吟哭泣[11]。

引文內容是關於高車人信奉巫術較早的記載，高車社會裡，遇到災變或疫癘時，即由女巫進行祓除、祈福等活動。《隋書．突厥傳》對突厥人崇奉巫覡的情形，也有相當詳細的記載，原書有一段記載說：

> 有死者，停屍帳中，家人親屬多殺牛馬而祭之，遶帳號呼，以刀剺面，血淚交下，七度而止。於是擇日置屍馬上而焚之，取灰而葬，表木為塋，立屋其中，圖畫死者形儀及其生時所經戰陣之狀。嘗殺一人，則立一石，有至千百者。父兄死，子弟妻其群母及嫂。五月中，多殺羊馬以祭天。男子好樗蒲，女子踏鞠，飲馬酪取醉，歌呼相對。敬鬼神，信巫覡，重兵死而恥病終，大抵與匈奴同俗[12]。

11《北史》，卷九八，列傳八六，頁二三。

12《隋書》（臺北，臺灣商務印書館，民國五十六年七月），卷八四，列傳四九，頁一。

突厥與匈奴同俗，敬鬼神，而信巫覡，重兵死，而恥病終。突厥用兵時，即以巫師之言，以定進止。突厥巫師有致風雪的法術，叫做札答，是一種禱雨小圓石。古代突厥人稱為「Jadah」，波斯人稱為「Yadah」，漢譯作「札答」，巫師用禱雨石製造雲、雨、霜、雪。與突厥人同時的黠戛斯族，又稱堅昆。黠戛斯亦篤信巫師。《新唐書》記載黠戛斯人祠神惟主水草，祭無時，呼巫為「甘」[13]。突厥語中的「巫」，讀如「Kam」，有「動」、「急動」、「舞踊」的意思[14]。「甘」，就是「Kam」的漢譯。十一世紀的突厥語學家馬合木德·喀什噶里編著《突厥語詞典》，將「Kam」註釋為「占卜者、薩滿」[15]。在裕固語中，稱呼會跳神、品級較高的祀公子為「喀木」，就是天神的使者，意即能以巫術占卜治病的薩滿[16]。由此可知「喀木」、「甘」，都是「Kam」的同音異譯。

唐代宗永泰元年（七六五），回紇、吐蕃入寇，回紇受盟而還。《舊唐書·迴紇傳》記載郭子儀與回紇盟誓經過甚詳，原書中有一段記載說：

> 合胡祿都督等與宰相磨咄莫賀達干、宰相噉莫賀達干、宰相護都毗伽將軍、宰相揭拉裴羅達干、宰相梅錄大將軍羅達干、平章事海盈闕達干等，子儀先執杯，合胡祿都督請咒。子儀咒曰：「大唐天子萬歲！迴紇可汗亦萬歲！兩國將相亦萬歲！若起負心，違背盟約者，身死陣前，家口屠

13《新唐書》（臺北商務印書館，民國五十六年七月），卷二一七，列傳一四二，頁一一。

14《文史》，第十九輯，頁一九六。

15 馬合木德·喀什噶里編著《突厥語詞典》，土耳其文譯本，第三卷，頁一五七。

16 陳宗振、雷選春撰〈裕固族中的薩滿——祀公子〉，《世界宗教研究》，一九八五年，第一期（北京，中國社會科學出版社，一九八五年三月），頁一五〇。

> 戮。」合胡祿都督等失色，及杯至，即譯曰：「如令公盟約。」皆喜曰：「初發本部來日，將巫師兩人來，云：「此行大安穩，然不與唐家兵馬鬥，見一大人即歸。」今日領兵見令公，令公不為疑，脫去衣甲，單騎相見，誰有此心膽，是不戰鬥見一大人，巫師有徵矣。」歡躍久之。子儀撫其背，首領等分纏頭綵，以賞巫師，請諸將同擊吐蕃，子儀如其約。翌日，使領廻紇首領開府石野那等六人入京朝見[17]。

引文中的巫師，預言有徵，回紇首領等分纏頭綵，以賞巫師，可見回紇將領多篤信巫師。回紇的巫師，也有致風雪的法術，唐永泰元年（七六五）秋，唐軍與回紇聯攻吐蕃，在涇州靈台縣西五十里赤山嶺發生遭遇戰。據《舊唐書·廻紇傳》記載，是役「廻紇使巫師便致風雪，及遲明戰，吐蕃盡寒凍，弓矢皆廢，披氈徐進，元光與廻紇隨而殺之蔽野[18]。」據史書記載，是役，唐軍與回紇共破吐蕃十餘萬眾，斬首五萬餘級，生擒一萬餘人。由此可見，影響氣候變化，使用札答，以致風雪，就是北亞各民族常見的一種巫術活動。

契丹社會的巫覡，有巫、大巫、太巫的分別，一般的叫做巫，大巫的職司，主要是主持贊祝火神，祈禱避災等儀式。太巫的地位最高，主要為皇帝祭神服務。朱子方撰〈遼代的薩滿教〉一文指出遼代中京即赤峰市大明城附近出土的一件鐵器，全長七七·五公分，有柄，柄端有平面呈腰形的環，上附八個小鐵環，手持舞動，叮噹作響，考古工作者認為這件鐵器，形制特殊，可

17 《舊唐書》（臺北，臺灣商務印書館，民國五十六年七月），卷一四五，頁八。
18 《舊唐書 》 卷一九五，頁八。

能是遼代薩滿所使用的法器[19]。《遼史》記載契丹巫師活動的文字，並不罕見。宋真宗景德二年，遼聖宗二十三年（一〇〇五）二月，宋室命開封推官孫僅為契丹國母生辰使，《宋會要輯稿》記載契丹巫師驅祟避邪的巫術活動說：

> 戎主歲避暑于含涼淀，聞使至，即來幽州，其館舍供帳接待之禮甚厚，將延見，有巫者一人，乘馬抱畫鼓，于驛門立竿，長丈餘，以石環之。上掛羊頭、胃及足。又殺犬一，以杖柱之，巫誦祝詞，又以醯和牛糞灑從者，於是國母屢延坐，宴會張樂[20]。

巫人抱著畫鼓，在驛門立竿，殺羊、犬祭祀，念誦祝詞，又以醯和牛糞灑從者，就是薩滿驅祟避邪的巫術活動。契丹社會的喪葬儀式，是由巫師主持祓除不祥，驅凶去垢。每逢正旦，則有驚鬼的跳神活動。《遼史》有一段記載說：

> 歲時雜儀正旦，國俗以糯飯和白羊髓為餅，丸之若拳，每帳賜四十九枚。戊夜，各於帳內窗中擲丸於外。數偶，動樂、飲宴；數奇，令巫十有二人鳴鈴、執箭，繞帳歌呼，帳內爆鹽爐中，燒地拍鼠，謂之驚鬼，居七日乃出[21]。

戊夜，即夜間五更，元旦五更，巫師鳴鈴執箭，繞帳歌呼，就是契丹巫師的驅祟跳神活動。宋仁宗皇祐元年，遼興宗十九年（一〇四九）三月，《遼史》記載「命林牙蕭撒抹等帥師伐夏。」句中「撒抹」，《欽定遼史語解》作「ᠰᠠᠮᠠᠨ」（Saman），漢譯作

---

19 朱子方撰〈遼代的薩滿教〉，《社會科學叢刊》一九八六年，第六期，頁四九。

20 《宋會要輯稿》（臺北，世界書局，民國五十三年六月），卷五二五七，頁三四。

21 《遼史》（臺北，臺灣商務印書館，民國五十六年七月），卷五三，〈禮志〉六，頁一二。

「薩滿」，小字註釋「滿洲語巫也[22]。」。巫，通古斯語讀作「Saman」，「撒抹」、「薩滿」都是「Saman」的同音異譯，由此可知《遼史》、《宋會要輯稿》等書所載的巫或撒抹，就是滿洲語中的薩滿。

《金史》記載女真薩滿的活動，也是屢見不鮮。南宋光宗紹熙五年，金章宗六年（一一九四）正月，《金史》記載「宋人入撒牟谷[23]。」句中「撒牟」，《金史語解》滿文作「ᠰᠠᠮᠠᠨ」(Saman)，小字註釋作「巫」[24]。《金史》后妃列傳中有一段記載說：「熙宗積怒，遂殺后而納砟王常勝妃撒卯入宮[25]。」同書熙宗本紀也說：「十一月癸未，殺皇后裴滿氏，召胙王妃撒卯入宮[26]。」句中「撒卯」，《欽定金史語解》滿文俱作「ᠰᠠᠮᠠᠨ」（Saman)，都是巫的意思。質言之，北方各民族的巫，或作「撒卯」，或作「撒牟」，或作「撒抹」或作「薩滿」，都是「Saman」的同音異譯。徐夢莘著《三朝北盟會編》一書記載女真人崇尚巫祝，疾病不用醫藥。原書有一段記載說：

> 粘罕善用兵好殺，骨捨剛毅而強忍，兀室奸猾而有才，自製女真法律文字，成其一國，國人號為珊蠻。珊蠻者，女真語巫嫗也，以其變通如神，粘罕之下，皆莫能及，大抵數人皆黠虜也[27]。

22《欽定遼史語解》（臺北，國立故宮博物院，乾隆間朱絲欄寫本），卷八，頁一七。

23《金史》（臺北，臺灣商務印書館，民國五十六年七月），卷一二，章宗本紀，頁七。

24《欽定金史語解 》（臺北，國立故宮博物院，乾隆間朱絲欄寫本），卷三，頁一二。

25《金史》，卷六三，后妃列傳，頁六。

26《金史》，卷四，熙宗本紀，頁一四。

27 徐夢莘著《三朝北盟會編》，見秋浦主編 《薩滿教研究》，圖版一。

清代乾隆年間纂修《欽定四庫全書》收錄《三朝北盟會編》，惟原文多經修改或刪略，例如原書「粘罕」改作「尼堪」；「骨捨」改作「古紳」；「兀室」改作「烏舍」；「珊蠻」改作「薩滿」[28]。「巫嫗」即女巫，就是女薩滿，女真語讀作「Saman」，「珊蠻」或「薩滿」都是「Saman」的同音異譯。薩滿信仰就是女真社會的共同信仰。《金史・謝里忽傳》對女真薩滿的活動，有一段較詳盡的記載，原文如下：

> 國俗有被殺者，必使巫覡以詛祝殺之者，迺繫刃于杖端，與眾至其家，歌而詛之曰：取爾一角，指天一角，指地之牛，無名之馬，向之則華面，背之則白尾，橫視之則有左右翼者，其聲哀切悽婉，若蒿里之音，既而以刃畫地，劫取畜產財物而還。其家一經詛祝，家道輒敗，及來流水烏薩札部殺完顏部人，昭祖往烏薩札部，以國俗治之，大有所獲[29]。

引文中已指出巫覡詛祝的習俗，早已成為女真的國俗。昭祖威順皇后生景祖，烏古出為景祖之弟。《金史・烏古出傳》有一段記載說：

> 初，昭祖久無子，有巫者能道神語，甚驗，乃往禱焉。巫良久曰：男子之魂至矣，此子厚，有福德，子孫昌盛，可拜而受之，若生，則名之曰烏古迺，是為景祖。又良久曰：女子之魂至矣，可名曰五鵶忍。又良久曰：女子之兆復見，可名曰斡都拔。又久之，復曰：男子之兆復見，然性不馴良，長則殘忍，無親親之恩，必行非義，不可受也。昭祖

28 《三朝北盟會編》，《欽定四庫全書》，（臺北，臺灣商務印書館，民國七十五年三月)，第三五〇冊，頁二三。

29 《金史》，卷六五，頁三。

> 方念後嗣未立，乃曰：雖不良，亦願受之。巫者曰，當名之曰烏古出。既而生二男二女，其次第先後，皆如巫者之言，遂以巫所命名名之。景祖初立，烏古出酗酒，屢悖威順皇后。后曰：巫言驗矣，悖亂之人，終不可留，遂與景祖謀而殺之。部人怒曰：此子性如此，在國俗當主父母之業，奈何殺之？欲殺景祖。后乃匿景祖，出謂眾曰：為子而悖其母，率是而行，將焉用之，吾割愛而殺之，烏古迺不知也，汝輩寧殺我乎？眾乃罷去[30]。

巫者能道神語，就是薩滿以法術降神，並傳神諭，所述皆驗，就是預言應驗。宋德金撰〈金代宗教簡述〉一文將金代女真薩滿的社會功能，歸納為下列五項：

(一)女真人認為巫者能道神語，說明薩滿是溝通人神之間的中介。

(二)參與重大典禮、事件和節日裡舉行的祭祝儀式。在祭祀祖宗、社稷，以及皇帝即位、受尊號、納后、巡狩、征伐等舉行奏告祖宗、天地的儀式中，都有薩滿參加。

(三)消災治病。女真人疾病不用醫藥，尚巫祝，殺豬狗以禳之，或載病人至深山大谷以避之。

(四)為人求生子女。女真人認為薩滿能代人求生子女，並且深信不疑。

(五)女真人相信薩滿能詛咒使人遭災致禍，也能使人絕嗣。

原文引馬克著《黑龍江旅行記》一書的記載，敘述女真族辦理喪事時薩滿跳神的儀式。薩滿頭戴一頂圓帽，上邊安著兩隻繫著鈴鐺和花花綠綠布塊的鐵角，帽子的下緣拴一些琉璃串兒，

30《金史》，卷六五，頁四。

垂在薩滿的臉上和腦後。待家屬把死者和隨葬品入殮後，薩滿接鼓在手，不時敲打幾下，手舞足蹈，做出許多動作[31]。

在金代女真族的社會裡，薩滿確實扮演了重要的角色。

在蒙古社會裡，崇奉薩滿信仰的風氣，極為普遍。第九世紀末、十世紀初，部分室韋部落遷至蒙古高原，與原住的蒙古語族和突厥語族互相融合，在語言、習俗等方面趨向突厥化，最後形成統一的蒙古部族。在西遷的室韋系蒙古語族諸部中，大都崇奉薩滿信仰，掌管祭祝的薩滿，在社會上很有地位，並起著重要作用[32]。《多桑蒙古史》對蒙古社會的薩滿活動，記載詳盡，原書第一卷有一段記載說：

> 韃靼民族之信仰與迷信，與亞洲北部之其他遊牧民族或蠻野民族大都相類，皆承認有一主宰，與天合名之曰騰格里(Tangri)。崇拜日月山河五行之屬。出帳南向，對日跪拜。奠酒於地，以酹天體五行，以木或氈製偶像,其名曰「Ongon」，懸於帳壁，對之禮拜。食時先以食獻，以肉或乳抹其口。此外迷信甚多，以為死亡即由此世渡彼世，其生活與此世同。以為災禍乃因惡鬼之為厲，或以供品，或求珊蠻（cames）禳之。珊蠻者，其幼稚宗教之教師也，兼幻人、解夢人、卜人、星者、醫師於一身，此輩自以各有其親狎之神靈，告彼以過去、現在、未來之秘密。擊鼓誦咒，逐漸激昂，以至迷罔。及神靈附身也，則舞躍瞑眩，妄言吉凶，人生大事，皆詢此輩巫師，信之甚切。

31宋德金撰〈金代宗教簡述〉，《社會科學戰線》，第一期（長春，吉林省社會科學院，一九八六年），一九八六年，頁三一四。

32孫秀英等著《室韋史研究》(哈爾濱，北方文物雜誌社，一九八五年十月)，頁一六七。

設其預言不實，則謂有使其術無效之原因，人亦信之[33]。

引文中的「珊蠻」，就是薩滿的同音異譯，是兼原始宗教的教師及巫師。原書也記載蒙古薩滿有招致風雨雷電的法術，與突厥等族近似。蒙古人使用獸體病石，投入水中，即產生烟霧，蒙古薩滿利用此種烟霧，可以製造雲雨[34]。蒙古薩滿的禱雨石，就是札答石。《蒙古秘史》記載札答法術說：

次日出發〔兩軍〕相接，在闊亦田列陣，在互相向上向下對峙，雙方劍拔弩張之際，對方不亦魯黑汗、忽都合•〔別乞〕二人懂〔用札答石〕招致風雨的法術，就施此術：〔不意〕風雨逆襲他們，以致不能走脫，倒在溝壑之中。〔他們）說：「上天不喜悅我們」，於是就潰散而去[35]。

蒙古薩滿使用札答石招致風雨的法術，大都將若干經過咒鍊的小石塊置於水中，施行法術，使當地龍王降下風雨。陶宗儀著《輟耕錄‧禱雨》記載說：

往往見蒙古人之禱雨者，非若方士然至於印令旗劍符圖氣訣之類，一無所用，惟取淨水一盆，浸石子數枚而已，其大者若雞卵，小者不等，然後默持密呪，將石子淘漉玩弄，如此良久，輒有雨。豈其靜定之功已成，特假此以愚人耳？

33《多桑蒙古史》（臺北，臺灣商務印書館，民國五十四年八月），第一卷，第一章，頁三三。

34《多桑蒙古史》第二卷，附錄一，頁二九一。

35 札奇斯欽譯註《蒙古秘史新譯並註釋》（臺北，聯經公司，民國六十八年十二月），卷四，一四三節，頁一七九。

> 抑果異物耶？石子名曰鮓答，乃走獸腹中所產，獨牛馬者最妙，恐亦是牛黃狗寶之屬耳[36]。

引文中的「鮓答」，即「札答」的同音異譯。蒙古薩滿利用札答石招致風雨，就是常見的巫術活動。醫治疾病也是薩滿的重要職司，《多桑蒙古史》有一段記載說：

> 合不勒汗之妻弟賽因的斤（Sain-Tékin）遘疾，延塔塔兒部之珊蠻治之，不效而死。其親族追及珊蠻，殺之。塔塔兒部人怒，起兵復讎。合不勒諸子助其母族與之戰，未詳其勝負。其後海都曾孫俺巴孩可汗，泰亦赤兀部之長也，求妻於塔塔兒部，塔塔兒人執之以獻女真帝。女真帝方挾前此合不勒殺使之忿，乃釘俺巴孩於木驢上，此蓋專懲遊牧叛人之刑也[37]。

賽因的斤遘疾，延請塔塔兒部薩滿醫治，雖然不效而死，但可以說明治病就是薩滿的主要職司之一。

蒙古薩滿在政治上有很高的地位，早在成吉思汗時期，就已經設置了「別乞」，這是專門管理薩滿事務的教長[38]。豁兒赤（Khorci）、兀孫（Usun）老人都是蒙古的薩滿術士，以倡言符瑞，而獲得成吉思汗的信任。蒙古崇尚白色，以白為諸色之首。成吉思汗命兀孫老人為別乞，叫他穿白衣，騎白馬，坐上席，歲

---

36 陶宗儀著《輟耕錄》，《欽定四庫全書》，第一〇四〇冊，卷四，頁一八。
37《多桑蒙古史》，第一卷，第二章，頁三八。
38 林幹撰〈關於研究中國古代北方民族文化史的我見〉，《內蒙古大學學報》，一九八八年，第一期，頁八。

歲月月都要賞賜他，優禮有加[39]。《多桑蒙古史》也有一段記載說：

> 塔塔兒諸遊牧部落既平，鐵木真應有適合其新勢權之尊號。一二〇六年春，遂集諸部長開大會（Couriltai）於斡難河流附近之地，建九斿白旄纛。珊蠻或卜者闊闊出（Gueukdjou）者，常代神發言，素為蒙古人所信奉。茲莊然告鐵木真曰：「具有古兒汗（Gour khan)，或大汗尊號之數主既已敗亡，不宜採用此有污跡之同一稱號。今奉天命，命其為成吉思汗（Tchinkguiz khan)，或強者之汗。」諸部長群贊其議，乃上鐵木真專號曰「成吉思汗」，時年四十四歲。術人闊闊出，別號帖卜騰格里（Bout-Tangri），此言天像，給蒙古人。謂其常乘一灰斑色馬至天上，蒙古人因是頗尊崇之。凡事皆與鐵木真言，放言無忌，且欲當權。鐵木真頗惡其人，茲既無須其助，乃命其弟拙赤俟其入帳發言無狀時即殺之。已而此術者入，妄言猶昔，拙赤勇力絕倫，因號哈撒兒，以足蹴之出帝帳，即斃之[40]。

闊闊出是在諸動舊中最受成吉思汗敬重的蒙力克之子，他以能與上天交通之故，而享有帖卜騰格里（Teb-Tenggeri）之稱。他的號召力一天一天的大起來，他毆辱成吉思汗的諸弟，離間成吉思汗與他們的關係，這種情勢，逼使成吉思汗不得不把他除掉[41]。

---

39 札奇斯欽著《蒙古史論叢》（臺北，學海出版社，民國六十九年九月），頁七八。

40《多桑蒙古史 》，第一卷，第三章，頁六一。

41《蒙古史論叢》，頁七八。

闊闊出雖然被誅，但元室統治者仍然篤信巫覡。元太宗四年，相當於南宋理宗紹定五年（一二三二），拖雷隨窩闊台汗領兵征討金國。《元史·睿宗列傳》對拖雷的薨逝，有一段記載說：

> 遂從太宗收定河南諸郡。四月，由半渡入真定，過中都，出北口，住夏于官山。五月，太宗不豫。六月，疾甚，拖雷禱于天地，請以身代之，又取巫覡祓除釁滌之水飲焉。居數日，太宗疾愈。拖雷從之北還，至阿剌合的思之地，遇疾而薨，壽四十有口[42]。

引文中的巫覡，就是薩滿，窩闊台生了重病，由巫覡作法祓除邪祟。《蒙古秘史》記載較詳，節錄一段如下：

> 兔兒年〔辛卯，一二三一〕，斡歌歹可汗去征伐金國百姓，以者別為先鋒，擊敗金軍，如摧毀朽木一般，追殺著越過了居庸關。派兵到各地攻擊各城，斡歌歹可汗·駐營於龍虎台。在那裡斡歌歹可汗患病，口舌麻木不靈，就命巫師、卜者們占卜。他們說：「金國地方〔山〕川的神祇〔因為〕他們的百姓人煙被擄，城市被毀，急遽作祟。」以占卜告訴說：「給〔他們〕百姓，人煙，金銀，牲畜，食物〔和〕替身。」〔仍是〕不肯放開，〔反〕更加緊作祟占卜。〔再〕問：「可否由一個親族〔代替〕？」可汗就睜開眼睛，索水喝，問道「怎麼啦？」巫師們奏稟說：「金國地方山川的神祇們，因為他們的地方〔山〕川被毀，百姓人烟被擄，

42 《元史》（臺北，臺灣商務印書館，民國五十六年七月），卷一一五，頁三。

> 急遽作祟。占卜告訴他們：「給個替身」，〔他們〕反〔作祟〕更甚。問，「可否由一個親人〔代替〕？」〔他們〕就放開了。如今聽憑聖旨。」〔可汗〕降聖旨說：「在近側的子〔弟〕們有誰？」〔皇〕子拖雷正在跟前，就說：「我們有洪福的〔汗〕父成吉思可汗，在上有諸兄，下有諸弟之中，獨將可汗哥哥你，如選揀騸馬，揣摩羯羊一般的，把他的大位指給你，把諸國〔的重任〕擔在你的〔肩〕上。教我在可汗哥哥跟前，「提醒已經忘記了的，喚醒已經睡著了的。」如今，若是把可汗哥哥你失去了，誰忘記了要我來提醒，誰睡著了要我來喚醒呢？假如我可汗哥哥真有個不豫，蒙古眾民就將成為喪父之子，金國百姓必〔甚〕快意。讓我來代替我可汗哥哥吧。劈開鱒魚的脊骨；我曾砍斷鱣魚的脊梁，我曾勝過迎面來的〔叛逆〕，我曾刺傷在遙遠的〔敵人〕。我也曾是面孔美好，身材修長的。巫師們來咒詛吧！」巫師們咒詛了，把咒詛的水，給〔皇〕子拖雷喝了。他坐了一會兒就說：「我醉了，等我醒過來的時候，請可汗哥哥好好關照孤弱的姪輩，寡居的〔弟〕婦吧！〔我〕還說什麼呢？我醉了。」說罷出去，就逝世了[43]。

蒙古貴族患病，常以真人為替身。蒙古大兵攻打金國，金國山川神靈作祟，元太宗窩闊台患病，拖雷以弟代兄為替身，飲用了巫師祓除釁滌咒詛的水就逝世了，由此說明拖雷等人多篤信薩滿。蒙哥汗是拖雷的長子，在位九年，死後追謚桓肅皇帝，廟號憲宗。《元史．憲宗本紀》有一段記載說：

---

43 札奇斯欽譯註《蒙古秘史新譯並註釋》，續卷二，頁四三〇。

> 帝剛明雄毅，沉斷而寡言，不樂燕飲，不好侈靡，雖后妃不許之過制。初，太宗朝，群臣擅權，政出多門。至是，凡有詔旨，帝必親起草，更易數四，然後行之。御群臣甚嚴，嘗諭旨曰：「爾輩若得朕獎諭之言，即志氣驕逸，而災禍有不隨至者乎？爾輩其戒之。」性喜畋獵，自謂專祖宗之法，不蹈襲他國所為。然酷信巫覡卜筮之術，凡行事必謹叩之，殆無虛日，終不自厭也[44]。

蒙哥汗酷信巫覡，宮中蓄養薩滿，所有行事，必謹叩之。由此可知蒙古崇奉薩滿的普遍，薩滿在元代政治舞台上始終扮演著重要的角色。札奇斯欽著《蒙古史論叢》一書指出：

> 「薩滿」是滿洲語的巫祝，在蒙古語中，並沒有「薩滿」一詞，更不知道薩滿教為何物。蒙古語稱巫為（böe），但也沒有（böe）教之說。在《蒙古秘史》中，它的漢字音譯作「孛額」，意譯作「師公」（秘史第一八一節）。最高的「孛額」是能與上天來往，能知天意，介於天人之間，能祝福降福的超人。一般的「孛額」，不過是能禳祓、驅邪、占卜、治病的巫醫。但也能以「札答（Jada）」石呼風喚雨（秘史第一四三節）。他們以天為最高神，其他人格化的自然界和自然現象，都是次於天的諸神靈。至於鬼和若干動物的靈魂，是可以供他驅使的靈氣。他們做法的時候，也有一套祝禱之詞。在內容上，雖談不到什麼宗教的哲理，卻是優美的民間文學[45]。

引文中的「孛額」（böe），意譯即師公，無論是最高的孛額，或是一般的孛額，就是通古斯語中的薩滿，都是巫師或巫覡的

44 《元史》，〈憲宗本紀〉，卷三，頁一一。
45 《蒙古史論叢》，頁七四。

不同音譯。在蒙古社會裡，有福神「jola」，守護神「sülde」。它們的祭祀，各有專人，不用喇嘛，而且不公開，這是舊日薩滿的遺俗。此外，福神忽禿黑（khutugh）、獵神兼福神「年都兀惕」（nemdü'üd）和代表祖先靈魂的「哈喇」(khara）等等，都是蒙古孛額的神靈，會時時附體。在比較閉塞的地方，孛額做法時，時常披頭散髮，穿著怪異的服裝，一面祝禱念咒，擊鼓搖鈴，婆娑起舞，直到他們昏迷不省人事，失去知覺，於是魂靈出竅，與神靈交通[46]。北方各民族共同崇奉的薩滿，源遠流長，探討薩滿的起源，不能忽視北亞社會的巫覡活動，薩滿信仰就是屬於巫覡文化的範疇，明清時期，北亞漁獵社會，巫覡的活動，仍極盛行，探討北方各少數民族的薩滿信仰，確實不能忽視古代巫覡文化的背景。

靈魂不滅是薩滿信仰靈魂觀的基礎，薩滿相信人是由軀體與靈魂兩部分構成的，靈魂寄寓於軀體之中。薩滿信仰認為人雖然死去，但是他們的靈魂並不死，而且靈魂是以看不見的形式與人們一起生活。靈魂可以離開軀體外出游蕩，靈魂離去，軀體就死亡，靈魂復歸，人就死而復生。但軀體腐爛或被燬壞，靈魂就不能附體還陽了。滿族神話傳說《白鷹》講述的就是靈魂外出游蕩，歸來時軀體不復存在的一個故事。大意說薩滿靈魂離開軀殼前告訴家人七天內歸來，靈走人亡，到了第七天，軀體被焚化，一隻鷹飛來，在火堆上盤旋，欲奪軀體未成，這隻鷹就是薩滿的靈魂，由於歸來晚了，無體可附，只得飛走了[47]。

---

46 《蒙古史論叢》，頁八〇。

47 仁欽道爾吉、郎櫻編《阿爾泰語系民族敘事文學與薩滿文化》（內蒙古，內蒙古出版社，一九九〇年八月），頁二七。

薩滿信仰雖然是一種複雜的文化現象，惟就薩滿本身所扮演的角色而言，薩滿可以說是醫治病人及護送魂靈的術士，當薩滿跳神作法進入催眠狀態達到魂靈出竅的程度後，或過陰進入冥府，或上昇天界，而將病人的魂靈帶回人間，附體還陽，最後薩滿精疲力盡，彷彿從睡夢中甦醒過來，而達成了治療病人的任務。薩滿魂靈出竅的法術，是薩滿信仰的一種巫術特質，也是薩滿信仰與其他法術宗教相異之處。這種薩滿信仰的特有表現，可以從通古斯族或北亞諸民族流傳的薩滿故事裡找到最具體的例子。

滿族、索倫族、鄂倫春族、赫哲族、達呼爾族等民族，從古代以來就流傳著薩滿過陰追魂的故事，其中《尼山薩滿傳》，或《尼山薩滿故事》，就是以北亞部族的薩滿信仰觀念為基礎的文學作品，故事中所述薩滿過陰收魂的過程較為完整。到目前為止，已經發現的六種《尼山薩滿傳》，都是用滿文記錄下來的手稿本。關於滿文手稿本的發現經過，成百仁譯註《滿洲薩滿神歌》序文[48]，莊吉發撰〈談「尼山薩蠻傳」的滿文手稿本〉一文[49]，曾作過簡單介紹。季永海撰〈《尼山薩滿》的版本及其價值〉一文[50]，作了較詳盡的說明。

俄羅斯滿洲文學教授格勒本茲可夫（A.V.Grebenčikov）從史密德（P.P.Šmidt）處獲悉有《尼山薩滿傳》手稿後，即前往

48 成百仁譯註《滿洲薩滿神歌》（漢城，明知大學，一九七四年），序文，頁一至頁四。

49 莊吉發撰〈談「尼山薩蠻傳」的滿文手稿本〉，《食貨月刊復刊》，第七卷，第七期（臺北，食貨月刊社，民國六十六年十月），頁五二至五九。

50季永海撰〈《尼山薩滿傳》的版本及其價值〉，《民族文學研究》，九九四年，第三期（北京，中國文聯出版公司，一九九四年八月），頁五九至六九。

滿洲地方尋覓，他在數年內先後得到了三種手稿本。光緒三十四年（一九〇八），他從齊齊哈爾東北部一個村中的滿族能德山青克哩（nendešan cinkeri）處獲得第一種手稿本，可以稱為齊齊哈爾本，計一本，共二十三葉，每葉五行，縱一七公分，橫八・三公分。封面滿文為「badarangga doro i gosin ilaci aniya boji bithe nitsan tsaman bithe emu debtelin」，意即「光緒三十三年合約尼山薩滿一本」。格勒本茲可夫將手稿本各葉裝裱在大型的白紙上，以便保存。齊齊哈爾手稿本的第一個特點是敘述簡單，缺少描寫成分，故事內容是從出外打圍的奴僕向員外帶回其子死訊開始，而以尼山薩滿向冥府蒙古勒代舅舅為員外的兒子爭取壽限為終結；第二個特點是滿文單語的使用方法，與一般滿文的習慣不同，有時可將動詞的現在式、過去式及副動詞的語尾，脫離動詞的語幹，而且將許多滿語詞分音節書寫。

宣統元年（一九〇九），格勒本茲可夫又在璦琿城，從滿族德新格（desinge）手中得到二本手稿本，可以稱為璦琿甲本及璦琿乙本，縱二四公分，橫二一・五公分，都是殘本。甲本，三十三葉，每葉十二行。封面滿文為「yasen saman i bithe emu debtelin」，意即「亞森薩滿傳一本」，最後一葉滿文為「gehungge yoso sucungga aniya juwe biya i orin emu de arame wajiha」，意即「宣統元年二月二十一日寫完」。故事內容是以員外的兒子在野外身故上擔架回家為開端，文筆流暢，在滿文方面，更接近口語，書中禱詞，與其他手稿本不同，引人注目。乙本，十八葉，每葉十一行。封面滿文為「nitsan saman i bithe jai debtelin」，意即「尼山薩滿第二本」。扉葉上有墨筆所繪穿著完整神服的尼山薩滿畫像。最後一葉滿文為「gehungge yoso sucungga aniya ninggun biya i orin nadan inenggi de arame wajiha bithe」，意即「宣統元年六月二十七日寫完之書」。故事內容以女薩滿被判死刑而告終。敘事簡略，且欠流暢。

民國二年（一九一三），格勒本茲可夫在海參崴從一個教授滿文的滿族德克登額（Dekdengge）那裡得到第三種手稿本，德克登額在海參崴（Vladivostok）期間，就記憶所及書寫成稿後交給格勒本茲可夫，可稱為海參崴本，計九十三葉，每葉縱二一・八公分，橫七公分。以墨色油布為封面，是一種西式裝本。封面居中以滿文書明「nišan saman i bithe emu debtelin」，意即「尼山薩滿傳一本」；右方有贈送者德克登額所寫的滿文「tacibukū ge looye ningge」，意即「教授格老爺的」；左方有以鉛筆書寫的俄文「Vladivostok,1913」，意即「海參崴，一九一三」。海參崴本是格勒本茲可夫所獲手稿中最為完整的一種。一九六一年，俄人 M・沃爾科娃以《尼山薩滿故事的傳說》為題，作為《東方文獻小叢書》之七，在莫斯科出版。全書分為序言、手稿影印、斯拉夫字母轉寫，俄文譯文和註釋等部分，此書出版後，在國際滿學界及阿爾泰學界，都引起重視，先後將滿文故事譯成德語、朝鮮語、意大利語、英語、漢語、日語等多種文字。

五十年代，中國大陸進行民族調查期間，曾於一九五八年左右在遼寧省滿族聚居地區發現一本滿文手稿本，後來一直由北京中國社會科學院民族研究所圖書館典藏，可以稱為遼寧本。該書縱二二分分，橫七・二公分，共二十六葉，每葉十二或十四行。此手稿本由季永海、趙志忠在《滿語研究》，一九八八年，第二期上發表，分為前言、漢語譯文、原文羅馬字轉寫漢字對譯及註釋等部分。

斯塔里科夫是研究我國東北民族的俄國學者，他於一九五七年和一九六五年先後兩次到東北，獲得滿文手稿本一本，可稱為斯塔里科夫本，全書共二十九葉，每葉十一行，封面滿文為「nisan saman i bithe damu emu debtelin」，意即〔尼山薩滿傳僅一本」。斯塔里科夫去世後，由列寧格勒國立薩勒底科夫一謝德林圖書館收購。一九九二年，雅洪托夫將此手稿作為《滿族民間文學》系列叢書第一本，題為《尼山薩滿研究》，由聖彼得堡東方學中心刊行。全書分前言、原稿本影印、羅馬字母轉寫、俄文譯文、參考資料等部分。

除以上先後發現的滿文手稿本外，有關薩滿過陰的故事，還在東北各民族的社會裡廣為流傳，經學者調查公佈的，例如赫哲族的《一新薩滿》（凌純聲著《松花江下游的赫哲族》，南京，民國二十三年）；索倫族的《尼桑薩滿》（呂光天著《鄂溫克族民間故事》，內蒙古人民出版社，一九八四年）；達呼爾族的《尼桑薩滿》（薩音塔那著《達斡爾族民間故事選》，內蒙古人民出版社，一九八七年）；滿族《女丹薩滿的故事》（金啟孮著《滿族的歷史與生活》，黑龍江人民出版社，一九八一年〉；烏拉熙春譯著《女丹薩滿》（《滿族古神話》，內蒙古人民出版社，一九八七年）等等，對探討薩滿過陰收魂的問題，提供了珍貴的資料。

海參崴本《尼山薩滿傳》滿文手稿，對薩滿魂靈出竅，過陰收魂的情節，描寫細膩。原書敘述從前明朝的時候，住在羅洛村的巴勒杜·巴彥員外，中年時，生下一子，十五歲時，在前往橫浪山打圍途中病故。員外夫婦行善修廟，拜佛求神，幫助窮人，救濟孤寡。上天憐憫，五十歲時，生下一子，命名為色爾古岱·費揚古，愛如東珠。到十五歲時，色爾古岱·費揚古帶領著阿哈勒濟、巴哈勒濟等眾奴僕前往南山行獵，拋鷹嗾狗，到處追逐，射箭的射箭，槍扎的槍扎，正在興致勃勃的時候，色爾古岱·費揚古忽然全身冰冷，一會兒又發高燒，頭昏病重。奴僕們趕緊收了圍，砍伐山木，做成抬架，輪流扛抬小主人，向家裡飛也似地奔走。色爾古岱·費揚古牙關緊閉，兩眼直瞪，突然氣絕身亡。員外據報後，頭頂上就像雷鳴，叫了一聲「愛子呀！」他就仰面跌倒了。夫人眼前好像劃過一道閃電，四肢癱瘓，叫了一聲「娘的兒呀！」也昏到在員外的身上。當眾人正在號啕大哭，趕辦喪事時，門口來了一個彎腰駝背的老翁指點員外前往尼西海河岸請薩滿救治色爾古岱·費揚古。說完，坐上五彩雲霞昇空而去了。

尼山薩滿洗了眼臉，擺設香案，右手拿著手鼓，左手盤繞鼓槌，開始跳神作法，傳達神諭，說出色爾古岱·費揚古在南山打圍時，殺了許多野獸，閻王爺差遣了鬼把他的真魂捉到冥府去，所以得病死了。員外回家後，差遣阿哈勒濟等奴僕帶著轎、車、馬去迎接尼山薩滿，將神櫃等分裝三車，尼山薩滿坐在轎子上，八個少年抬著轎向員外家飛奔而來，並請來助唱神歌的札立納哩費揚古。尼山薩滿穿戴了神衣、神裙、神鈴、神帽，跳神作法，請神附體，並向員外要了一隻和色爾古岱·費揚古同日生的狗，綁了腳，一隻三歲大的公雞，拴了頭，一百塊的老醬，一百把的紙錢，預備攜帶到死國去。尼山薩滿進入催眠狀態，魂靈出竅，牽著雞、狗，扛著醬、紙，獸神跑著，鳥神飛著，走向死國去，來到一條河的渡口，由鼻歪、耳殘、頭禿、腳瘸、手蹩的人撐著獨木舟，到了對岸，尼山薩滿送給船夫三塊醬、三把紙，作為謝禮。不久來到紅河岸渡口，因無渡船，尼山薩滿唱著神歌，把神鼓拋到河裡，站在上面，像旋風似地轉瞬間渡過了河，留給河主醬、紙。一路上走得很急促，通過兩道關口，照例各致贈醬、紙謝禮。第三道關口由蒙古勒代舅舅把守，尼山薩滿責備他不該把壽限未到的色爾古岱·費揚古的真魂偷來死國。蒙古勒代舅舅說明閻王爺已把色爾古岱·費揚古當做養子，不能交還。尼山薩滿逕往閻王城，因護城門已經關閉，圍牆又十分堅固，她就唱起神歌，一隻大鳥飛進城內抓走了色爾古岱·費揚古。閻王爺大為生氣，責令蒙古勒代舅舅去追回色爾古岱·費揚古，不讓尼山薩滿平白地把色爾古岱·費揚古帶走。經過一番爭論，尼山薩滿答應加倍致贈醬、紙。因閻王爺沒有打圍的獵犬，夜晚沒有啼曉的公雞，蒙古勒代舅舅請求尼山薩滿把帶來的公雞、狗留下，蒙古勒代舅舅也答應增加色爾古岱·費揚古的壽限，經過一番討價還價後，增加到九十歲。

尼山薩滿牽著色爾古岱·費揚古的手往回走，途中遇到死去多年的丈夫燒油鍋阻攔，要求附體還陽。因丈夫的骨肉已糜爛，筋脈已斷，不能救治，但他不能寬恕妻子，一隻大鶴神抓起她的丈夫拋到酆都城裡。尼山薩滿帶著色爾古岱·費揚古像旋風似的奔跑，途中拜見了子孫娘娘，參觀了黑霧瀰漫的酆都城，目睹惡犬村、明鏡山、暗鏡峰惡鬼哭號及善惡賞罰的種種酷刑。最後沿著原路回到員外巴勒杜·巴彥的家裡，尼山薩滿醒過來後把收回的真魂放入色爾古岱·費揚古的軀體裡。過了一會兒，色爾古岱·費揚古就活過來了，好像睡了一大覺，做了好長的夢。眾人都很高興，員外拍掌笑了[51]。

51 莊吉發譯註《尼山薩蠻傳》（臺北，文史哲出版社，民國六十六年四月），頁一至頁一八三。

遼寧本《尼山薩滿》滿文手稿的內容，無論是人名、地名，或情節，都很相近，可以說是同一個故事的不同手稿，以致各情節的詳略，彼此稍有不同。例如尼山薩滿魂靈出竅過陰到冥府，海參崴本說首先來到了一條河的岸邊，遼寧本則謂首先到了望鄉台，尼山薩滿問道：「這是什麼地方？人為什麼這麼多？」神祇們說：「這是剛死的人望陽間的地方。」尼山薩滿領著眾神前進，海參崴本說走了不久，到了紅河岸，遼寧本則謂走到三岔路，尼山薩滿問道：「這裡有三條路，從哪一條追呀？」鬼祟們說：「東邊這條路有放置障礙的山峰和壕溝，已經死了的靈魂走這條路。正直無邪的走中間這條路。西邊這條路就是帶費揚古去娘娘那兒的必經之路。」尼山薩滿向前走去，不一會兒，來到了紅河岸邊。蒙古勒代舅舅奉閻王之命追趕尼山薩滿，雙方爭執，討價還價的經過，遼寧本殘缺。尼山薩滿拜見子孫娘娘後所見到的酷刑，各種手稿本不盡相同，海參崴本對酆都城、惡犬村的情景，東、西廂房的刑罰，描繪頗詳，遼寧本則在子孫娘娘的地方看到各種酷刑，講解刑律的就是娘娘本人，譬如尼山薩滿問道：「娘娘，那一對夫妻蓋著單衣，為什麼還熱得直打滾呢？」娘娘說，「那是你們陽間的人，如果丈夫給妻子丟了眼，妻子給丈夫丟了臉，死後蓋上單衣還熱。」尼山薩滿又問：「娘娘，那一對夫妻蓋著夾被，為什麼還凍得打戰呢？」娘娘說：「那是你們陽間的人，丈夫不喜歡自己的妻子，同其他漂亮的女人行姦；妻子背著丈夫，同別人隨心所欲，他們死後蓋上夾被也冷得不行。」尼山薩滿又問：「娘娘，為什麼把那個人從腰筋鉤住，正要出去呢？」娘娘說：「那是你們陽間的人，對待財物貪得無饜，給別人東西用斗小上加小；從別人那兒拿東西用斗大上加大，所以他們的壽限一到，就用這種刑。」尼山薩滿又問：「為什麼讓那一群人頭頂石頭往山上送？」娘娘說：「這些人上山時，將木頭、石頭往下滾，把山神的頭破壞了。所以他們死後，就讓他們把滾下來的木頭、石頭往山上送。承受不了這種刑的人，只好在那兒呼天叫地。」尼山薩滿又問：「娘娘，為什麼搜這一群人的衣服，要將他們放在盛滿油的鍋中殺死呢？」娘娘說：「這是你們陽間的黑心人，想得到金銀便起了歹心，將別人的嘴堵上無聲地殺死，然後得到金銀，所以他們死後就用這種刑。」尼山薩滿還看到一群婦女因厭惡自己的丈夫，跟親近的人行姦，死後用蛇盤住咬傷的刑罰，其他刑罰，遼寧本殘缺。大致而言，海參崴本的地獄刑罰，佛、道成分較濃厚，草原氣息淡薄；遼寧本的冥府刑罰，草原氣息較濃厚，佛、道成分較淡薄。色爾古岱·費楊古還陽後，海參崴本未提及他的婚禮，遼寧本敘述色爾古岱·費揚古娶親設宴的情景，頗為生動，並交待色爾古岱·費揚古所生子孫都活到九十歲，歷世為官，富貴永存作為故事的結束[52]。海參崴本則以尼山薩滿的婆婆入京控告，朝廷下令取締薩滿信仰，告誡世人不可效法作為故事的結束。遼寧本雖然有空頁脫文，但仍不失為一部比較完整的滿文手稿本，有些情節是海參崴本所沒有的。

我國東北各民族長期以來就流傳著許多薩滿故事，凌純聲搜集的故事，包括《一新薩滿》、《那翁巴爾君薩滿》等，都是赫哲族口頭傳下來的薩滿故事。其中《一新薩滿》的故事，與《尼山薩滿傳》滿文手稿本的內容，大同小異，對薩滿過陰追魂的研究，同樣提供了很珍貴的資料。《一新薩滿》故事的

52 季永海、趙志忠譯注〈尼山薩滿〉，《滿語研究》，一九八八年，第二期（哈爾濱，黑龍江滿語研究所，一九八八年十二月），頁一〇八至一一六。

大意是說當明末清初的時候，在三姓東面五、六十里，有一個祿祿嘎深，屯中住著一家富戶，名叫巴爾道巴彥，娶妻盧耶勒氏。夫妻生平樂善好施，信神敬仙。二人年近四十，膝下缺少兒女，恐無後嗣承繼香煙，因此，更加虔誠行善，常祝禱天地神明，求賜一子。果然在盧耶勒氏四十五歲時生下一對男孩，大兒子取名斯勒福羊古，小兒子取名斯爾胡德福羊古。到七、八歲的時候，開始學習弓箭刀槍。到了十五歲，時常帶領家人在本屯附近打獵。因野獸一天少一天，兄弟二人請求父母准許他們到正南方百里外的赫連山去打圍。

兄弟二人帶領眾奴僕走了一天，到達赫連山境界，紮下帳房。次日，天氣晴和，眾人到山林打圍，滿載而歸，走到距離紮營三里的地方，從西南方忽然來了一陣大旋風，就在斯勒福羊古兄弟二人馬前馬後轉了兩三個圈子，仍往西南方去了。說也奇怪，兄弟二人同時打了一個寒噤，面色如土，覺得昏迷，日落天黑後，病情更加沉重，眾人急忙做了兩個抬板，八個人連夜把小主人抬回家，走了二十餘里，斯勒福羊古已氣絕而死。東方發白的時候，小主人斯爾胡德福羊古面如金紙，瞪眼不語，也氣絕病故了。

巴爾道巴彥夫婦知道兩個兒子突然相繼身亡後，都頓時昏倒，不省人事。當家中忙著預備馬匹為二位小主人過火及祭品時，門外來了一個乞丐模樣的老頭兒。巴爾道巴彥吩咐叫老頭隨意吃喝，老頭兒指點員外前往西面五十里泥什海河東岸請一新薩滿來過陰捉魂，否則再過幾天屍體腐爛，就難救活了。巴爾道巴彥騎著快馬找到了一新薩滿，請求救治兩個兒子。一新薩滿答應先請神下山查明兩個兒子的死因，於是拿過一盆潔淨的清水，把臉洗淨。在西炕上擺設香案，左手拿神鼓，右手拿鼓鞭，口中喃喃念咒，跳神作法，神靈附身，口中唱道：「巴爾道巴彥聽著，你那大兒子斯勒福羊古因註定壽數已到，萬無回生之理。不過你那次子斯爾胡德福羊古如果請來有本領的薩滿，依賴神力過陰，急速找尋他的真魂，攝回陽間，叫他附在原身，就能復活。」巴爾道巴彥聽說次子還有回生的希望，再向一新薩滿跪下叩頭，苦苦哀求。一新薩滿只得允諾，令巴爾道巴彥把薩滿作法所用的神鼓、神帽、神裙等件，用皮口袋裝好送到車上，迅速趕路。

不多時，一新薩滿來到祿祿嘎深，盧耶勒氏來到一新薩滿面前跪倒，號啕大哭。一新薩滿轉達神諭，大兒子斯勒福羊古是依爾木汗註定他在十五歲時歸陰，兩個兒子在赫連山得病的日子，鬼頭德那克楚領著依爾木汗的命令捉拿斯勒福羊古的真魂，用旋風來到赫連山，看見兄弟兩個容貌完全一樣，分不出那一個是斯勒福羊古，便把兄弟二人的真魂一齊捉回陰間，先領到自己的家中，將斯爾胡德羊古的真魂留在家中，當作親生的兒子，然後帶領斯勒福羊古到依爾木汗的面前交差。一新薩滿答應過陰捉魂，三天以內叫他附體還陽，起死回生。

一新薩滿在巴爾道巴彥家中舉行過陰捉魂儀式，在院中擺上香案，上面放著香爐，親自焚燒僧其勒，打開皮口袋，穿戴神帽、神衣、神裙、腰鈴，手拿神鼓，就在院中跳起舞來，神靈附身後問道：「為何事請我們眾神到此？」助唱神歌的三個札立對答了幾句話後，眾神見這三個札立全然不通神理，便不再問了。尼山薩滿又從竹布根嘎深請來熟通神理札立那林福羊古，重新降神作法，不多時，神靈附體，一新薩滿繞著香案，四面跳起舞來，那林福羊古也手拿神鼓，助唱神歌，對答如流，並令巴爾道巴顏預備板床一張，公雞兩對，黃狗一隻，黑狗一隻，醬十斤，鹽十斤，紙箔百疋，將雞犬殺了，和醬紙一併焚燒，給薩滿過陰時帶到陰間贈送禮物使用。這時一新薩滿躺倒在地，就像死人一般，過陰去了，那林福羊古急忙把一新薩滿抬到臥床上面，用白布蓋好她的身體，另用大布棚在上面遮蔽著日光，差人看守，那林福羊古自己也不遠離。

一新薩滿過陰後，吩咐眾神，攜帶各種物品，並令愛米神在前頭引路，往西南大路前進。不多時，到了一座高山，叫做臥德爾喀阿林，就是望鄉台，凡人死後到此山頂，才知道自己已死。一新薩滿一路上由眾神前後左右護衛著，走了一會兒，眼前有一條貫通南北的大河，因無船隻，一新薩滿把神鼓拋在河中，立時變成一隻小船，她和眾神一齊上了船，飄飄蕩蕩的渡到西岸。一新薩收起神鼓，再向西南大路走去，尚未走出一里路，路旁有一個夜宿處，從裡面出來一人擋住去路，此人就是一新薩滿三年前病故丈夫德巴庫阿，強逼一新薩滿救他還陽。因德巴庫阿的屍體早已腐爛，無法救活，但他怒氣沖天，不肯讓一新薩滿通過，一新薩滿只好騙他坐在神鼓上，令愛新布克春神把他丟到陰山後面。

一新薩滿繼續向西南大道而去，經過鬼門關，渡過紅河，才到依爾木汗的城池，這城周圍有三道城牆，進城時要經過關門三道，各有門官把守，到了第三道門，一新薩滿搖身一變，變成一隻闊里即神鷹，騰空而起，飛進城內，到了德那克楚的房子上面，找到了斯爾胡德福羊古，讓他坐在背上，飛到第三道門外，變回原形，帶領斯爾胡德福羊古照舊路回去，途中遭到德那克楚阻攔，一新薩滿責備他私養斯爾胡德福羊古的真魂，要上殿見依爾木汗，按照法律治罪。德那克楚恐事情敗露，不但有擅專的罪名，並且有遭抄家的災難，於是請求一新薩滿不再追究。德那克楚也答應增加斯爾胡德福羊古的壽限，由原有的五十八歲，添上三十歲，共有八十八歲，一新薩滿也把帶來的雞狗醬鹽紙錢等物都送給了德那克楚。

一新薩滿領著斯爾胡德福羊古的真魂和眾神歡歡喜喜地奔向祿祿嘎深巴爾道巴彥的院中，把斯爾胡德福羊古的真魂推進他的屍體裡面，使魂附體，自己也隨後撲入原身，不多時，就還陽了，漸漸有了呼吸，那林福羊古急忙令人焚香，自己擊鼓，口中不停地念誦還陽咒語。過了一會兒，一新薩滿翻身坐起來，到香案前喝了三口淨水，繞著斯爾胡德福羊古屍首打鼓跳舞，口中唱著還陽神歌，那林福羊古跟隨敲鼓助唱。過了片刻，斯爾胡德福羊古徐徐的吸氣，聲音漸漸大起來，左右手腳齊動，隨後翻身坐在床上，睜眼往四面觀看，心裡只覺好像做了一場大夢似的[53]。

《一新薩滿》與《尼山薩滿傳》的內容，無論是故事發生的時間、地點或人物，都大同小異。《一新薩滿》開端就說到故事發生於明末清初，《尼山薩滿傳》也說是在明朝的時候；《一新薩滿》所說祿祿嘎深的巴爾道巴彥，就是《尼山薩滿傳》中羅洛村（lolo gašan）的員外巴勒杜・巴彥（baldu bayan)，都是同音異譯。在薩滿信仰的後期，常見有善惡果報的故事。《一新薩滿》敘述巴爾道巴彥夫婦樂善好施，信神敬仙，祝禱天地，求賜子嗣，果然在妻子盧耶勒氏四十五歲時生下一對男孩，大兒子取名斯勒福羊古，小兒子取名斯爾胡德福羊古，十五歲時，到赫連山去打圍。《尼山薩滿傳》未提及長子名字，但說大兒子於十五歲時到橫浪山打圍身故，員外五十歲時又生下小兒子

53凌純聲著《松花江下游的赫哲族》，頁六三七至六五七。

色爾古岱·費揚古，並非雙胞胎。故事的「赫連山」，就是滿文手稿本「橫浪山」（heng lang šan alin）的同音異譯；「斯爾胡德福羊古」，即「色爾古岱·費揚古」（sergudai fiyanggo）的同音異譯；奴僕「阿哈金」、「巴哈金」，即「阿哈勒濟」（ahalji）、「巴哈勒濟」（bahalji）的同音異譯。《一新薩滿》敘述雙胞胎斯勒福羊古和斯爾胡德福羊古兄弟二人都在十五歲時打圍同時身故；《尼山薩滿傳》則說員外大兒子在十五歲時行圍身故，後來生下小兒子色爾古岱·費揚古，也在十五歲時行圍身故，兄弟二人並非雙胞胎，但都在十五歲時身故，兩個故事內容很類似。《一新薩滿》和《尼山薩滿傳》都有神仙指點員外請求薩滿為兒子過陰追魂的情節，而且都很生動，也很神奇。

關於員外兩個兒子的死因，兩個故事的敘述，略有不同。《一新薩滿》敘述員外大兒子斯勒福羊古壽限已到，回生乏術，依爾木汗差遣鬼頭德那克楚前往赫連山捉拿其魂。因雙胞胎兄弟二人容貌相似，無法分辨，而把兄弟二人的真魂一齊捉到陰間，將大兒子斯勒福羊古交給依爾木汗，而把斯爾胡德福羊古留在自己的家中，當作親生兒子。《尼山薩滿傳》敘述員外在二十五歲時所生的大兒子在十五歲時到橫浪山打圍時，庫穆路鬼把他的真魂捉食而死了。員外五十歲時所生的小兒子色爾古岱·費揚古在十五歲時到橫浪山打圍時因殺了許多野獸，閻王爺差遣蒙古勒代舅舅捉了他的魂，帶到死國，當作自己的兒子慈養著。小兒子色爾古岱·費揚古的真魂被捉到陰間的原委，兩個故事的敘述，不盡相同。

《一新薩滿》和《尼山薩滿》過陰進入冥府所走的路線及所遇到的情景，也略有不同。《一新薩滿》敘述一新薩滿領著眾神渡過貫通南北的一條大河後，即向西南大路走去，尚未走出一里，就遇到三年前死去的丈夫德巴庫阿，抓住她的衣襟，要求把他的魂追回陽世。但因他的身體早已腐爛，無法還陽。他聽到不能復活的話，愈加怒氣沖天，緊緊拉住一新薩滿的衣襟，不放他通過，而被一新薩滿拋下陰山後面。《尼山薩滿傳》中的尼山薩滿是從死國的歸途中遇到丈夫用高粱草燒滾了油鍋等候妻子，經過一番爭辯後，尼山薩滿令大鶴神把丈夫抓起來拋到酆都城了。

《一新薩滿》、《尼山薩滿傳》對薩滿與德那克楚或蒙古勒代舅舅為色爾古岱·費揚古或斯爾胡德福羊古要求增加壽限而討價還價的描寫，都很生動。《尼山薩滿傳》對贈送雞、狗的描寫，更是細膩。滿文手稿的敘述如下：

> 尼山薩滿道謝說：蒙古勒代舅舅，你如此盡心封贈，把雞和狗都給你了，呼叫雞時喊「阿什」；呼叫狗時喊「綽」。蒙古勒代道了謝，非常高興，帶著雞和狗等行走時，心想喊著試試看，把兩個都放了，「阿什」、「阿什」、「綽」、「綽」地喊叫著，雞和狗都往回走，追趕尼山薩滿去了。蒙古勒代害怕了，拚命地跑去找，張口大喘地央求說：薩滿格格為什麼開玩笑呢？請不要哄騙吧！若不把這兩樣東西帶去，實在不可以。王爺責怪我時，我如何受得了呢？這樣再三懇求，尼山薩滿笑著說道：開一點玩笑，以後好好地記住，我告訴你，呼叫雞喊：「咕咕！」呼叫狗喊：「哦哩！哦哩！」蒙古勒代說道：格格開了一點玩笑，我卻出了一身大汗。按照薩滿告訴的話喊叫時，雞和狗都圍繞著蒙古勒代的身邊，搖頭擺尾地跟著去了[54]。

54莊吉發譯註《尼山薩滿傳》，頁一一七。

薩滿魂靈出竅過陰以後，其個性依然如故，在地府的魂靈，仍然保留生前的特徵，尼山薩滿在陰間與鬼頭蒙古勒代舅舅的玩笑，確實描寫細膩。《尼山薩滿傳》對地獄種種酷刑的敘述，更是詳盡，而《一新薩滿》則未提及。比較《尼山薩滿傳》和《一新薩滿》這兩個故事後，可以發現這兩個故事的內容，確實詳略不同。其中最大的不同是：《一新薩滿》所述員外的兩個兒子是一對雙生子，在十五歲同時出外打圍，同時得到同樣的病症而死亡；《尼山薩滿傳》所述員外的兩個兒子年齡不同，但都在十五歲時打圍得病身故。至於故事中的人名及地名，或因方言的差異，或因譯音的不同，以致略有出入，但就故事的背景及情節而言，卻都很相近，可以說是同出一源的故事，也是探討薩滿過陰追魂最具體的珍貴資料。

從《尼山薩滿傳》、《一新薩滿》等故事的敘述，可以了解北亞各民族多相信人們的患病，主要是起因於鬼祟為厲，倘若惡鬼捉食了人們的真魂，則其人必死。薩滿作法過陰，只限於軀體尚未腐爛的病人，才肯醫治，而且被捕去的魂靈也僅限於冥府所能找到壽限未到者，始能倚靠薩滿的法術令其附體還魂，不同於借屍還魂的傳說。從薩滿降神作法的儀式，可以了解其信仰儀式是屬於一種原始的跳神儀式。薩滿口誦祝詞，手擊神鼓，腰繫神鈴，札立助唱神歌，音調配合，舞之蹈之，身體開始顫抖，神靈附身，薩滿即開始喋喋地代神說話，傳達神諭。薩滿魂靈出竅也是經過跳神的儀式進行的，當神靈附身及魂靈出竅時，薩滿軀體即進入一種昏迷狀態，停止呼吸。其魂靈開始進入地府，領著眾神，渡河過關，在陰間到處尋找死者的真魂，最後帶回陽間，推入本體內，病人復活痊癒。薩滿的精神異狀，或反常因素，使宗教心理學家及宗教歷史學者在探討薩滿信仰的起源時，都感到極大的興趣[55]。賀靈撰〈錫伯族《薩滿歌》與滿族《尼山薩滿》〉一文已指出《尼山薩滿》和《薩滿歌》在展現薩滿信仰儀式過程中，都反映了滿、錫兩族同時代的民間巫術，為研究北方民族及其他崇奉薩滿信仰的國內外民間巫術的產生、發展和消失，提供了非常珍貴的資料。薩滿巫術作為具有薩滿信仰的原始民族特有的精神狀態，隨著薩滿信仰的形成、發展而形成、發展。《尼山薩滿》和《薩滿歌》在反映滿、錫兩族巫術精神方面，可謂淋漓盡致。通過這兩部作品，可以清楚地認識巫術的本質，巫術精神在北方游牧狩獵民族中發展的特點，巫術精神和薩滿信仰的關係，以及巫術在藝術中的表現形式等。總之，從這兩部作品中可以看出，巫術是薩滿信仰得以長期存在的重要條件，也是廣大群眾之所以長期崇奉薩滿信仰的重要因素[56]。

海參崴本《尼山薩滿傳》滿文手稿，字跡較潦草，原稿滿文筆順、讀音與滿洲入關後的規範滿文不盡相同，可將其常用詞彙舉例列表如後。

55 莊吉發撰〈薩滿信仰的社會功能〉，《國際中國邊疆學術會議論文集》（臺北，國立政治大學，民國七十四年一月），頁二二五

56 賀靈撰〈錫伯族《薩滿歌》與滿族《尼山薩滿》〉，《阿爾泰語系民族敘述文學與薩滿文化》（內蒙古，內蒙古大學，一九九〇年八月），頁二六七。。

《尼山薩滿傳》滿文詞彙與規範滿文對照表

漢　文	尼山薩滿傳		滿漢大辭典	
	滿文	羅馬拼音	滿文	羅馬拼音
最小的	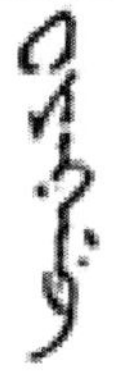	fiyanggo		fiyanggū
隼		aculan	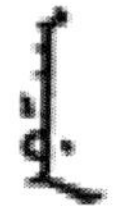	ancun
轎		giyoo		kiyoo
牙關		jain		jayan
獃		belin		beliyen
罵		tome		toome

漢　文	尼山薩滿傳		滿漢大辭典	
	滿文	羅馬拼音	滿文	羅馬拼音
婢		nehu		nehū
主		ejin		ejen
大方的		ambulingga		ambalinggū
俊秀的	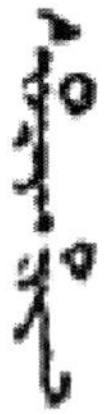	hocihūn		hocikon
街		giya		giyai
華美	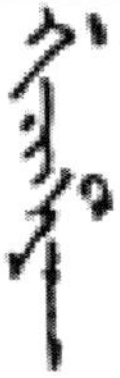	gicihiyan		gincihiyan

漢 文	尼山薩滿傳		滿漢大辭典	
	滿文	羅馬拼音	滿文	羅馬拼音
泡沫		obinggi		obonggi
羅鍋腰		kumcuku		kumcuhun
手掌心		falanggo		falanggū
袍子		sijihiyan		sijigiyan
捶打		dume		tūme

漢　文	尼山薩滿傳		滿漢大辭典	
	滿文	羅馬拼音	滿文	羅馬拼音
庸劣	ᡝᡥᡝᠯᡳᠩᡤᠣ	ehelinggo	ᡝᡥᡝᠯᡳᠩᡤᡡ	ehelinggū
急忙	ᡝᠪᡠᡥᠣ ᠰᠠᠪᡠᡥᠣ	ebuho sabuho	ᡝᠪᡠᡥᡡ ᠰᠠᠪᡠᡥᡡ	ebuhū sabuhū
秀美的	ᡥᠣᠴᠣᡥᡡᠨ	hocohūn	ᡥᠣᠴᡳᡴᠣᠨ	hocikon
濕	ᡠᠴᡳᡥᡳᠨ	ucihin	ᡠᠰᡳᡥᡳᠨ	usihin
皮	ᠰᠣᡴᡡ	sokū	ᠰᡠᡴᡡ	sukū

漢　文	尼山薩滿傳		滿漢大辭典	
	滿文	羅馬拼音	滿文	羅馬拼音
鼓槌	ᡤᡳᠰᡝᠨ	gisen	ᡤᡳᠰᡠᠨ	gisun
厚的	ᡤᡳᡵᠠᠮᡳᠨ	giramin	ᠵᡳᡵᠠᠮᡳᠨ	jiramin
娘家	ᡩᠠᠨᠴᡳᠨ	dancin	ᡩᠠᠨᠴᠠᠨ	dancan
歪的	ᠸᠠᡳᡴᡡ	waikū	ᠸᠠᡳᡴᡠ	waiku
篙	ᡧᡠᡵᡴᡠ	šurku	ᡧᡠᡵᡠᡴᡡ	šurukū
渡口	ᡩᠣᡤᡡᠨ	dogūn	ᡩᠣᡤᠣᠨ	dogon
塊	ᡩᠠᠯᡥᠠᠨ	dalhan	ᡩᠠᠯᡤᠠᠨ	dalgan

漢 文	尼山薩滿傳		滿漢大辭典	
	滿文	羅馬拼音	滿文	羅馬拼音
銅鈴	ᡥᠣᠩᡤᠣ	honggo	ᡥᠣᠩᡤᠣᠨ	honggon
女裙	ᡥᠣᠰᡳᡥᠠᠨ	hosihan	ᡥᡡᠰᡳᡥᠠᠨ	hūsihan
獅子	ᠠᡵᠰᡠᠯᠠᠨ	arsulan	ᠠᡵᠰᠠᠯᠠᠨ	arsalan
才能	ᡝᠴᡝᡥᡝᠨ	ecehen	ᡝᠨᠴᡝᡥᡝᠨ	encehen
檀木	ᠴᠠᡴᡡᡵᠠ	cakūra	ᠴᠠᡴᡡᡵᠠᠨ	cakūran

漢　文	尼山薩滿傳		滿漢大辭典	
	滿文	羅馬拼音	滿文	羅馬拼音
橡木		mangmoo		mangga moo
醜鬼	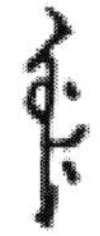	jule		jolo
墩轂轆		tohoroko		tohorokū
小磨	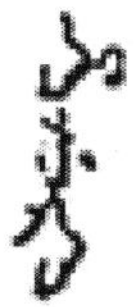	hujurku	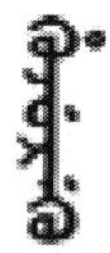	hujureku
大磨		mose		moselakū
舌		yelenggu		ilenggu

漢 文	尼山薩滿傳		滿漢大辭典	
	滿文	羅馬拼音	滿文	羅馬拼音
淨	ᠪᠣᠯᡥᡡᠨ	bolhūn	ᠪᠣᠯᡤᠣᠨ	bolgon
橋	ᡩᠣᠣᡥᠠ	dooha	ᡩᠣᠣᡥᠠᠨ	doohan
螞蟻	ᠶᡝᡵᡥᡠ	yerhu	ᠶᡝᡵᡥᡠᠸᡝ	yerhuwe
瘸腿的	ᡩᠣᡥᠣᠯᠣ	doholo	ᡩᠣᡥᠣᠯᠣᠨ	doholon
賴皮的	ᠯᠠᡳᡥᡳ	laihi	ᠯᠠᡳᡥᡡ	laihū
擔	ᡩᠠᠮᡤᡳᠨ	damgin	ᡩᠠᠮᠵᠠᠨ	damjan

漢　文	尼山薩滿傳		滿漢大辭典	
	滿文	羅馬拼音	滿文	羅馬拼音
倒出		dulambi		doolambi
荒淫		dufen		dufe
邪的		miosihūn		miosihon

資料來源：海參崴本《尼山薩滿傳》滿文手稿、安雙成主編《滿漢大辭典》。

前列簡表中的《滿漢大辭典》，是以遼寧民族出版社安雙成先生主編修訂本所收錄的詞彙為本，藉以討論《尼山薩滿傳》中的詞彙與規範滿文的差異。規範滿文第一字頭元音中的“ᡡ”(ū)，《尼山薩滿傳》手稿本滿文，或讀作“o”譬如：“fiyanggū”(最小的)，手稿本讀作“fiyanggo”；“falanggū”(手掌心)，手稿本讀作“falanggo”；“ehelinggū”(庸劣)，手稿本讀作“ehelinggo”；“ebuhū sabuhū”(急忙)，手稿本讀作“ebuho sabuho”；“tohorokū”(墩轂轆)，手稿本讀作

"tohoroko"。規範滿文中"o",手稿本間有讀作"ū"者,譬如:"hocikon"(俊秀的),手稿本讀作"hocihūn",或讀作"hocohūn";"bolgon"(潔淨),手稿本讀作"bolhūn";"dogon"(渡口),手稿本讀作"dogūn";"miosihon"(邪的),手稿本讀作"miosihūn"。規範滿文中"nehū"(婢),手稿本讀作"nehu"。"hūsihan"(女裙),手稿本讀作"hosihan"。規範滿文"ambalinggū"(大方的),手稿本讀作"ambulingga"。規範滿文"tūme"(捶打),手稿本讀作"dume";"šurukū"(篙),手稿本讀作"šurku"。"waiku"(歪的),手稿本讀作"waikū"。"laihū"(賴皮的),手稿本讀作"laihi"。"beliyen"(獃),手稿本讀作"belin";"jayan"(牙關),手稿本讀作"jain"。"sijigiyan"(袍子),手稿本讀作"sijihiyan";"jiramin"(厚的),手稿本讀作"giramin"。"jolo"(醜鬼),手稿本讀作"jule"。"ilenggu"(舌),手稿本讀作"yelenggu"。手稿本中的滿文,省略"n"音的例子,頗為常見。"gincihiyan"(華美),手稿本讀作"gicihiyan";"kumcuhun"(羅鍋腰),手稿本讀作"kumcuku";"honggon"(銅鈴),手稿本讀作"honggo";"cakūran"(檀木),手稿本讀作"cakūra";"doholon"(瘸腿的),手稿本讀作"doholo"。手稿本中"dufen"(荒淫),規範滿文省略"n",讀作"dufe"。"doohan"(橋),手稿本讀作"dooha"。"toome"(罵),手稿本讀作"tome"。"arsalan"(獅子),手稿本讀作"arsulan"。"yerhuwe"(螞蟻),手稿本讀作"yerhu"。對照規範滿文,有助於了解手稿本的讀音。為熟悉手稿本滿文筆順及讀音,特就《尼山薩滿傳》手稿本會話內容摘錄編譯附錄於後。

一、靈走人亡

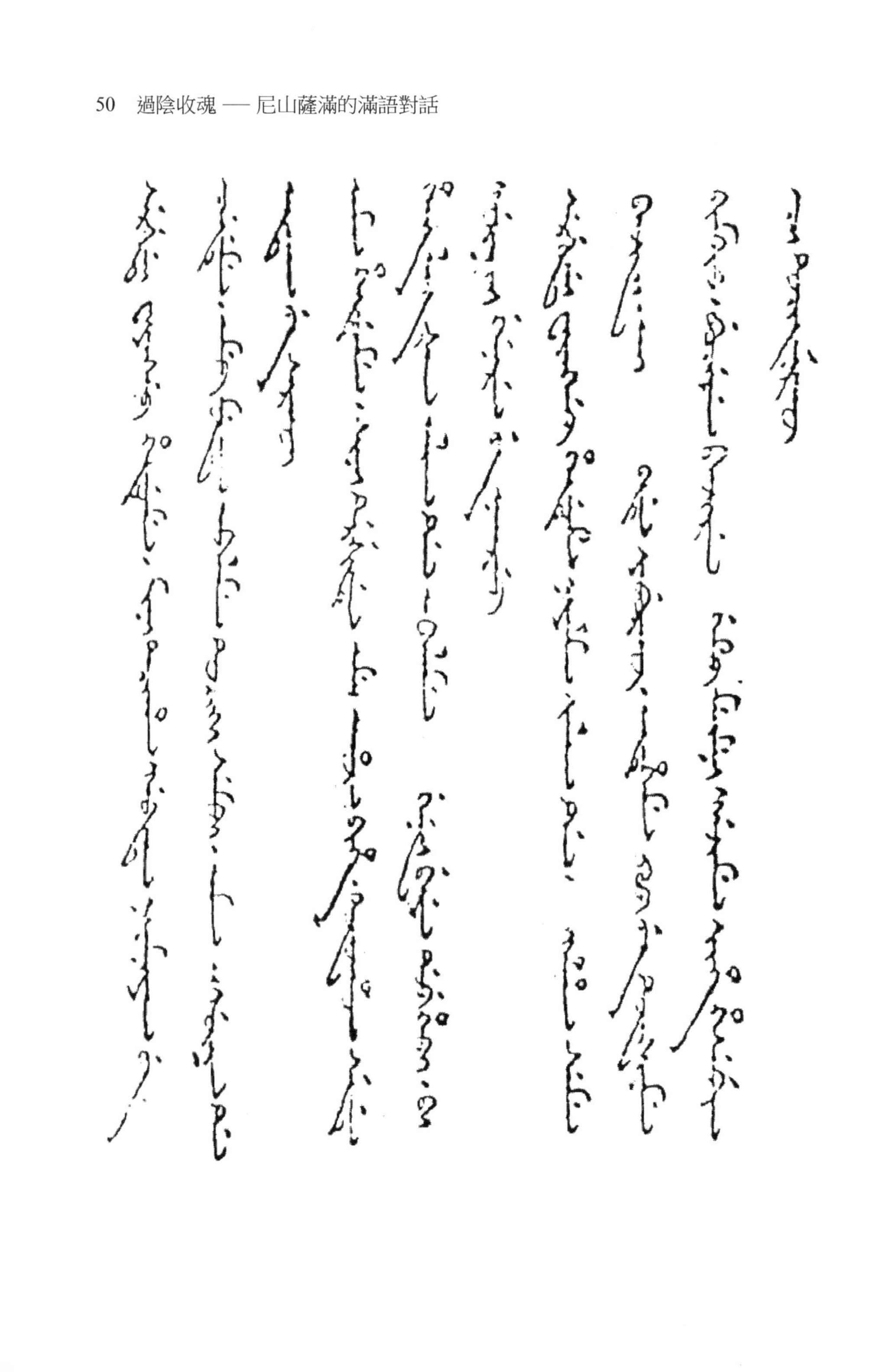

sergudai fiyanggo hendume, mini taciha gabtan niyamniyan be cendeme, emu mudan abalame tuciki sembi, ama i gūnin de antaka be sarkū.
ama hendume, sini dergide emu ahūn bihe, tofohon sede heng lang šan alin de abalame genefi beye dubehebi, bi gūnici genere be nakareo.
sergudai fiyanggo hendume niyalma jalan de, haha seme banjifi, ai bade yaburakū, enteheme boo be tuwakiyame bimbio. bucere banjire gemu meimeni gajime jihe hesebun ci tucinderakū.

色爾古岱·費揚古說：試看我所學的步射馬箭，想出去打圍一次，不知父親的意思如何？
父親說：在你的上面原來有一位哥哥，十五歲時到橫浪山去打圍身終，我想不必去吧！
色爾古岱·費揚古說：人在世上，生爲男子，何處不行走，永遠守着家嗎？死生都逃不出各自帶來的命運。

色尔古岱·费扬古说：试看我所学的步射马箭，想出去打围一次，不知父亲的意思如何？
父亲说：在你的上面原来有一位哥哥，十五岁时到横浪山去打围身终，我想不必去吧！
色尔古岱·费扬古说：人在世上，生为男子，何处不行走，永远守着家吗？死生都逃不出各自带来的命运。

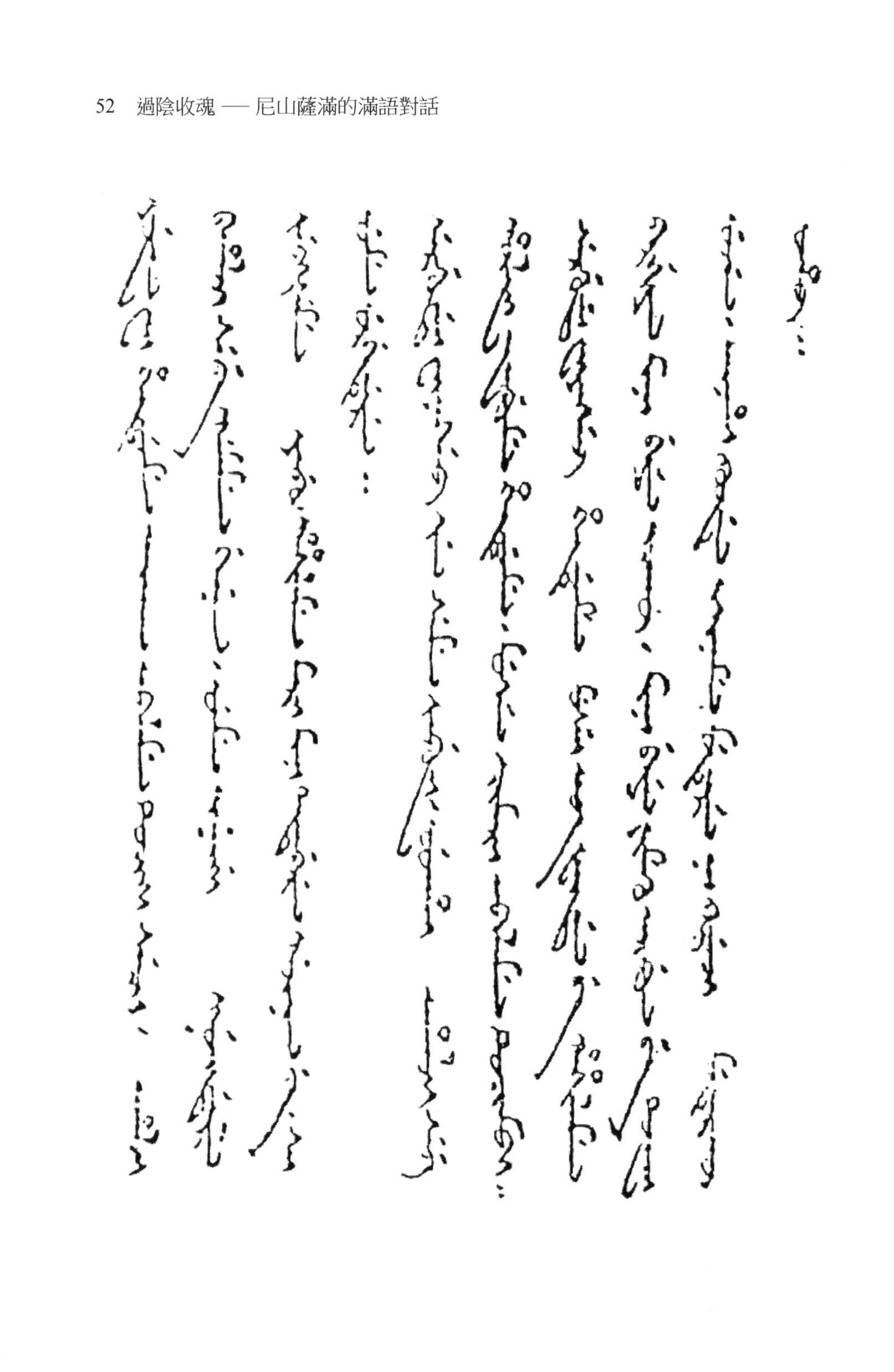

yuwan wai hendume aika abalame tuciki seci, ahalji bahalji sebe gamame gene, ume inenggi goidara jebkešeme yabu, hahilame mari mini tatabure gūnin be, si ume urgedere.
sergudai fiyanggo je seme jabufi, uthai ahalji sebe hūlafi afabume hendume, muse cimari abalame tucimbi.
sergudai fiyanggo hendame musei aba faidan be hahilame bargiya mini beye icakū, mini beye nimeku arbun be tuwaci ujen, ainahai boode isiname mutere ni bodoci muterakū oho.

員外說：若是想要出去打圍時，帶着阿哈勒濟、巴哈勒濟等去吧！日子不要久，小心而行，趕緊回來，你不要辜負我的掛念。
色爾古岱・費揚古回答說：是；就喚阿哈勒濟等說：我們明天出去打圍。
色爾古岱・費揚古說：趕緊收了圍，我的身體不舒服；看來我的身體病勢很重，怎麼能到達家裏呢？料已不能到了。

员外说：若是想要出去打围时，带着阿哈勒济、巴哈勒济等去吧！日子不要久，小心而行，赶紧回来，你不要辜负我的挂念。
色尔古岱・费扬古回答说：是；就唤阿哈勒济等说：我们明天出去打围。
色尔古岱・费扬古说：赶紧收了围，我的身体不舒服；看来我的身体病势很重，怎么能到达家里呢？料已不能到了。

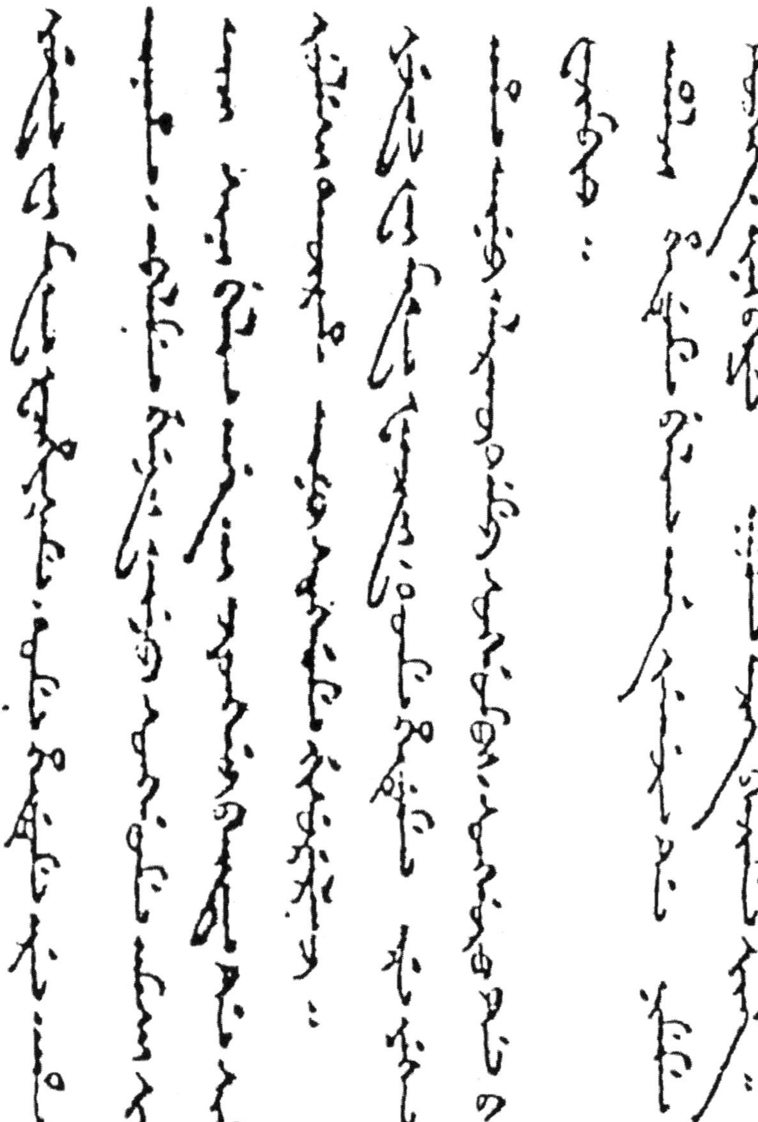

yuwan wai mafa facihiyašame, tome hendume ere aha si ainaha, abalame genefi ainu songgome amasi jihe, eici sini belin age ai oyonggo baita de simbe julesi takūraha ainu songgome gisurerakū. yuwan wai mafa fancafi, tome hendume ere yeken akū aha ainu alarakū damu songgombi, songgoro de baita wajimbio.
ahalji hendume belin age jugūn de nimeme beye dubehe. mini beye neneme mejige benjime jihe.

員外老爺著急着罵說：這個奴才你怎麼了，去打了圍，爲什麼哭着囘來了，或許是你的獃阿哥有什麼要緊的事差你前來？爲什麼哭着不說話呢？
員外老爺生氣罵說：這個無賴奴才，爲什麼不告訴，只是哭泣呢？哭就完事嗎？
阿哈勒濟說：獃阿哥在路上生病身終，我自己先送信息來了。

员外老爷着急着骂说：这个奴才你怎么了，去打了围，为什么哭着回来了，或许是你的呆阿哥有什么要紧的事差你前来？为什么哭着不说话呢？
员外老爷生气骂说：这个无赖奴才，为什么不告诉，只是哭泣呢？哭就完事吗？
阿哈勒济说：呆阿哥在路上生病身终，我自己先送信息来了。

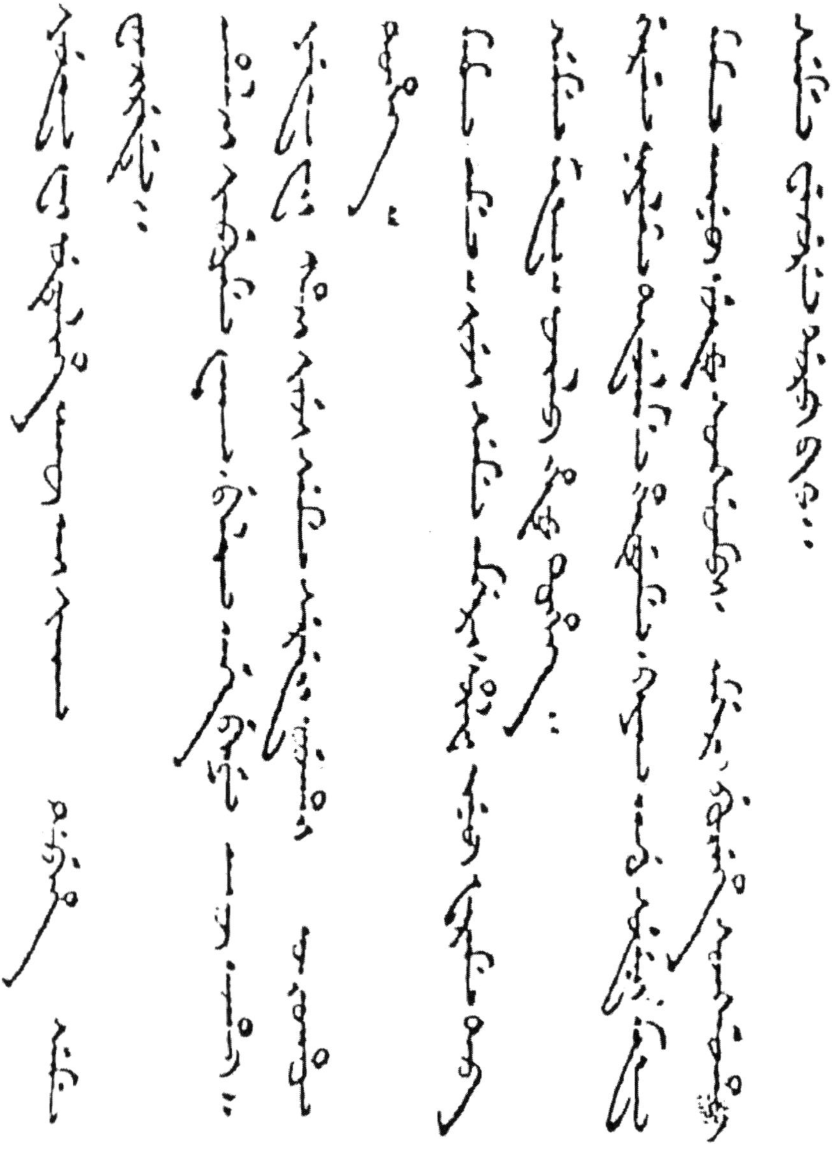

yuwan wai utulihe akū ai jaka dubehe seme fonjirede.
ahalji jabume waka, belin age beye akū oho.
yuwan wai haji jui seme surefi uthai oncohon tuheke.
mama eme i jui seme emgeri hūlafi inu farame tob seme mafa i oilo hetu tuheke.
geren niyalma tafulame hendume, bayan agu suweni mafa mama ainu uttu songgombi, emgeri bucehe songgoho seme weijure doro bio.

員外沒留神，問是什麼東西終了？
阿哈勒濟回答說：不是，是獃阿哥身故了。
員外喊了聲：愛子！就仰面跌倒了。
老太太叫了一聲：母親的孩子！也發昏正好橫倒在老爺的身上。
衆人勸告說：巴彥老兄你們老爺、老太太爲什麼這樣哭呢？既已死了，哭了有活過來的道理嗎？

员外没留神，问是什么东西终了？
阿哈勒济回答说：不是，是呆阿哥身故了。
员外喊了声：爱子！就仰面跌倒了。
老太太叫了一声：母亲的孩子！也发昏正好横倒在老爷的身上。
众人劝告说：巴彦老兄你们老爷、老太太为什么这样哭呢？既已死了，哭了有活过来的道理吗？

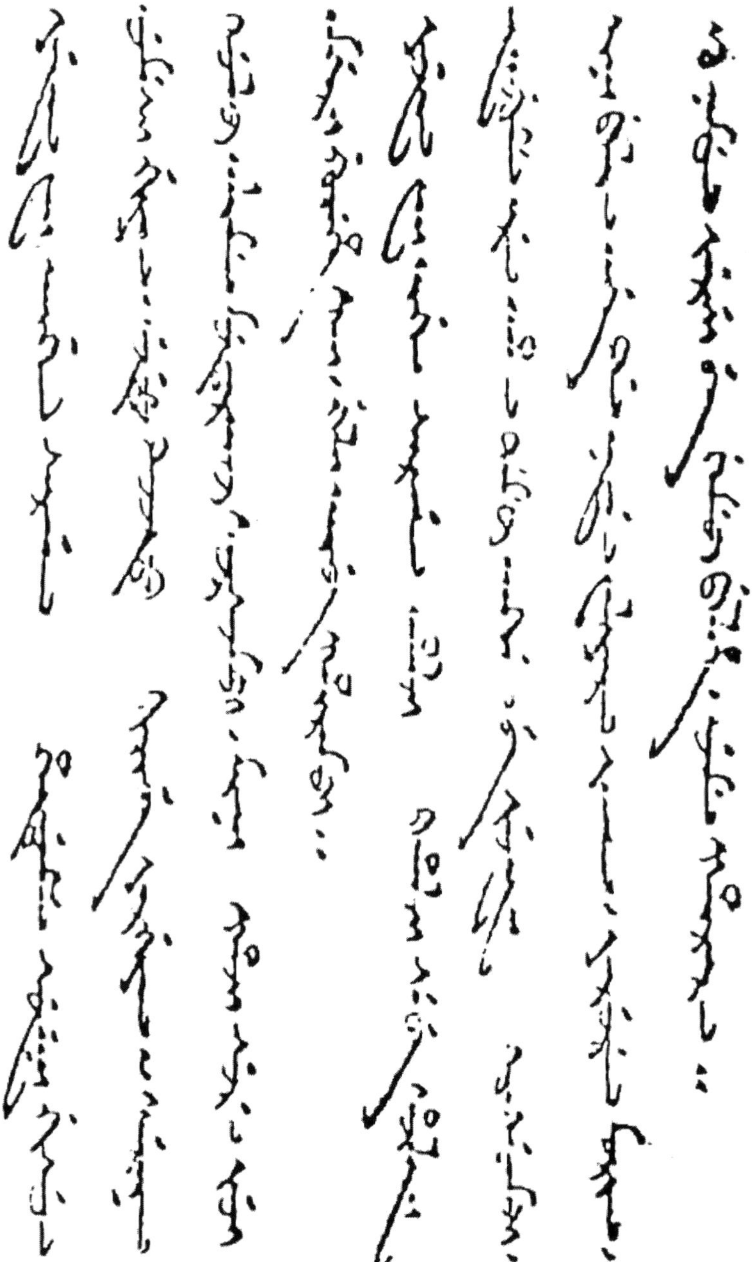

yuwan wai eigen sargan hendume suweni gisun umesi giyan, udu tuttu bicibe yargiyan i gūnin dolo alime muterakū korsombi mini haji sure jui emgeri bucehe kai, geli aibe hairambi.
yuwan wai eigen sargan ahalji bahalji sebe hūlafi afabume ere aha damu angga be juwafi songgombi, sini belin age de nadan waliyara jaka, yarure morin, ku namun jergi be gemu belhe, ume hairara.

員外夫妻說：你們的話很有理，雖然那樣，内心實在不勝悲傷，我親愛聰明的孩子卽已死了啊，還愛惜什麼呢？
員外夫妻喚阿哈勒濟、巴哈勒濟等交待說：這奴才祇是張口哭泣，給你的獃阿哥七種祭祀的物品，乘騎的馬匹、庫房等都預備好，不必愛惜。

员外夫妻说：你们的话很有理，虽然那樣，内心实在不胜悲伤，我亲爱聪明的孩子卽已死了啊，还爱惜什么呢？
员外夫妻唤阿哈勒济、巴哈勒济等交待说：这奴才祇是张口哭泣，给你的呆阿哥七种祭祀的物品，乘骑的马匹、库房等都预备好，不必爱惜

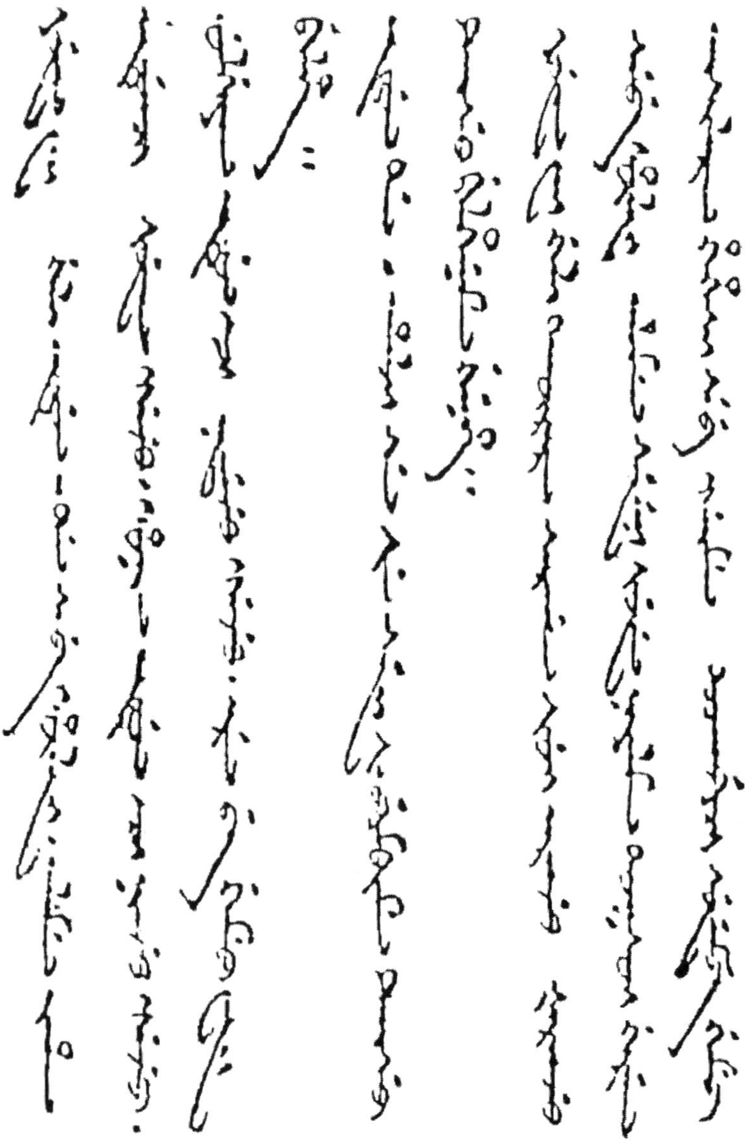

yuwan wai geli adun i da sabe hūlafi, alame ihan adunci juwan gaju, honin adun ci ninju gaju, ulgiyan adun ci nadanju gaju, ere be gemu wafi belhe.
adun da, ahalji se je sefi jabumbime teisu teisu belheneme genehe.
yuwan wai geli takūrara sargan jui aranju šaranju sebe hūlafi alame suweni juwe niyalma toksoi geren aisilara hehesi sebe gaime tookabuci suwembe gemu tantambi.

員外又喚牧群長告訴說：由牛群帶來十頭，由羊群帶來六十隻，由，豬群帶來七十隻，把這些都宰了預備好。
牧群長、阿哈勒爾濟等回答說：是，而各自預備去了。
員外又叫使喚的女子阿蘭珠、莎蘭珠等告訴說：你們二人把村莊裏帮助的衆婦女們帶來，若是遲誤時，把你們都責打。

员外又唤牧群长告诉说：由牛群带来十头，由羊群带来六十只，由，猪群带来七十只，把这些都宰了预备好。
牧群长、阿哈勒济等回答说：是，而各自预备去了。
员外又叫使唤的女子阿兰珠、莎兰珠等告诉说：你们二人把村庄里帮助的众妇女们带来，若是迟误时，把你们都责打。

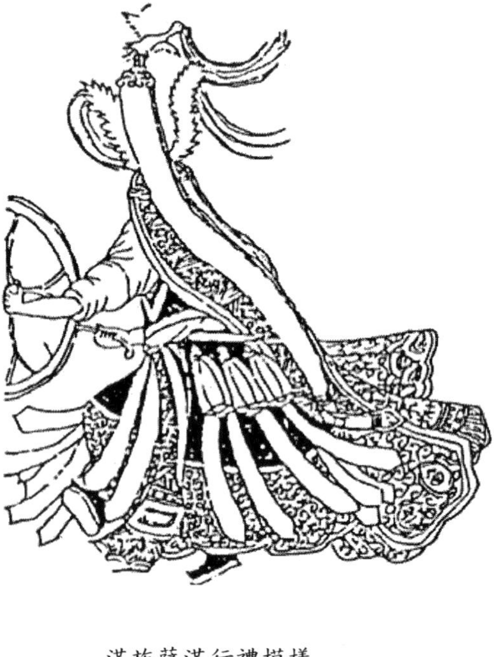

滿族薩滿行禮模樣

二、仙翁指點

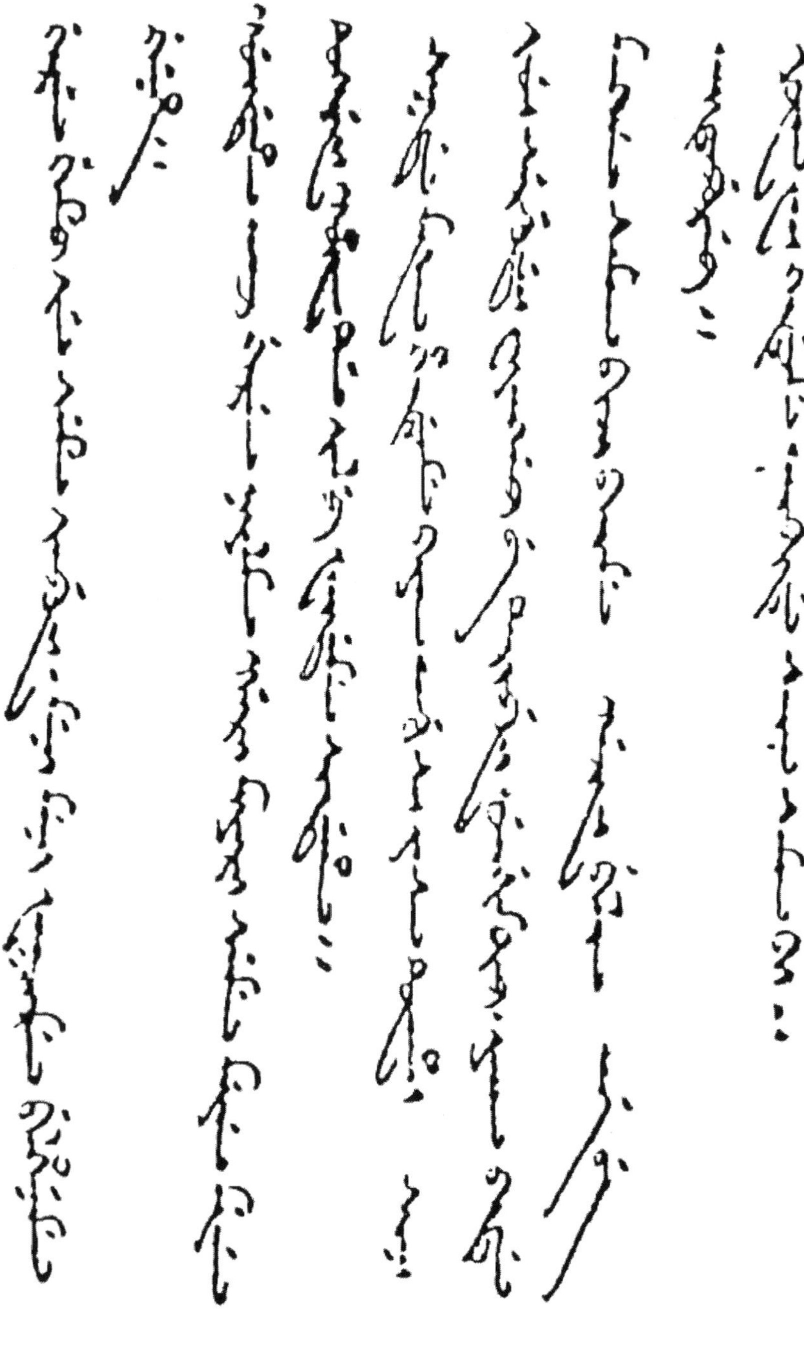

geren gemu je seme jabufi meni meni fakcame belheneme genehe.
goidaha akū geren niyalma gari miyari seme meyen meyen tukiyefi hūwa de jalu faidame sindaha.
sakda mafa hendume bayan agu si yasa tuwahai sini jui sergudai fiyaggo be turibufi unggimbio yaka bade mangga saman bici baime gajifi belin age be aitubureo.
yuwan wai hendume aibide sain saman bi.

衆人都回答說：是，各自分開預備去了。
不久，衆人呼呼喊喊地一隊一隊擡到院子裏滿滿地排放了。
老翁說：巴彥老兄，你眼看着你的兒子色爾古岱・費揚古失落而去嗎？那個地方若有才能出群的薩滿請來救獃阿哥吧！
員外說：在哪裏有好薩滿呢？

众人都回答说：是，各自分开预备去了。
不久，众人呼呼喊喊地一队一队抬到院子里满满地排放了。
老翁说：巴彦老兄，你眼看着你的儿子色尔古岱・费扬古失落而去吗？那个地方若有才能出群的萨满请来救呆阿哥吧！
员外说：在那里有好萨满呢？

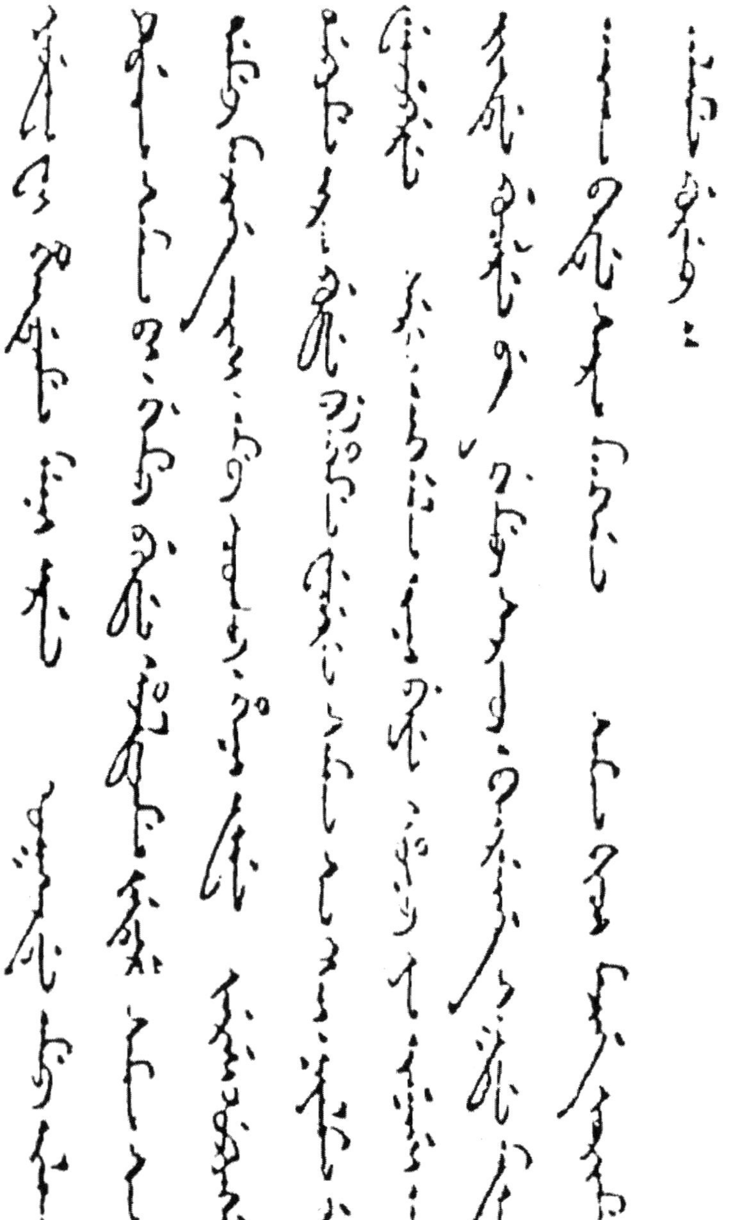

yuwan wai hendume meni ere toksode emu ilan duin saman bi, gemu buda holtome jetere saman sa, damu majige arki, emu coko, heni efen jergi dobonggo dobome ira buda belheme wecere saman sa kai, niyalma be weijubure sere anggala ini beye hono ya inenggi ai erinde bucere be gemu sarkū, bairengge sakda mafa aika bade sara mangga saman bici majige jorime alame bureo.

員外說：在我們這個村莊裏有幾個薩滿，都是哄飯吃的薩滿們，祇是上供一點燒酒、一隻雞、一些餑餑等供物，是預備糜子飯祭祀的薩滿們啊！不但不能救活人，連他自己那一天何時死都不知道。懇求老翁倘若知道哪裡有好薩滿時，請稍指點賜告吧！

员外说：在我们这个村庄里有几个萨满，都是哄饭吃的萨满们，祇是上供一点烧酒、一只鸡、一些饽饽等供物，是预备糜子饭祭祀的萨满们啊！不但不能救活人，连他自己那一天何时死都不知道。恳求老翁倘若知道哪里有好萨满时，请稍指点赐告吧！

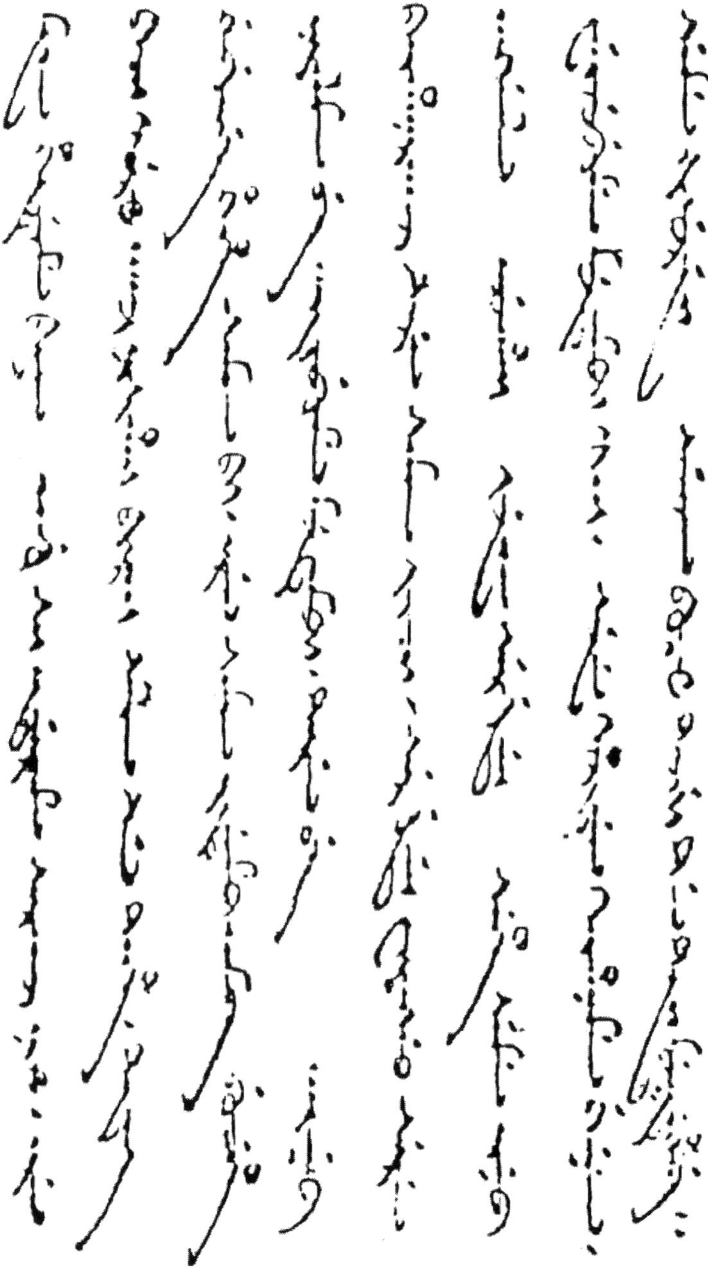

mafa hendume bayan agu si adarame sarkū nio, ere baci goro akū nisihai birai dalin de tehe, tawang gebungge hehe saman bi, ere saman erdemu amba bucehe niyalma be aitubume mutembi, tere be ainu baihanarakū tere saman jici, sergudai fiyanggo sere anggala uthai juwan sergudai sehe seme inu weijubume mutembi kai, suwe hūdun baihaname gene, seme gisurefi sunja boco tugi de tefi mukdehe.

老翁說：巴彥老兄你怎麼不知道呢？離這裏不遠，住在尼西海河岸，有一個名叫塔旺的女薩滿，這個薩滿本事很大，能把死人救活，爲什麼不去找他呢？若是那薩滿來時，不但是色爾古岱・費揚古，就是說十個色爾古岱，也能救活過來啊！你們趕快去找吧！說了坐在五彩的雲上高昇了。

老翁说：巴彦老兄你怎么不知道呢？离这里不远，住在尼西海河岸，有一个名叫塔旺的女萨满，这个萨满本事很大，能把死人救活，为什么不去找他呢？若是那萨满来时，不但是色尔古岱・费扬古，就是说十个色尔古岱，也能救活过来啊！你们赶快去找吧！说了坐在五彩的云上高升了。

滿族薩滿跳老虎神模樣

三、跳神治病

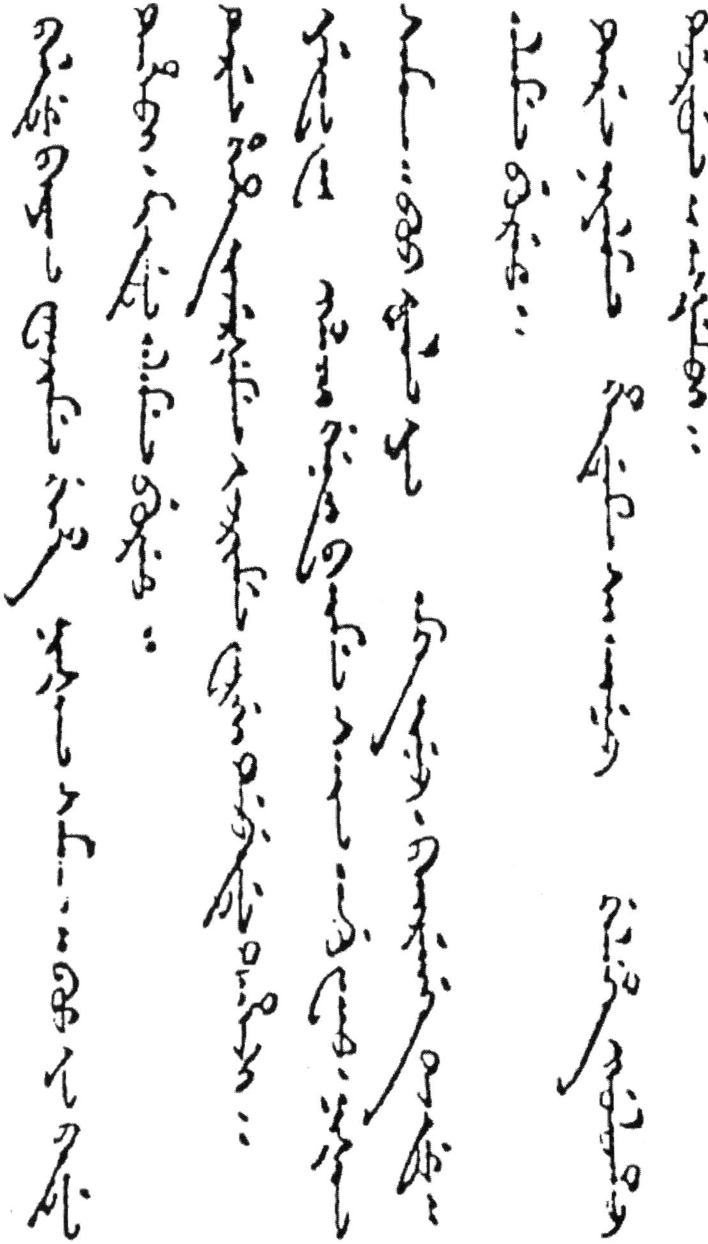

baldu bayan fonjime gehe nišan saman i boo ya bade tehebi, minde alame bureo.
tere hehe injeršeme jorime wargi dubede tehebi.
yuwan wai hanci genefi baime sain agu wako, nišan saman i boo yala ya emke inu, bairengge tondo i alame bureo.
tere niyalma hendume si ainu gelehe goloho durun i ekšembi.

巴勒杜・巴彥走近請問說：姐姐，尼山薩滿的家住在那裏？請告訴我吧！
那個姐姐笑盈盈地指着說：住在西邊盡頭。
員外走近請問說：不是好老兄嗎？尼山薩滿的家究竟是那一個呢？懇請直告吧！
那個人說：你爲什麼驚怕樣子的慌忙呢？

巴勒杜・巴彦走近请问说：姐姐，尼山萨满的家住在那里？请告诉我吧！
那个姐姐笑盈盈地指着说：住在西边尽头。
员外走近请问说：不是好老兄吗？尼山萨满的家究竟是那一个呢？恳请直告吧！
那个人说：你为什么惊怕样子的慌忙呢？

yuwan wai hendume minde oyonggo ekšere baita bifi age de fonjime dacilambi, gosici minde alame bureo.
tere niyalma uthai hendume si teni dergide fonjiha etuku silgiyafi walgiyara tere hehe uthai saman inu, agu tašarabume holtobuha kai.
tere saman be baire de saikan i gingguleme baisu, gūwa saman de duibuleci ojorakū ere saman umesi dahabume kundulere de amuran.

員外說：我有緊急的事情，要請問阿哥，如蒙憐愛，請告訴我吧！那人就說：你剛才在東邊問的掛晒衣服的那個女人就是薩滿，老兄被哄錯過了啊！請那個薩滿時，要好好的恭敬的懇求，不可和別的薩滿相比，這個薩滿很喜好被人迎合恭維。

员外说：我有紧急的事情，要请问阿哥，如蒙怜爱，请告诉我吧！那人就说：你刚才在东边问的挂晒衣服的那个女人就是萨满，老兄被哄错过了啊！请那个萨满时，要好好的恭敬的恳求，不可和别的萨满相比，这个萨满很喜好被人迎合恭维。

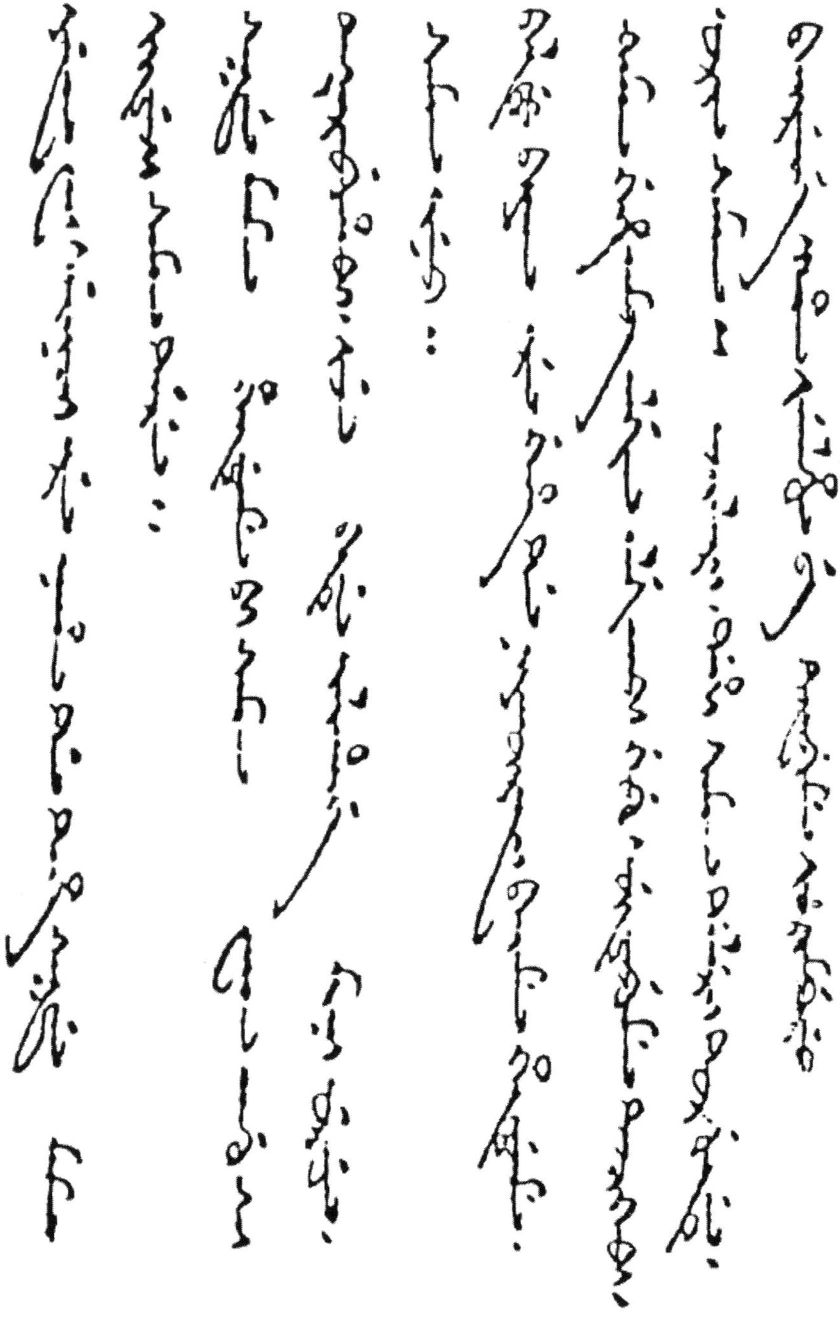

yuwan wai gūnici ere nahan de tehe sakda mama jiduji saman dere.
sakda mama hendume bi saman waka agu si tašarabuhabi, jun bade ilihangge mini urun, saman inu.
baldu bayan ere gehe de niyakūrafi baime hendume, saman gehe amba algin algikabi gebu gūtubume tucikebi, orin saman i oilori, dehi saman deleri turgunde, bairengge han julhun be tuwabume jorimbureo.

員外以爲這個坐在炕上的老太太必然是薩滿吧！
老太太說：我不是薩滿，老兄你被弄錯了，在竈門地方站的我的媳婦就是薩滿。
巴勒杜・巴彥向這個姐姐跪下求着說：薩滿姐姐大名傳揚，不玷辱所出聲名，在二十個薩滿以外，四十個薩滿以上，所求者是來請給我看帝數加以指點吧！

员外以为这个坐在炕上的老太太必然是萨满吧！
老太太说：我不是萨满，老兄你被弄错了，在灶门地方站的我的媳妇就是萨满。
巴勒杜・巴彦向这个姐姐跪下求着说：萨满姐姐大名传扬，不玷辱所出声名，在二十个萨满以外，四十个萨满以上，所求者是来请给我看帝数加以指点吧！

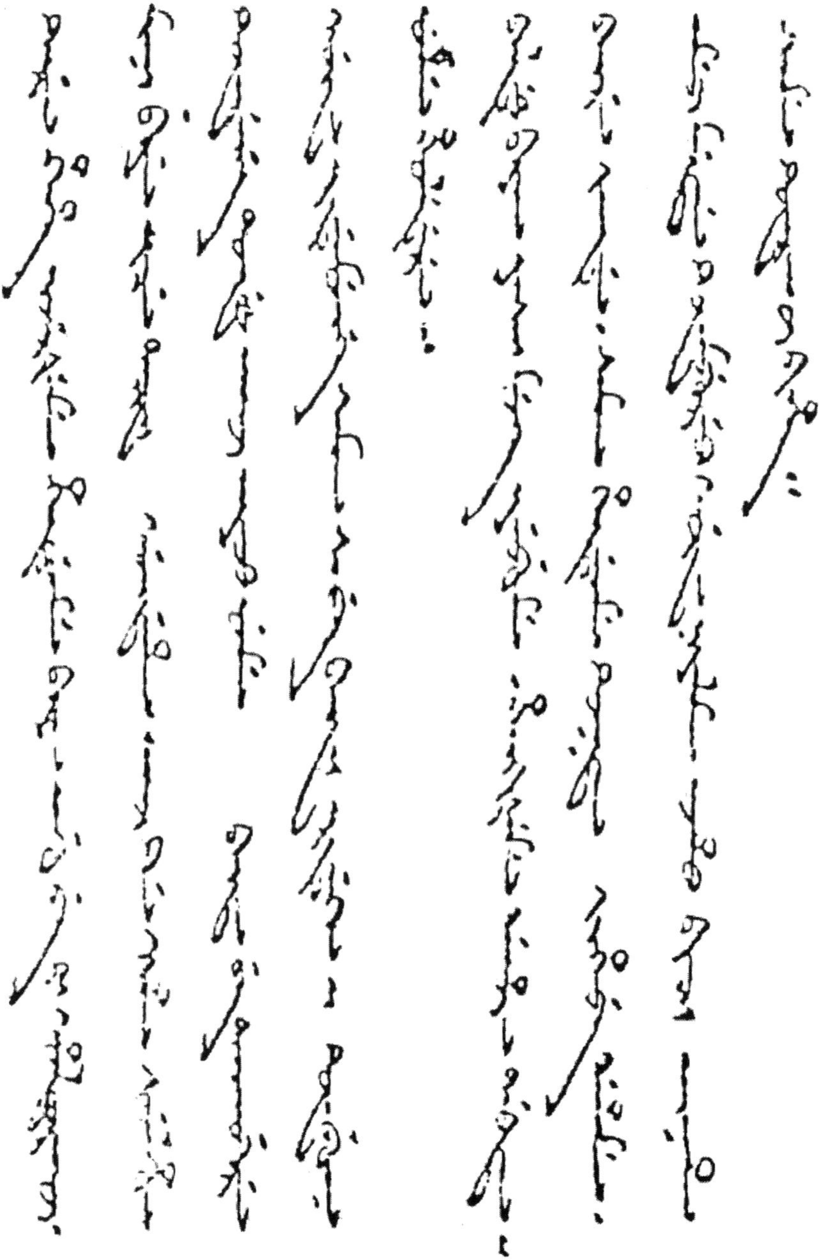

tere hehe injeršeme hendume bayan agu be bi holtorakū, mini beye ice tacifi goidaha akū de han julhun tuwarengge tondo akū ayoo ume baita be tookabure gūwa erdemungge saman sabe baifi erdeken i tuwabuna ume heoledere.
baldu bayan yasai muke eyebume, hengkišeme dahūn dabtan i baire jakade, saman hendume tuktan jihebe dahame emu mudan tuwambureo gūwa niyalma oho bici ainaha seme tuwarakū bihe.

那女人笑着說：我不騙巴彥老兄，我自己因初學不久，看帝數恐怕不正確，不要躭誤事情，找別的有才能的薩滿們，早早的去給他看吧！不要怠忽。
巴勒杜·巴彥流着眼淚，接連叩頭，再三請求後，薩滿說：卽是初次來的，給你看一次吧！若是別人，斷然不看。

那女人笑着说：我不骗巴彦老兄，我自己因初学不久，看帝数恐怕不正确，不要躭误事情，找别的有才能的萨满们，早早的去给他看吧！不要怠忽。
巴勒杜·巴彦流着眼泪，接连叩头，再三请求后，萨满说：即是初次来的，给你看一次吧！若是别人，断然不看。

滿族薩滿迎神模樣

四、允諾酬金

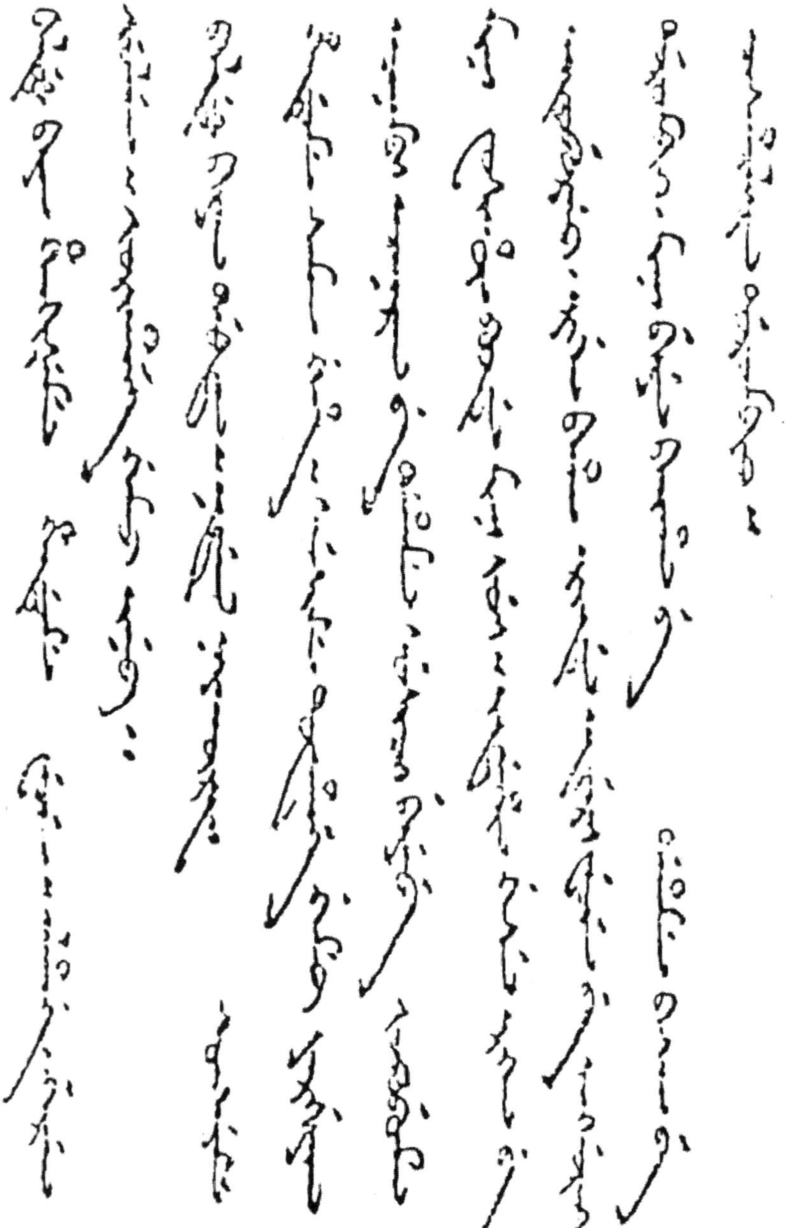

baldu bayan hengkišeme hendume, wecen i alahangge, geren julen i jorihangge gemu inu.

baldu bayan dabtan i nade niyakūrafi songgome hendune saman gehe i gosime tuwahangge gemu yargiyan acanaıbi acanara be dahame gosici beyebe jobobume mini fosihūn boode mini jui i indahūn gese ergen be aitubureo, ergen baha erinde enduri wecen be onggoroo dorombio, mini beye baiha be dahame basa be cashūlara dorombio.

巴勒杜・巴彥連着叩頭說：神祇告訴的，各詞所指示的都對。巴勒杜・巴彥一再跪在地上哭着說：蒙薩滿姐姐憐愛，看的都合事實，即然相合，若蒙憐愛，請勞駕到敝舍去救助我的孩子如犬的生命吧！獲得生命時，豈有忘記祭神的道理嗎？既然是我自己請求的，有不付酬金的道理嗎？

巴勒杜・巴彥连着叩头说：神只告诉的，各词所指示的都对。巴勒杜・巴彥一再跪在地上哭着说：蒙萨满姐姐怜爱，看的都合事实，即然相合，若蒙怜爱，请劳驾到敝舍去救助我的孩子如犬的生命吧！获得生命时，岂有忘记祭神的道理吗？既然是我自己请求的，有不付酬金的道理吗？

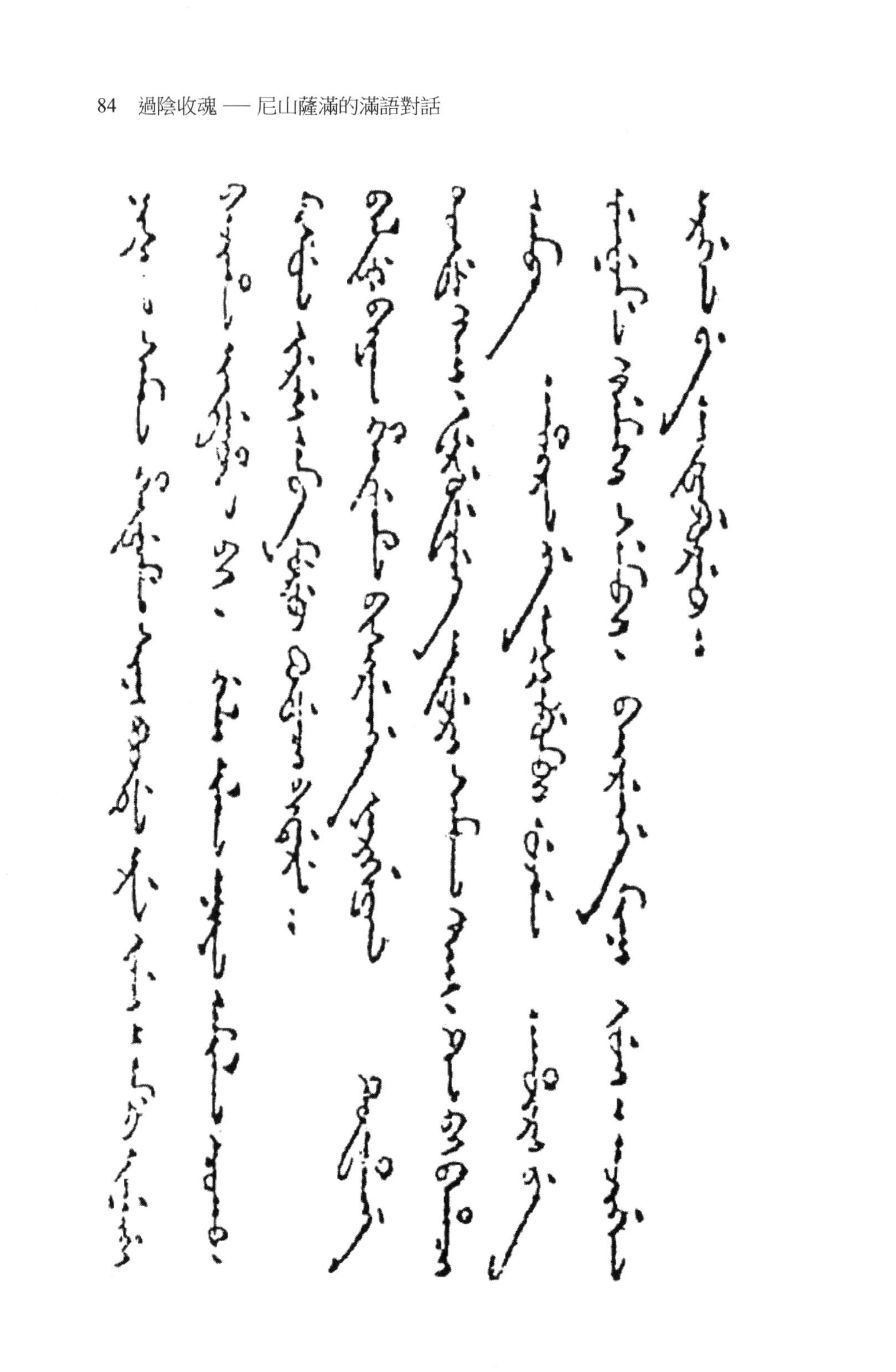

[illegible]

nišan saman hendume sini boode ere jui i emu inenggi banjiha indahūn bi, geli ilan aniya amila coko, misun jergi amba muru bodoci bidere.
baldu bayan hendume bisirengge yargiyan tuwahangge tondo kai, ferguwecuke enduri saman kai, te bi bahaci amba ahūra be aššabumbi ujen ahūri be unume gamaki sembi, bairengge mini jui i ajigen ergen be aitubureo.

尼山薩滿問說：你的家裏有和這個孩子同一日生的犬，以及三年的公鷄、醬等，大概算來有吧！
巴勒杜・巴彥說：有者是實，看的正確啊！是神奇的神薩滿啊！我現在如有可能時想移動大的器物，背負重的器物帶去，所求的是請救我孩子的小命。

尼山萨满问说：你的家里有和这个孩子同一日生的犬，以及三年的公鸡、酱等，大概算来有吧！
巴勒杜・巴彦说：有者是实，看的正确啊！是神奇的神萨满啊！我现在如有可能时想移动大的器物，背负重的器物带去，所求的是请救我孩子的小命。

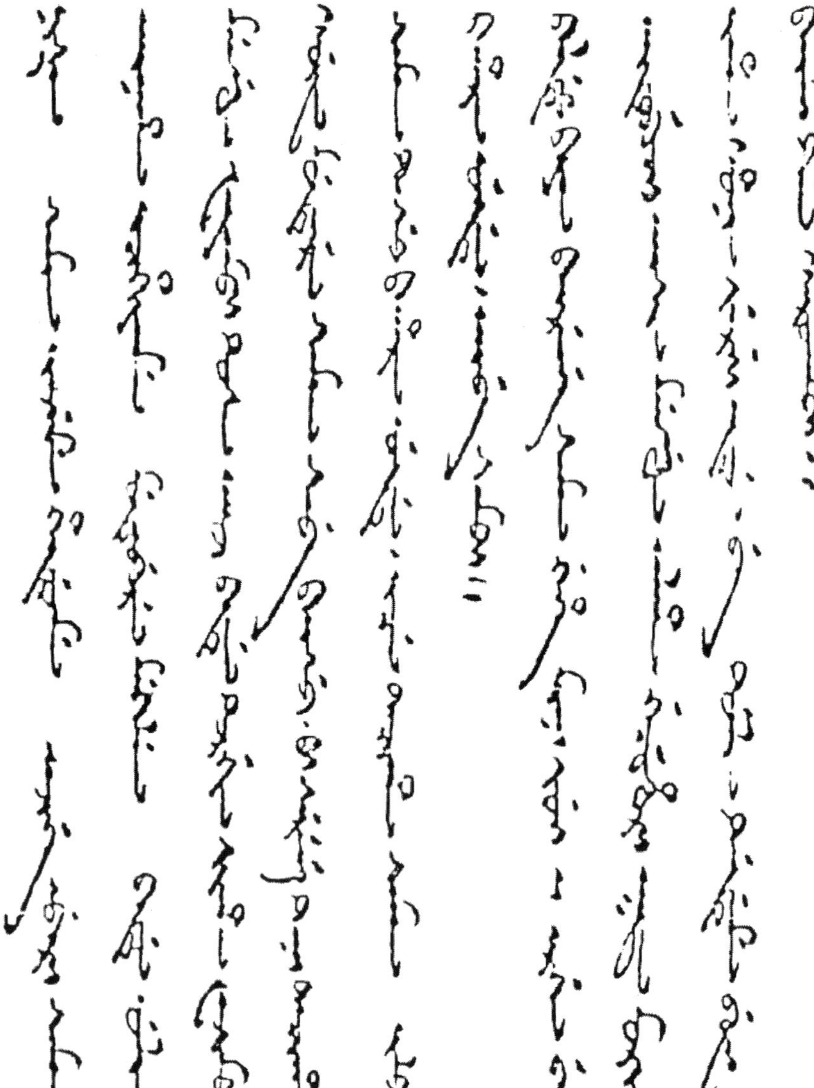

nišan saman injeme hendume ajige eberi saman ainaha icihiyame mutebure mekelen bade ulin menggun fayambi tusa akū bade turgin jiha wajimbi, gūwa mutere saman sabe baisu, bi serengge teni taciha saman tesu bahara unde, ice taciha saman ilban bahara unde, aibe sambi.
baldu bayan bairengge, saman gehe mini jui i ergen be aitubuci aisin menggun alha gecuhuri, akta morin ihan honin jergi adun be dulin dendeme bufi baili de karulambi.

尼山薩滿笑着說：區區懦弱的薩滿怎麼能辦得到呢？耗費銀財於枉然之事，用盡工錢於無益之處，去找別的有能力的薩滿們吧！我是剛学的薩滿，尚未得所，新學的薩滿，未得火候，知道什麼呢？
巴勒杜・巴彥請求說：薩滿姐姐若救活我孩子的命，就把金、銀、閃緞、蟒緞、騸馬、牛、羊等牧群分給一半，以報答恩情。

尼山萨满笑着说：区区懦弱的萨满怎么能办得到呢？耗费银财于枉然之事，用尽工钱于无益之处，去找别的有能力的萨满们吧！我是刚学的萨满，尚未得所，新学的萨满，未得火候，知道什么呢？
巴勒杜・巴彦请求说：萨满姐姐若救活我孩子的命，就把金、银、闪缎、蟒缎、骟马、牛、羊等牧群分给一半，以报答恩情。

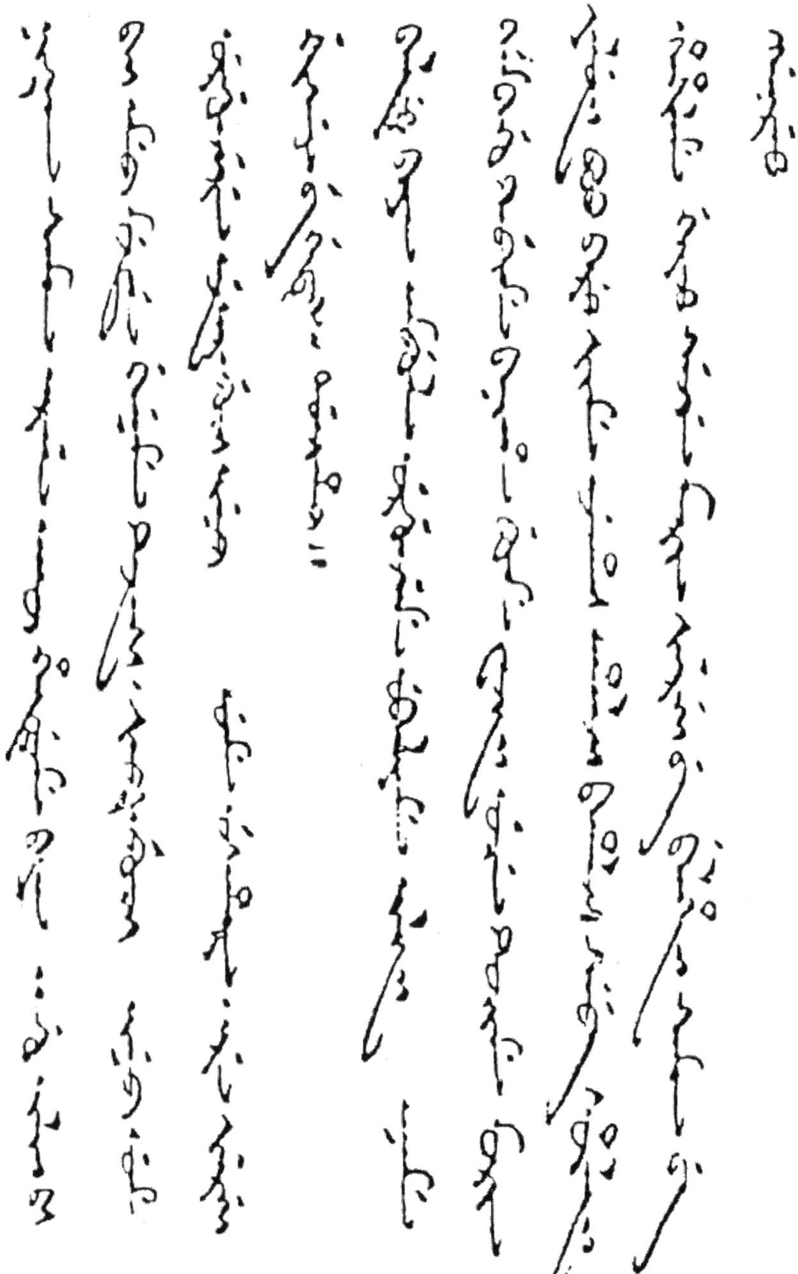

nišan saman arga akū hendume bayan agu ili bi bai emu mudan geneme tuwaki. jabšabuci inu ume urgunjere ufarabuci inu ume usahara, ere jergi gisun be getuken i donjihao.
baldu bayan ambula urgunjeme ubaliyame ilifi aname dambagu tebume baniha bume wajifi uce tucime morin yalufi boo baru jime, uthai ahalji bahalji sebe hūlafi hahilame giyoo sejen morin jergi be belhefi saman be ganareo.

尼山薩滿沒法子，說：巴彥老兄起來，我只是去看一次吧！若是僥倖時也不要高興，若是錯失時也不要悲傷，這些話明白的聽了嗎？
巴勒杜・巴彥很高興，翻身起來，接着裝烟致謝完後，出房門騎了馬回家，即喚阿哈勒濟、巴哈樂濟等說：趕緊預備轎、車、馬等去請薩滿吧！

尼山萨满没法子，说：巴彦老兄起来，我只是去看一次吧！若是侥幸时也不要高兴，若是错失时也不要悲伤，这些话明白的听了吗？
巴勒杜・巴彦很高兴，翻身起来，接着装烟致谢完后，出房门骑了马回家，即唤阿哈勒济、巴哈勒济等说：赶紧预备轿、车、马等去请萨满吧！

滿族薩滿跳神模樣

五、助唱神歌

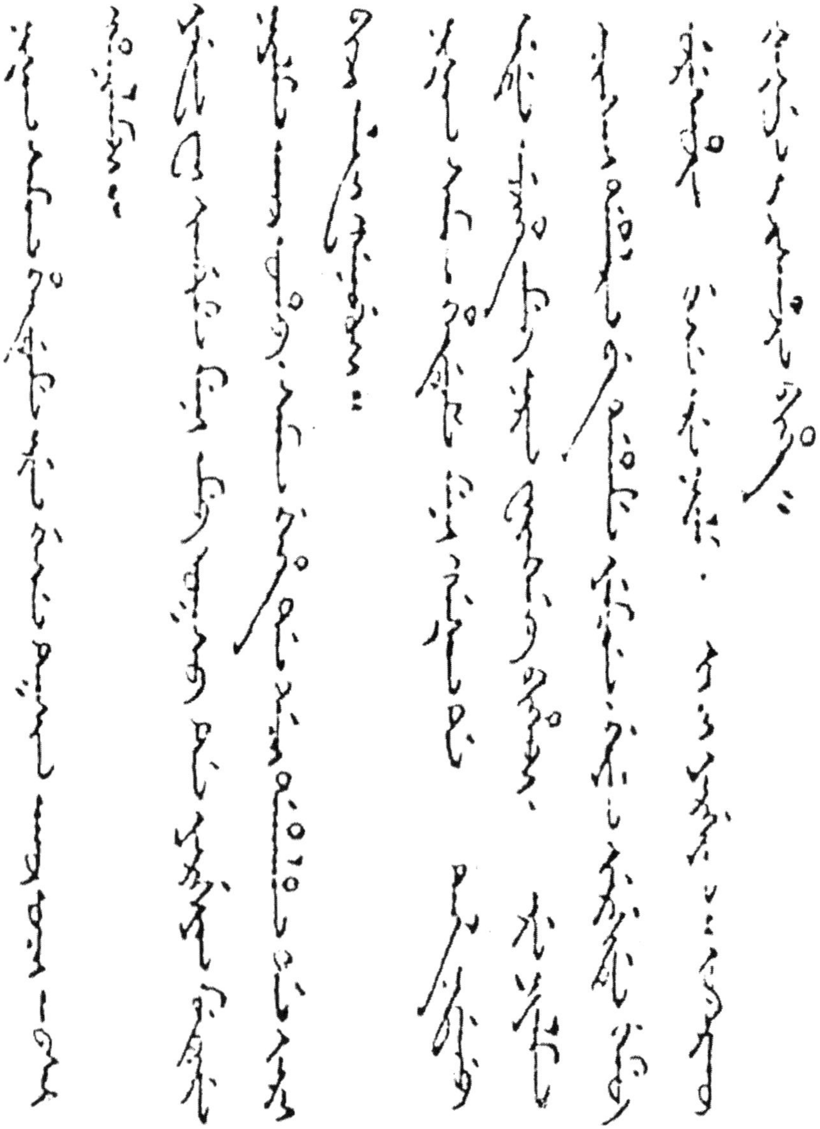

nišan saman hendume ere gese teksin akū oci absi hanilambi.
yuwan wai jabume meni emu tokso de yargiyan mutere niyalma akū oho, saman gehe de daci dahalaha da jari bici alafi ganabuki.
nišan saman hendume meni gašan de tehe nadanju sede ujihe emu nara fiyanggo bihebi, ere niyalma cingkai dahalara be dahame, yemcen, geyen jergide gemu ureshūn gese ere niyalma jici yargiyan i joborakū šašun ijishūn bihe.

尼山薩滿說：像這樣不齊時，怎麼隨合呢？
員外回答說：在我們一個村莊裏，實在有能力的人已經沒有了，若有向來跟隨薩滿姐姐原本念神歌的人時，請告訴叫人去帶來吧！
尼山薩滿說：在我們鄉村裏住的七十歲時養的一個納喇・費揚古來着，這人異常能够隨合，對男手鼓、刻兒等似皆極熟，這人若來時，實在不愁爛順。

尼山萨满说：像这样不齐时，怎么随合呢？
员外回答说：在我们一个村庄里，实在有能力的人已经没有了，若有向来跟随萨满姐姐原本念神歌的人时，请告诉叫人去带来吧！
尼山萨满说：在我们乡村里住的七十岁时养的一个纳喇・费扬古来着，这人异常能够随合，对男手鼓、刻儿等似皆极熟，这人若来时，实在不愁烂顺。

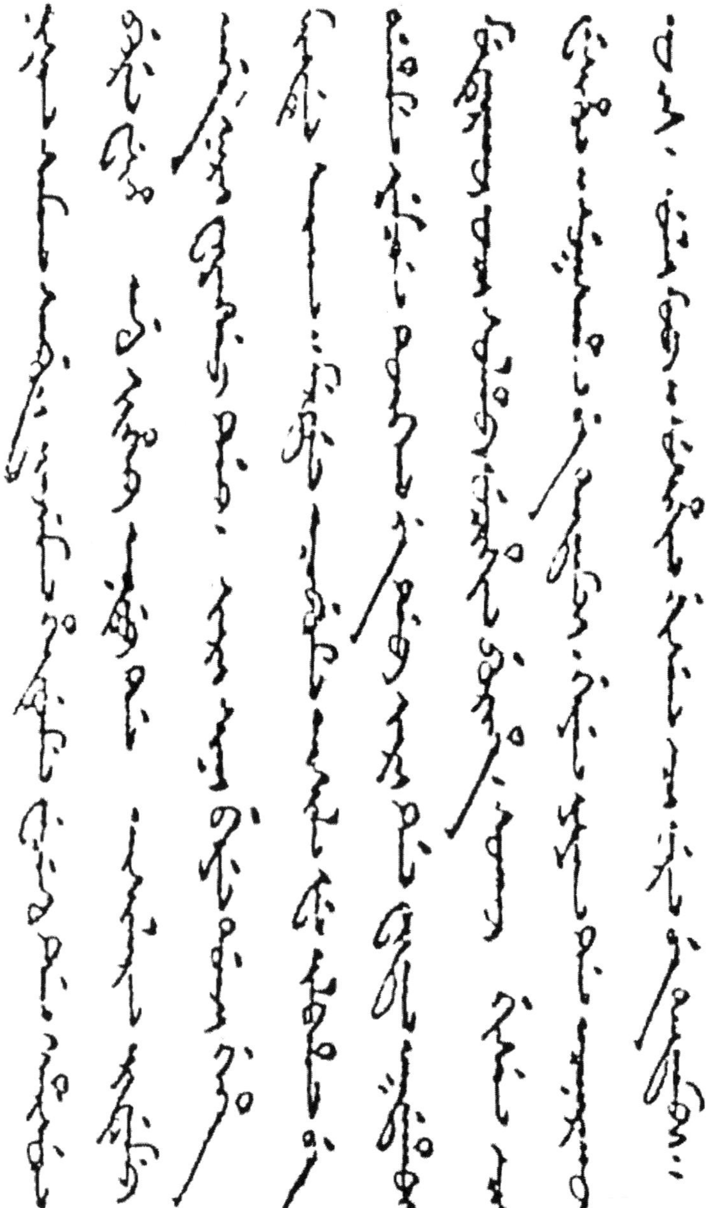

nišan saman sabufi injeme hendume weceku de hūsun bure wesihun agu jiheo endu de aisilara erdemu age nari fiyanggo deo, jari sini beye donji, gehe minde saikan i mudan acabume aisila fe ilbaha be dahame yemcen tungken be deo jari de fita akdahabi muterakū oci solho ucihin burihe, sokū gisen ci wesihun i suksaha be tantambi, geyen yayan de acanarakū oci, uli moo i usihin gisen ci ura be tantambi.

尼山薩滿看了笑著說：給神祇出力的貴老兄來了嗎？助神的才能阿哥，納哩·費揚古弟念神歌的人你自己聽着，給姐姐我好好的音調配合相助，既是舊火候，男手鼓、鼓子，牢靠弟念神歌的人，若是不能時，用濕騷鼠皮張開、皮鼓推打你的大腿，刻兒若不能配合喋喋神語時，用郁李木的濕鼓推打屁股。

尼山萨满看了笑着说：给神祇出力的贵老兄来了吗？助神的才能阿哥，纳哩·费扬古弟念神歌的人你自己听着，给姐姐我好好的音调配合相助，既是旧火候，男手鼓、鼓子，牢靠弟念神歌的人，若是不能时，用湿骚鼠皮张开、皮鼓推打你的大腿，刻儿若不能配合喋喋神语时，用郁李木的湿鼓推打屁股。

滿族薩滿跳老虎神模樣

六、薩滿渡河

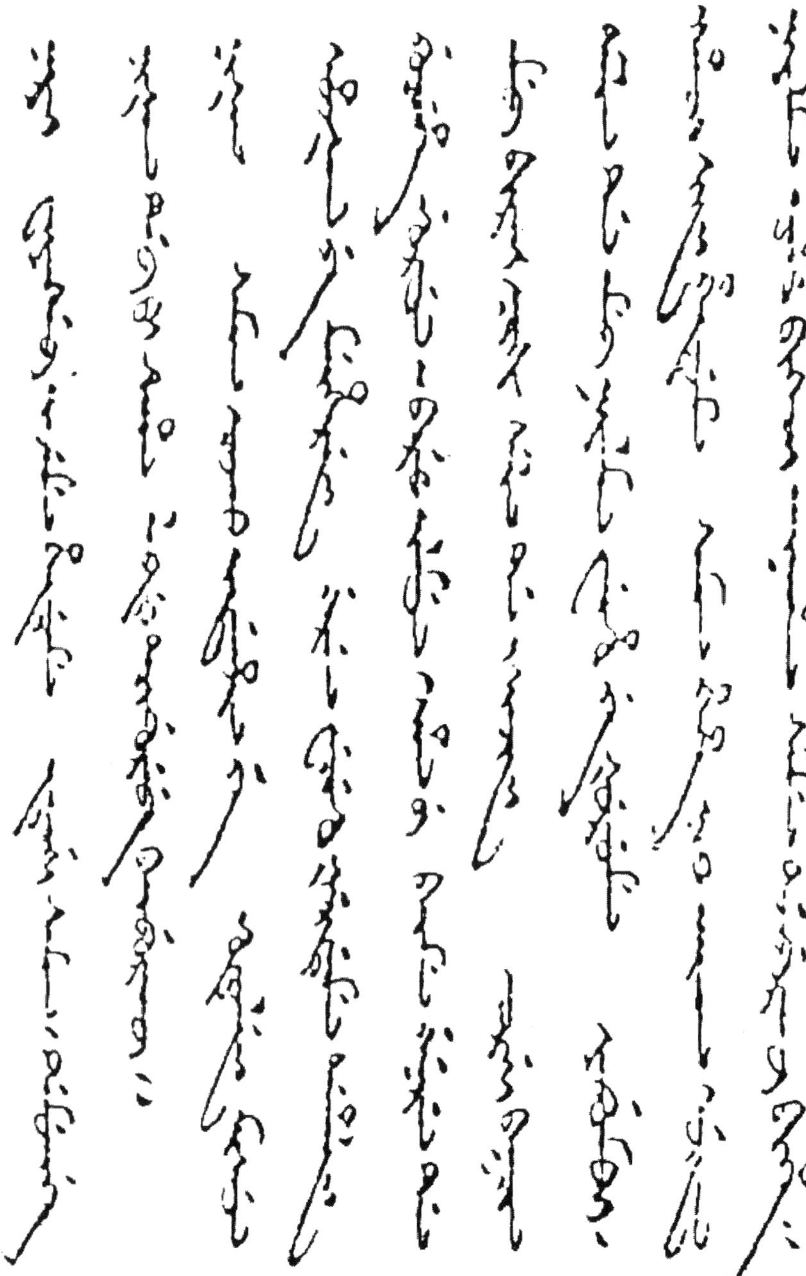

nari fiyanggo injeme hendume etenggi saman, demungge nišan deo bi saha labdu taciburebe baiburakū.
nišan saman coko indahūn be kutulefi misun hoošan be meiherefi geren weceku šurdeme dahalafi bucehe gurun i baru ilmun han be baime genere de emu birai cikin dalin de isinjifi cargi bakcin dalin de emu niyalma weihu be šurume yabumbi, hanci jifi hendume saman hehe nio aika gūwa niyalma oho biheci ainaha seme dooburakū bihe.

納哩・費揚古笑着說：強大的薩滿，異常的尼山，弟我知道了，不需多指教。
尼山薩滿牽了鷄、犬，扛了醬、紙，跟隨在衆神的周圍，往死國去找閻羅王時，來到了一條河的岸邊，對岸那邊有一人撐着獨木舟走着，來到附近說：是薩滿姑娘嗎？若是別人，斷然不讓他渡過來着。

纳哩・费扬古笑着说：强大的萨满，异常的尼山，弟我知道了，不需多指教。
尼山萨满牵了鸡、犬，扛了酱、纸，跟随在众神的周围，往死国去找阎罗王时，来到了一条河的岸边，对岸那边有一人撑着独木舟走着，来到附近说：是萨满姑娘吗？若是别人，断然不让他渡过来着。

nišan saman weihu de tafafi doholo laihi šurku i šurume, selbi selbime cargi bakcin de doobuha manggi nišan saman baniha bume ere majige untuhun gūnin ilan dalhan misun, ilan sefere hoošan be gemu bargiyame werireo.
nišan saman geli fonjime ere dogūn be yaka niyalma dome genehe akū.
doholo laihi alame umai gūwa niyalma doho akū damu han i niyaman monggoldai nakcu baldu bayan i haha jui sergudai fiyanggo faingo be gamame duleke.

尼山薩滿上了獨木舟，瘸子賴皮撐篙，划子划着渡到對岸那邊時，尼山薩滿道謝說：這只是一點心意，三塊醬、三把紙，都請收着留下吧！
尼山薩滿又問說：這渡口是不是有哪個人渡過去了呢？
瘸子賴皮告訴說：並沒有別人渡過，只有閻羅王的親戚蒙古勒代舅舅帶着巴勒杜・巴彥的兒子色爾古岱・費揚古的魂渡過去了。

尼山萨满上了独木舟，瘸子赖皮撑篙，划子划着渡到对岸那边时，尼山萨满道谢说：这只是一点心意，三块酱、三把纸，都请收着留下吧！
尼山萨满又问说：这渡口是不是有哪个人渡过去了呢？
瘸子赖皮告诉说：并没有别人渡过，只有阎罗王的亲戚蒙古勒代舅舅带着巴勒杜・巴彦的儿子色尔古岱・费扬古的魂渡过去了。

滿族薩滿跳舞模樣

七、冥府關口

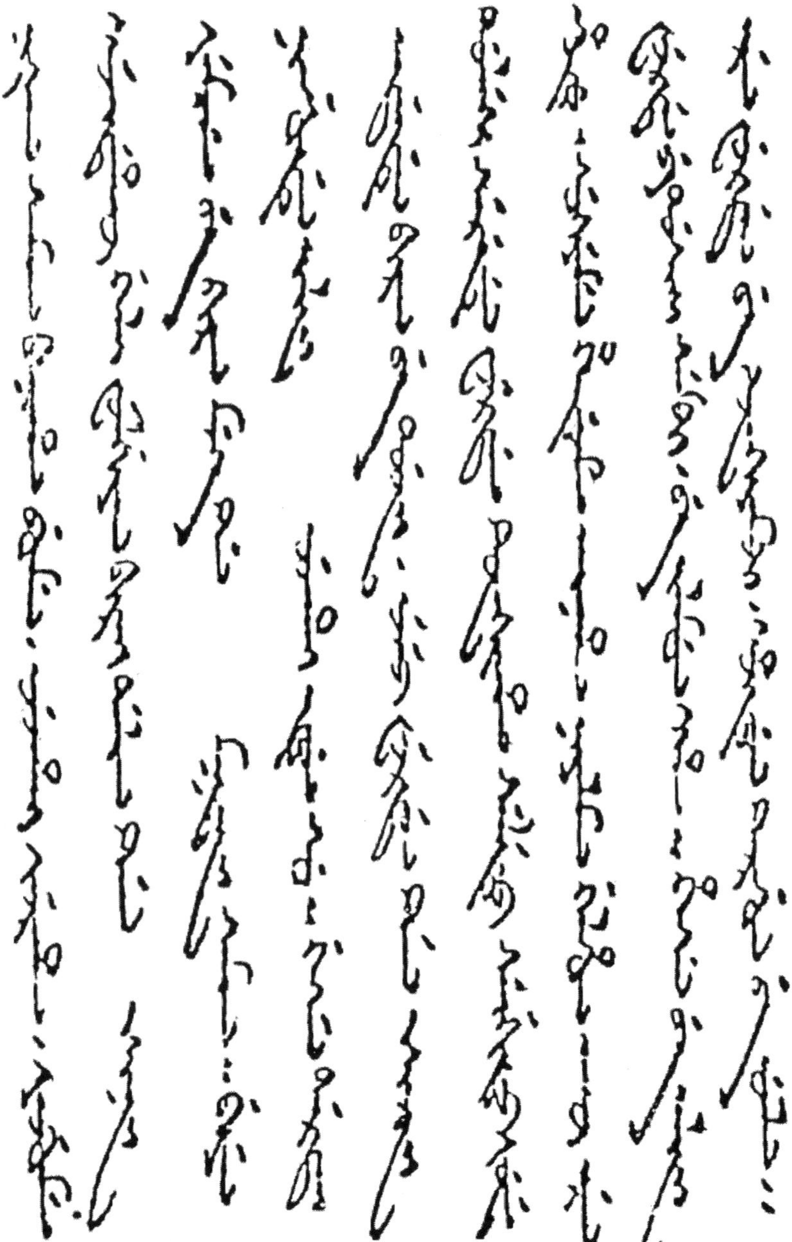

nišan saman baniha bume, uthai juraha, yabume goidahakū geli fulgiyan birai dalin de isinafi yemcen be bira muke de maktafi saman i beye ninggude ilifi uthai edun su i gese dartai andande bira be doofi, uju furdan de isinjifi duleki serede furdan tuwakiyaha seletu senggitu juwe hutu esukiyeme hendume ainaha niyalma gelhun akū ere furdan be dosiki sembi, be ilmun han i hese be alifi ere furdan be tuwakiyambi, hūdun turgun be ula.

尼山薩滿道了謝，即刻出發，走了不久，又來到了紅河岸，把男手鼓抛到河水裏，薩滿自己站在上面，就像旋風似地轉瞬之間渡過了河，來到了第一關，要過去時，把守關口的鐵血二鬼怒嚇着說：什麼人膽敢想進這個關口，我們奉了閻羅王的諭旨，看守這關口，趕快告訴緣由吧！

尼山萨满道了谢，即刻出发，走了不久，又来到了红河岸，把男手鼓抛到河水里，萨满自己站在上面，就像旋风似地转瞬之间渡过了河，来到了第一关，要过去时，把守关口的铁血二鬼怒吓着说：什么人胆敢想进这个关口，我们奉了阎罗王的谕旨，看守这关口，赶快告诉缘由吧！

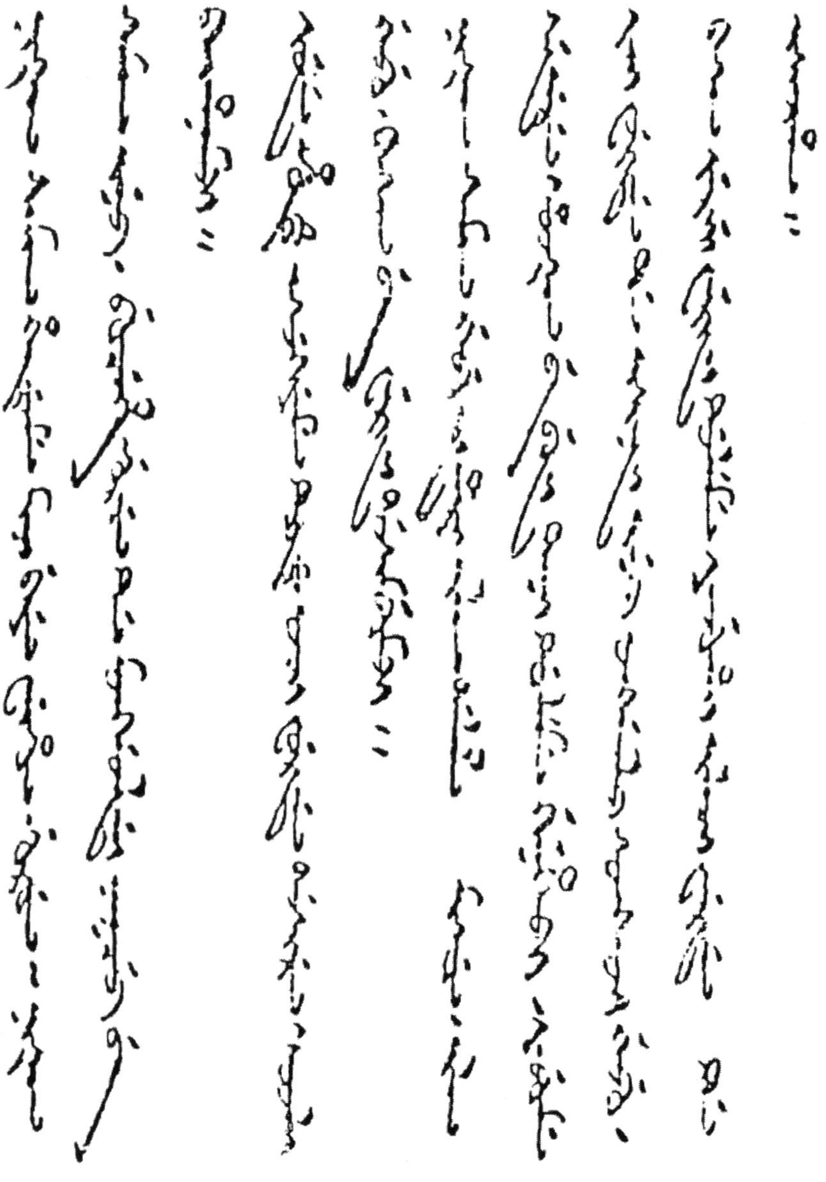

nišan saman hendume mini beye weihun gurun i nišan saman inu, bucehe gurun de monggoldai nakcu be baihanambi.
juwe hutu esukiyeme tuttu oci furdan dosire kooli gebu, basan be werifi dosimbumbi.
nišan saman gebu afahari ilan dalhan misun, ilan sefere hoošan be bufi teni duleme genehebi, yabume jai furdan de isinafi inu onggolo songkoi gebu, basan jergi werifi duleme, yabuhai ilaci furdan de isinjiha.

尼山薩滿說：我自己是生國的尼山薩滿，要到死國去找蒙古勒代舅舅。
二鬼怒嚇着說：若是這樣，照入關規例把名字及工錢留下後讓你進入。
尼山薩滿給了名簽、三塊醬、三把紙，才過去了。走到第二關時，也照前留下了名字、工錢等過去。一直走到第三關。

尼山萨满说：我自己是生国的尼山萨满，要到死国去找蒙古勒代舅舅。
二鬼怒吓着说：若是这样，照入关规例把名字及工钱留下后让你进入。
尼山萨满给了名签、三块酱、三把纸，才过去了。走到第二关时，也照前留下了名字、工钱等过去。一直走到第三关。

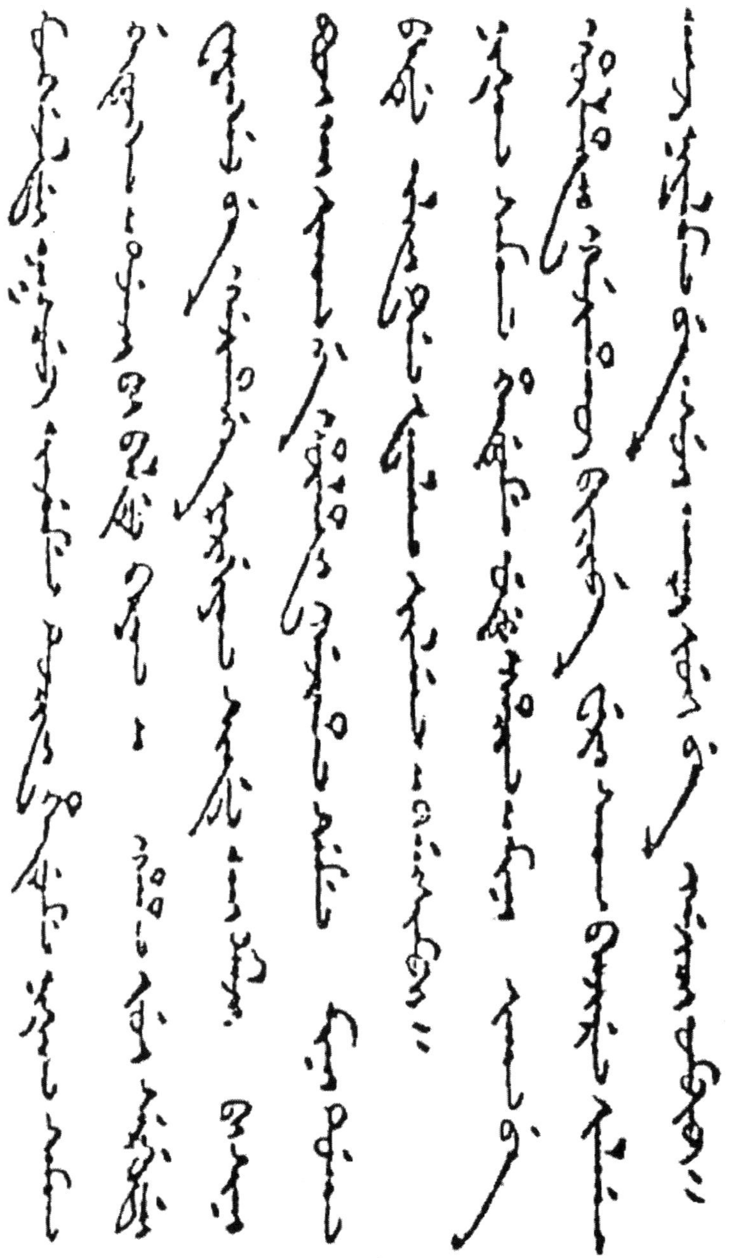

monggoldai nakcu injeme tucifi hendume nišan saman getuken i donji bi baldu bayan i haha jui sergudai fiyanggo be gajihangge yargiyan sinde ai dalji bi sini booi ai jaka be hūlhafi gajiha seme mini duka bade ilifi den wakalan jilgan i dangsimbi.
nišan saman hendume udu hacin i mini jaka be hūlhafi gajihakū bicibe weri sain banjire jalgan akū niyalma be, sui akū jui be gajici ombio.

蒙古勒代舅舅笑着出來說：尼山薩滿明白的聽吧！我把巴勒杜·巴彥的男兒色爾古岱·費揚古帶來的，實在於你何干？我把你家的什麼東西偷了來而站在我的門口呢？高聲責怪的搶白。
尼山薩滿說：雖然沒有偷來我的什麼東西，但是把人家好好過日子壽限未到的人，無辜的孩子帶了來，可以嗎？

蒙古勒代舅舅笑着出来说：尼山萨满明白的听吧！我把巴勒杜·巴彦的男儿色尔古岱·费扬古带来的，实在于你何干？我把你家的什么东西偷了来而站在我的门口呢？高声责怪的抢白。
尼山萨满说：虽然没有偷来我的什么东西，但是把人家好好过日子寿限未到的人，无辜的孩子带了来，可以吗？

滿族薩滿耍鼓模樣

八、閻王養子

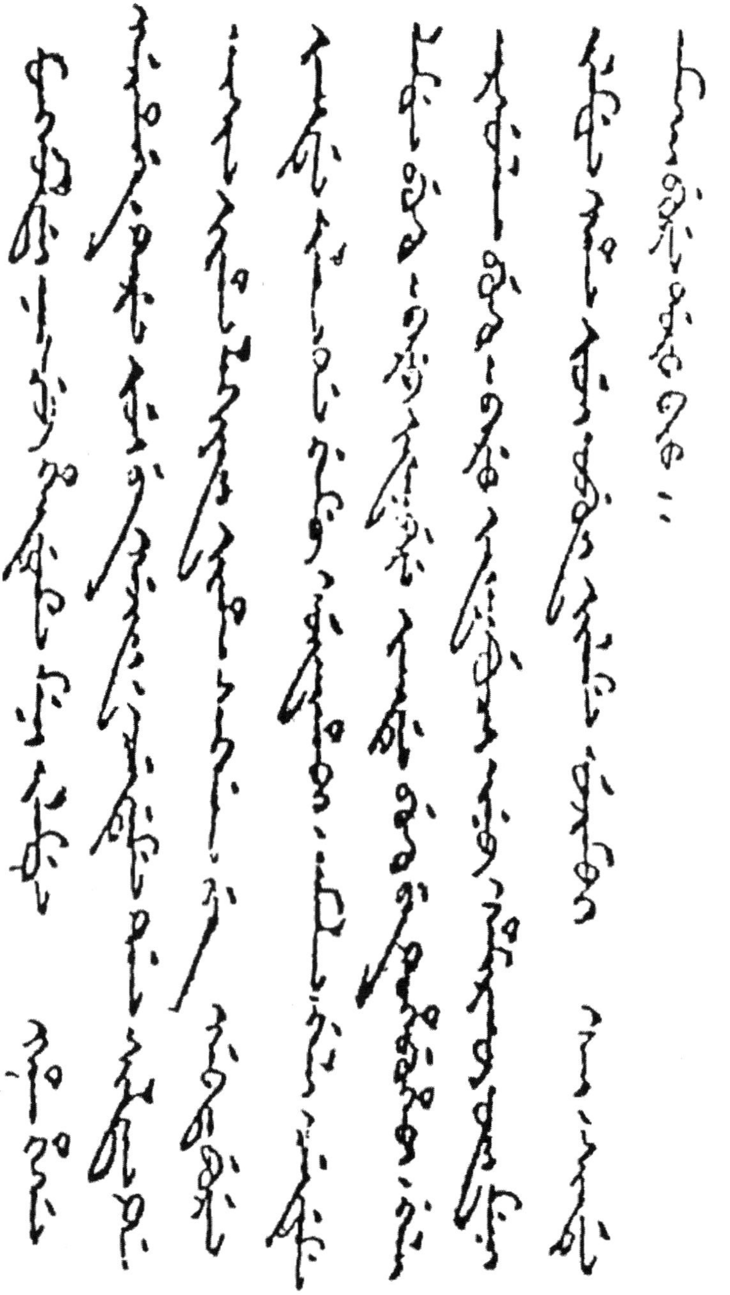

monggoldai nakcu hendume meni ilmun han hese gajihangge, tere jui be gajifi, cendeme den siltan de aisin jiha lakiyafi jiha sangga be gabtabure jakade ilan da gemu gūwaihabi, amala geli cendeme lamun buku i baru jafanabure jakade buku be tuhebuhebi, geli arsulan buku i baru jafanabuci inu hamirakū ofi, meni ilmun han jui obufi jilame ujimbi kai, sinde amasi bure doro bio.

蒙古勒代舅舅說：是奉我們閻羅王的諭旨帶來的，把那孩子帶了來，在高杆上懸掛金錢試射錢孔時，三枝都中了。後來又試對藍翎摔跤人摔拿時，把摔跤人摔倒了，又對獅子摔跤人摔拿時，也受不了，因此，我們閻羅王把他做了孩子慈養啊！有還給你的道理嗎？

蒙古勒代舅舅说：是奉我们阎罗王的谕旨带来的，把那孩子带了来，在高杆上悬挂金钱试射钱孔时，三枝都中了。后来又试对蓝翎摔跤人摔拿时，把摔跤人摔倒了，又对狮子摔跤人摔拿时，也受不了，因此，我们阎罗王把他做了孩子慈养啊！有还给你的道理吗？

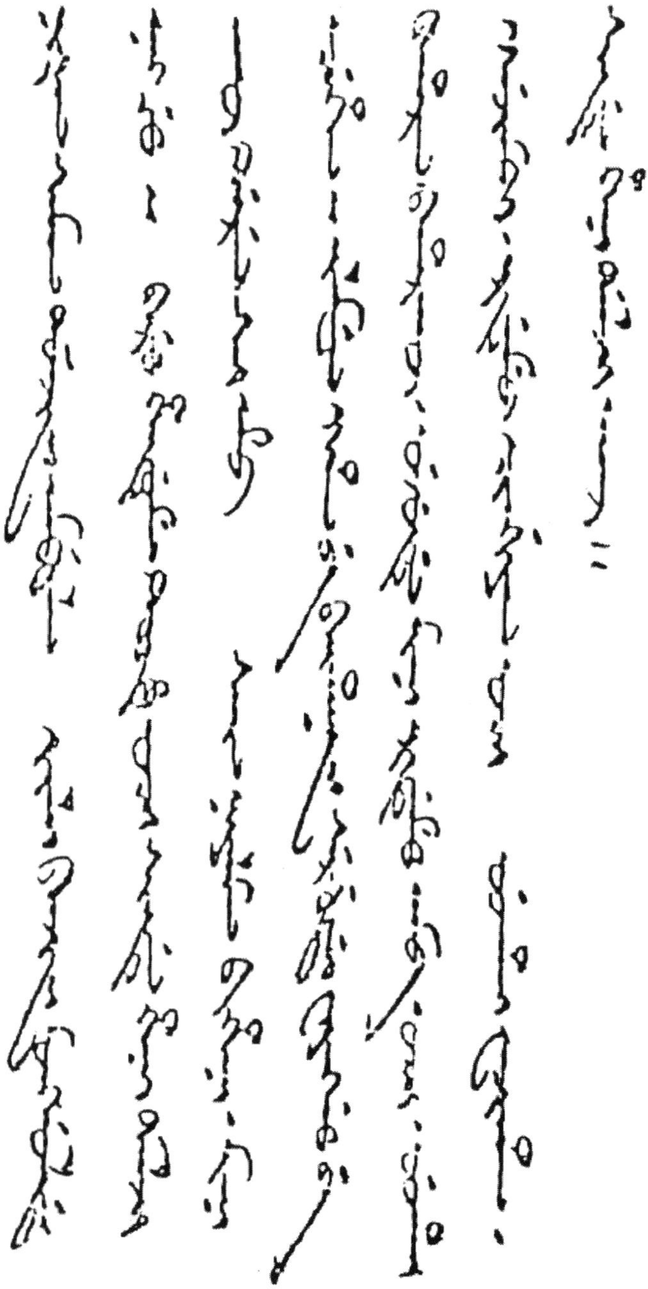

nišan saman donjifi ambula jili banjifi monggoldai nakcu i baru hendume tuttu oci sinde heni dalji akū dere, si emu sain niyalma biheni, mini ecehen i ilmun han be baihanafi sergudai fiyanggo be bahara baharakū, ujude mini erdemu amba oci, uthai gajimbi, erdemu cingiya oci uthai wajiha, sinde heni dalji akū.

尼山薩滿聽了這一篇話後，大爲生氣，對蒙古勒代舅舅說：如此，於你毫不相干吧！你原來是一個好人呢！以我的本領去找閻羅王，得到得不到色爾古岱・費揚古，首先我的才能若大時，就帶來，若才能不及時，就算了，於你毫不相干。

尼山萨满听了这一篇话后，大为生气，对蒙古勒代舅舅说：如此，于你毫不相干吧！你原来是一个好人呢！以我的本领去找阎罗王，得到得不到色尔古岱・费扬古，首先我的才能若大时，就带来，若才能不及时，就算了，于你毫不相干。

滿族薩滿耍鼓模樣

九、飛鳥捉魂

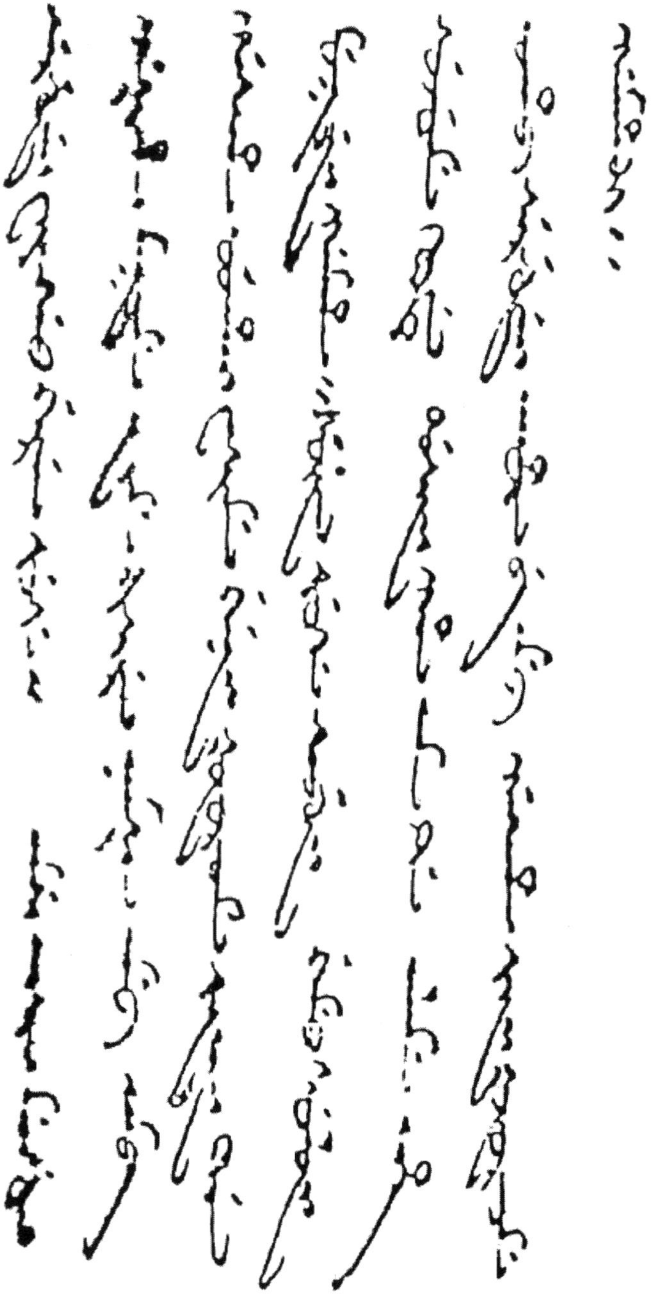

sergudai fiyanggo geren juse i emgi aisin menggun gašiha maktame efime bisire namšan emu amba gasha uthai wasime genefi šoforome jafafi den mukdefi gamaha, gūwa juse sabufi gemu golofi sujume boode dosifi han ama de alame ehe oho sergudai ahūn be emu gasha jifi šoforome gamahabi.

色爾古岱·費揚古同衆孩子們一起拋擲金銀背式骨玩着，一隻大鳥隨卽降下去抓拿高飛帶走了，別的孩子們看了，都害怕得跑進屋裏告訴父王說：不好了，一隻鳥來把色爾古岱兄抓走了。

色尔古岱·费扬古同众孩子们一起抛掷金银背式骨玩着，一只大鸟随卽降下去抓拿高飞带走了，别的孩子们看了，都害怕得跑进屋里告诉父王说：不好了，一只鸟来把色尔古岱兄抓走了。

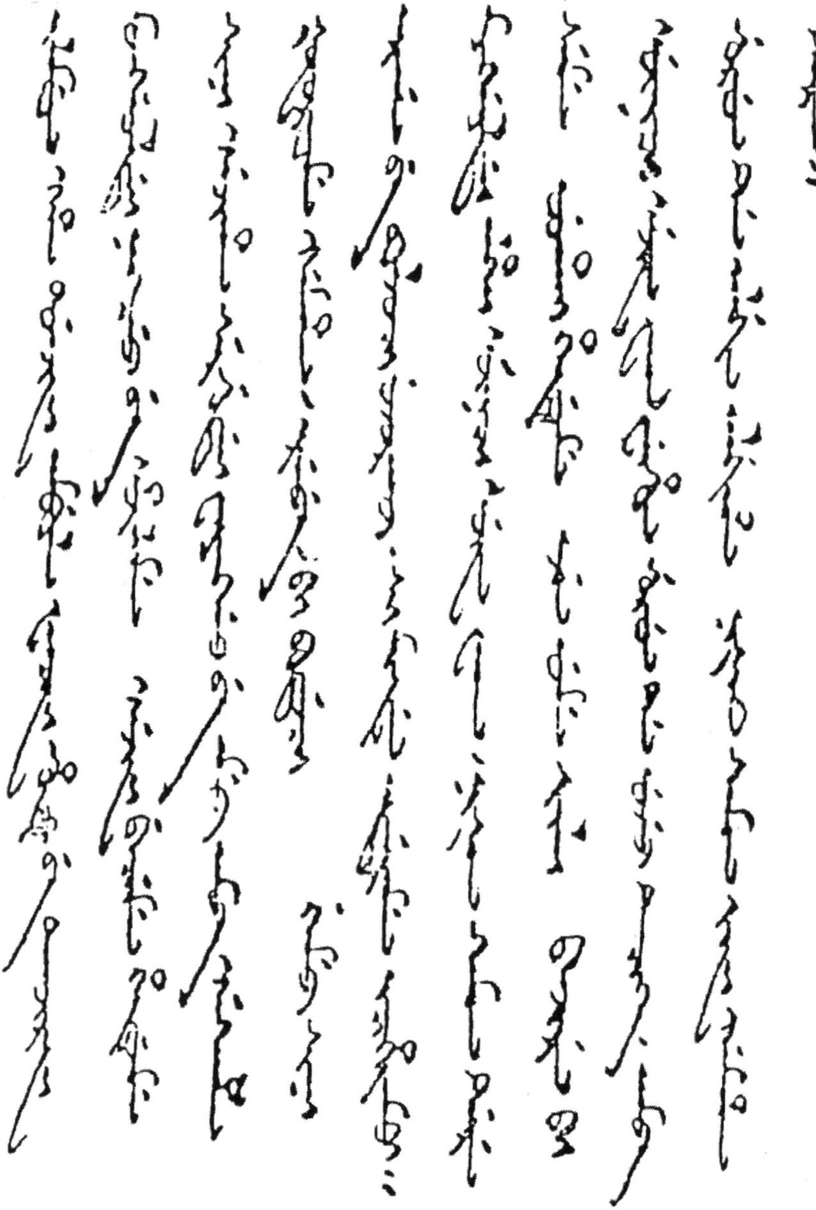

ilmun han donjifi ambula fancafi hutu be takūrafi monggoldai nakcu be hūlame gajifi beceme hendume sini gajiha sergudai fiyanggo be emu amba gasha šoforome gamaha erebe bi bodoci gemu sini arga be boljoci ojorakū, si minde adarame icihiyambi.
monggoldai elhei gūnici gūwa waka, nišan saman dere seme uthai hendume ejen ume jili banjire, bi gūnici gūwa waka weihun gurun de uju tucike, amba gurun de algin algiha nišan saman jifi gamaha dere.

閻羅王聽了大爲生氣，差遣了鬼把蒙古勒代舅舅喚來，責備說：你帶來的色爾古岱・費揚古被一隻大鳥抓走，我算來，這都是你的計策也料不定，你給我怎麼處理呢？
蒙古勒代從容一想時，不是別人，是尼山薩滿吧！就說：主子不要生氣.，我想不是別人，是生國裏出了頭，揚名於大國的尼山薩滿來帶去的吧！

阎罗王听了大为生气，差遣了鬼把蒙古勒代舅舅唤来，责备说：你带来的色尔古岱・费扬古被一只大鸟抓走，我算来，这都是你的计策也料不定，你给我怎么处理呢？
蒙古勒代从容一想时，不是别人，是尼山萨满吧！就说：主子不要生气.，我想不是别人，是生国里出了头，扬名于大国的尼山萨满来带去的吧！

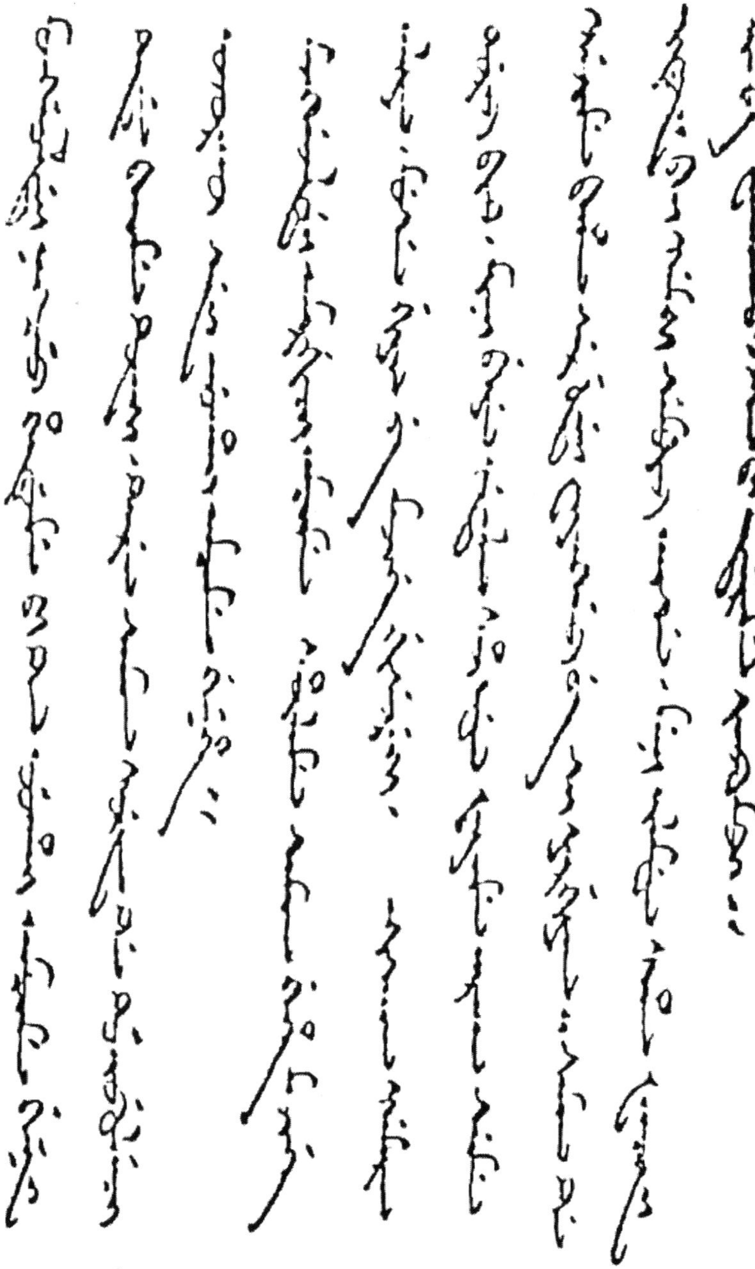

monggoldai nakcu hendume bi te uthai amcame genefi tede baime tuwaki, tere saman gūwa de duibuleci ojorakū sefi uthai amcame genehe.

monggoldai amargici amcame hūlame saman gehe majige aliya, muse giyan be majige gisureki ekisaka gamara doro bio. mini beye utala hūsun fayame arkan seme gajime baha sergudai fiyanggo be si yargiyan i saman de ertufi bai gamaki sembio aise, meni ilmun han fancafi mimbe wakalahabi, te bi adarame jabumbi.

蒙古勒代舅舅說：我現在就去追趕，到那裏找找看吧！那個薩滿不可比別的。說完就追趕去了，那時尼山薩滿因爲得到了色爾古岱・費揚古，大爲高興，握住了手牽回去，循着舊路行走時，蒙古勒代從後面追來喊着說：薩滿姐姐稍等一下，我們講一點理吧！有悄悄帶走的道理嗎？我自己這樣費力，好容易得來的色爾古岱・費揚古，你倚仗實在是薩滿，竟想平白帶去嗎？我們的閻羅王生了氣，責怪我，現在我怎麼回答呢？

蒙古勒代舅舅说：我现在就去追赶，到那里找找看吧！那个萨满不可比别的。说完就追赶去了，那时尼山萨满因为得到了色尔古岱・费扬古，大为高兴，握住了手牵回去，循着旧路行走时，蒙古勒代从后面追来喊着说：萨满姐姐稍等一下，我们讲一点理吧！有悄悄带走的道理吗？我自己这样费力，好容易得来的色尔古岱・费扬古，你倚仗实在是萨满，竟想平白带去吗？我们的阎罗王生了气，责怪我，现在我怎么回答呢？

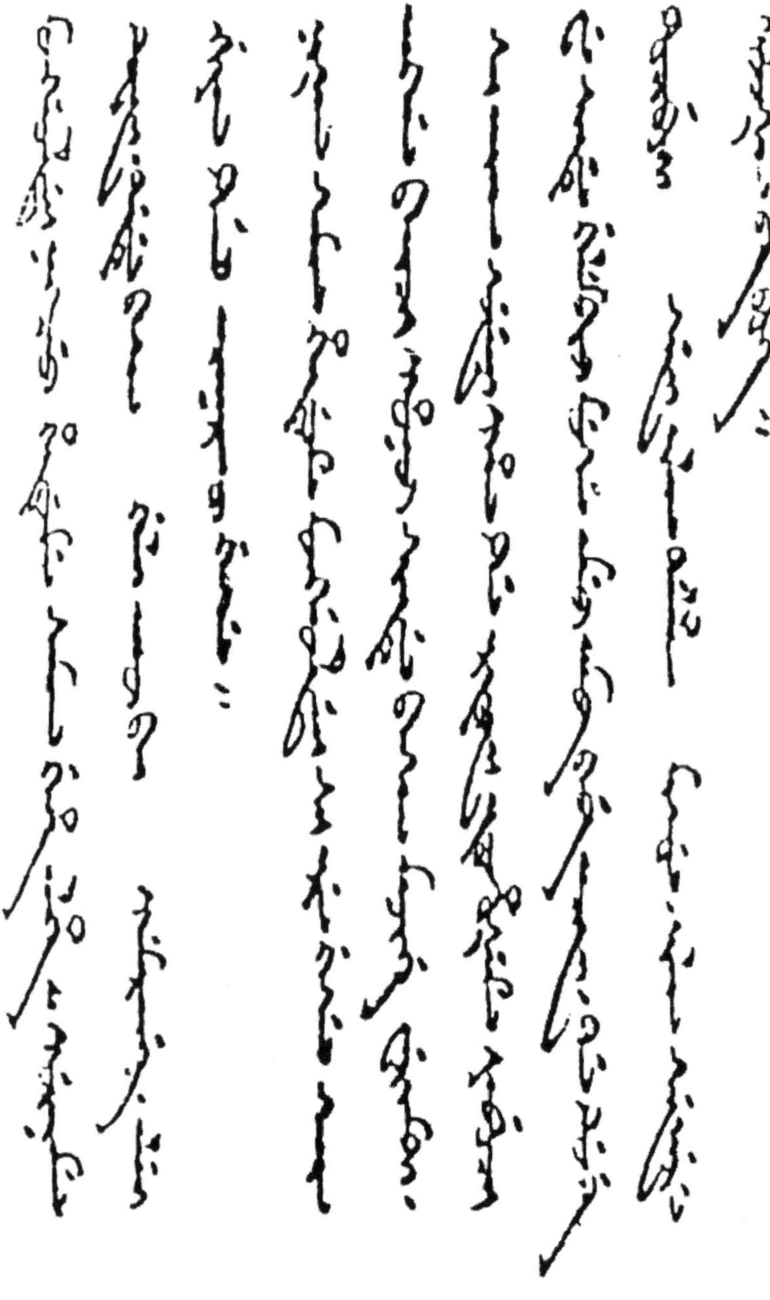

monggoldai nakcu hendume saman gehe elhe i gūnime tuwafi, dade basa geli akū bai gamarangge, elei giyan de acanarakū gese. nišan saman hendume monggoldai si ere gese sain angga baici hono sinde basa majige werimbi, si aika suweni han de ertufi etuhušeme yabuci we sinde gelembio muse emu amba babe acafi, da dube tucibuki sefi ilan dalhan misun, ilan sefere hoošan be buhe.

蒙古勒代舅舅說：薩滿姐姐慢慢的想想看，根本沒有工錢平白帶去的，似乎更不合理。
尼山薩滿說：蒙古勒代你若是如此好嘴請求時，尚可留下一點工錢給你，你如果倚仗你們的王逞强而行時，誰怕你嗎？我們會合在一大處，現出本末吧！說着給了三塊醬、三把紙。

蒙古勒代舅舅说：萨满姐姐慢慢的想想看，根本没有工钱平白带去的，似乎更不合理。
尼山萨满说：蒙古勒代你若是如此好嘴请求时，尚可留下一点工钱给你，你如果倚仗你们的王逞强而行时，谁怕你吗？我们会合在一大处，现出本末吧！说着给了三块酱、三把纸。

滿族女薩滿跳舞模樣

十、討價還價

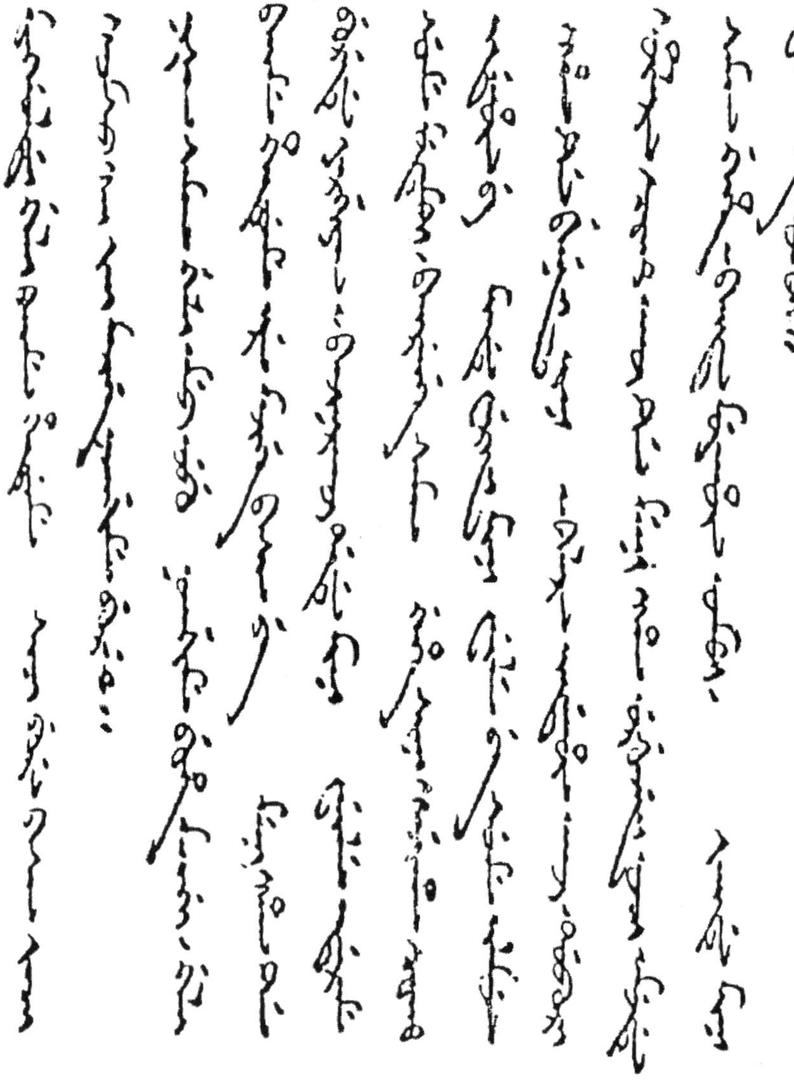

monggoldai geli baime hendume sini bure basa jaci komso kai jai majige nonggime bureo.

nišan saman geli emu ubu nonggime buhe manggi, geli baime hendume ere majige basa be meni han de burede yargiyan i banjinarakū dade mini weile adarame sume mutembi, bairengge saman gehe sini gajiha coko indahūn be minde werifi mini weile be sume ilmun han de benefi ini abalara indahūn akū, dobori hūlara coko akū de meni han urgunjefi oci emude saman gehe i baita muyahūn ombi, jaide mini weile be sumbi.

蒙古勒代又請求說：你給的工錢太少啊！請再多給一點吧！
尼山薩滿又加給了一倍後，又請求說：把這一點工錢給我們的王時，實在不成，况且我的罪怎麼樣能解脫呢？請薩滿姐姐把你帶來的鷄、犬留給我，送給閻羅王，以解脫我的罪，他沒有打圍的犬，晚上沒有啼叫的鷄，我們的王若是歡喜，一則薩滿姐姐的事可成全，二則可解脫我的罪。

蒙古勒代又请求说：你给的工钱太少啊！请再多给一点吧！
尼山萨满又加给了一倍后，又请求说：把这一点工钱给我们的王时，实在不成，况且我的罪怎么样能解脱呢？请萨满姐姐把你带来的鸡、犬留给我，送给阎罗王，以解脱我的罪，他没有打围的犬，晚上没有啼叫的鸡，我们的王若是欢喜，一则萨满姐姐的事可成全，二则可解脱我的罪。

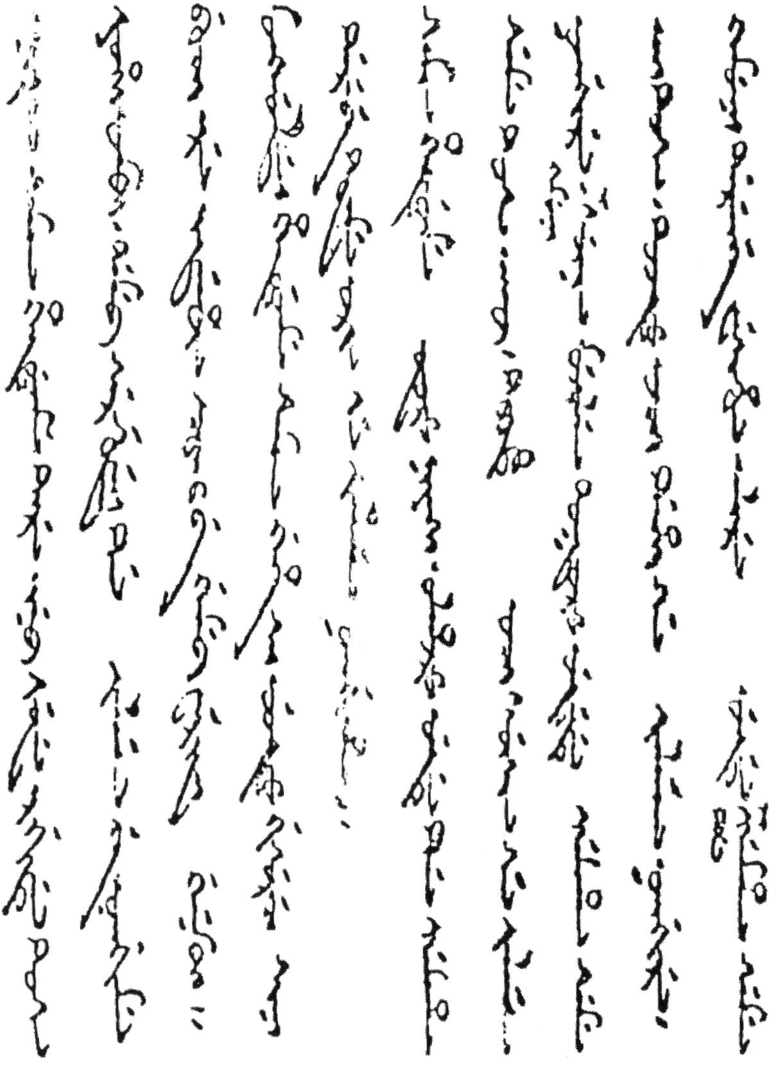

nišan saman hendume tere inu juwe ergide tusa yohi ombi, damu sergudai de jalgan be nonggime buci ere indahūn coko be gemu werifi genembi.
monggoldai hendume saman gehe si uttu gisureci sini derebe tuwame orin se jalgan nonggiha. saman hendume oforo niyaki olhoro unde de gamaha seme tusa akū, tuttu oci gūsin se jalgan nonggire, kemuni gūnin mujilen toktoro undede gamaha seme ai tusa, tuttu oci dehi se jalgan nonggire, kemuni derengge wesihun alire unde de gamaha seme tusa akū.

尼山薩滿說：那對兩方面也都有益處，但若給色爾古岱增加壽限時，就把這犬、鷄都留下而去。
蒙古勒代說：薩滿姐姐你這樣說時，看你的面子，增加二十歲壽限。
薩滿說：鼻涕未乾時，雖帶了去也無益。若是那樣，增加三十歲壽限，心意還未定時，雖帶去何益？若是那樣，增加四十歲壽限，還未承受體面尊榮時，雖帶去也無益。

尼山萨满说：那对两方面也都有益处，但若给色尔古岱增加寿限时，就把这犬、鸡都留下而去。
蒙古勒代说：萨满姐姐你这样说时，看你的面子，增加二十岁寿限。
萨满说：鼻涕未干时，虽带了去也无益。若是那样，增加三十岁寿限，心意还未定时，虽带去何益？若是那样，增加四十岁寿限，还未承受体面尊荣时，虽带去也无益。

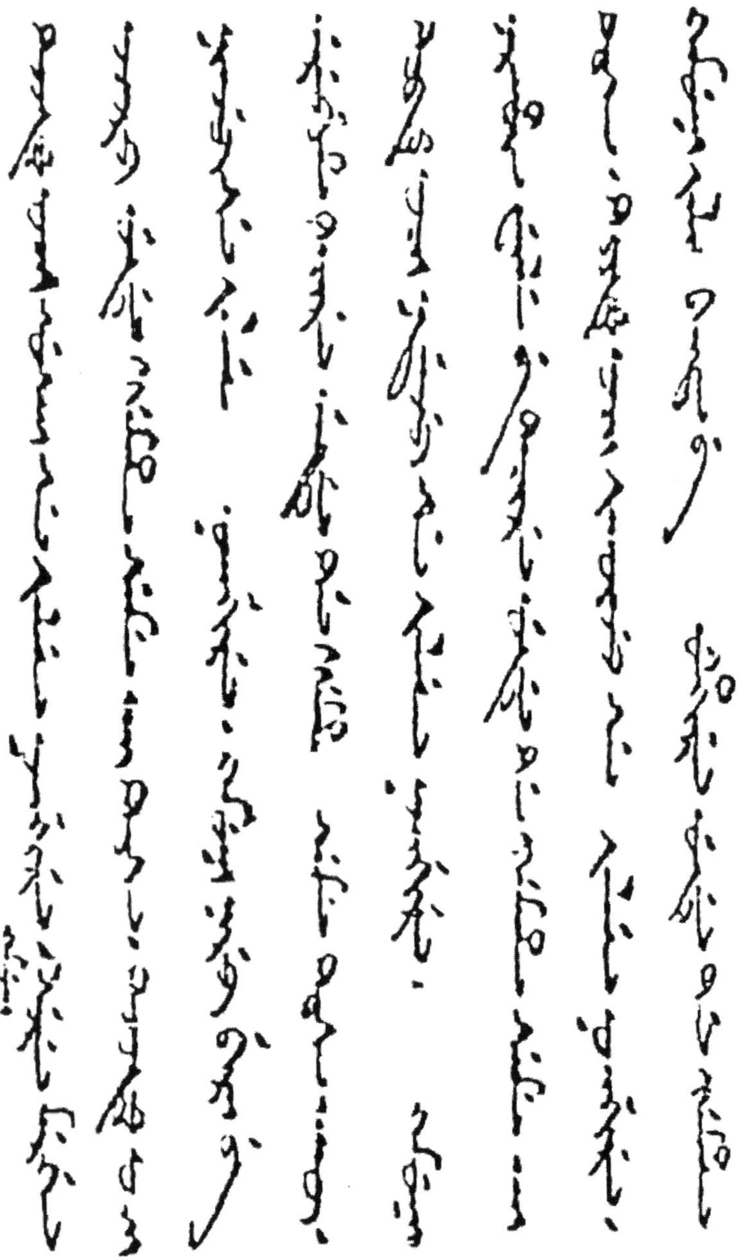

tuttu oci susai se jalgan nonggire kemuni sure mergen ojoro unde gamaha seme ai tusa, tuttu oci ninju se jalgan nonggire, kemuni niru beri be urebume tacire unde de gamaha seme tusa akū. tuttu oci nadanju se jalgan nonggire, kemuni narhūn weile be tacire unde de gamaha seme ai tusa, tuttu oci jakūnju se jalgan nonggire, kemuni jalan baita be ulhire unde de gamaha seme tusa akū.

若是那樣，增加五十歲壽限，還未成為聰睿賢達，雖帶去何益？若是那樣，增加六十歲壽限，弓箭還未熟練時，雖帶去也無益。若是那樣，增加七十歲壽限，細事還未學時，雖帶去何益？若是那樣，增加八十歲壽限，還未曉世事時，雖帶去也無益。

若是那样，增加五十岁寿限，还未成为聪睿贤达，虽带去何益？若是那样，增加六十岁寿限，弓箭还未熟练时，虽带去也无益。若是那样，增加七十岁寿限，细事还未学时，虽带去何益？若是那样，增加八十岁寿限，还未晓世事时，虽带去也无益。

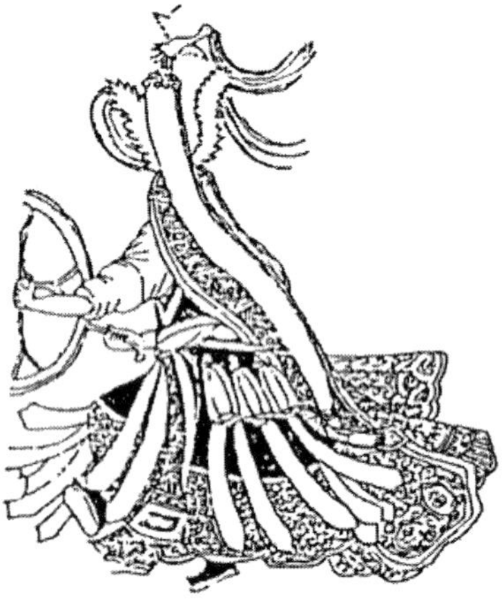

薩滿護頭鏡　　　滿族薩滿行禮模樣

十一、鷄犬相贈

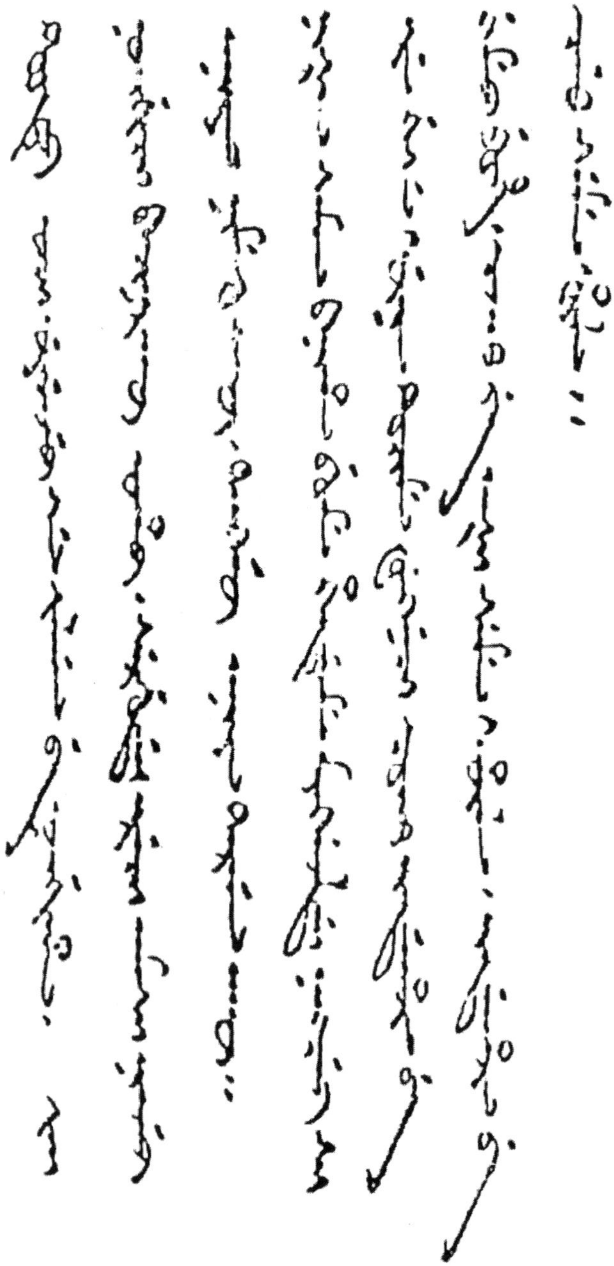

tuttu oci uyunju se jalgan be nonggiha, jai nonggici banjinarakū oho, sergudai ereci amasi ninju aniya nimeku akū, tanggū aniya targa akū.
nišan saman baniha bume hendume monggoldai nakcu si ere gese gūnin tucime fungneci coko indahūn be gemu buhe, coko be ašai seme hūla, indahūn be ceo seme hūla.

若是那樣，增加了九十歲壽限，若再增加時則不成了。色爾古岱從此六十年無病，百年無禁忌！
尼山薩滿道謝說：蒙古勒代舅舅你若如此盡心授封時，鷄、犬都給了，把鷄喊啊晒，把犬喊綽。

若是那样，增加了九十岁寿限，若再增加时则不成了。色尔古岱从此六十年无病，百年无禁忌！
尼山萨满道谢说：蒙古勒代舅舅你若如此尽心授封时，鸡、犬都给了，把鸡喊啊晒，把犬喊绰。

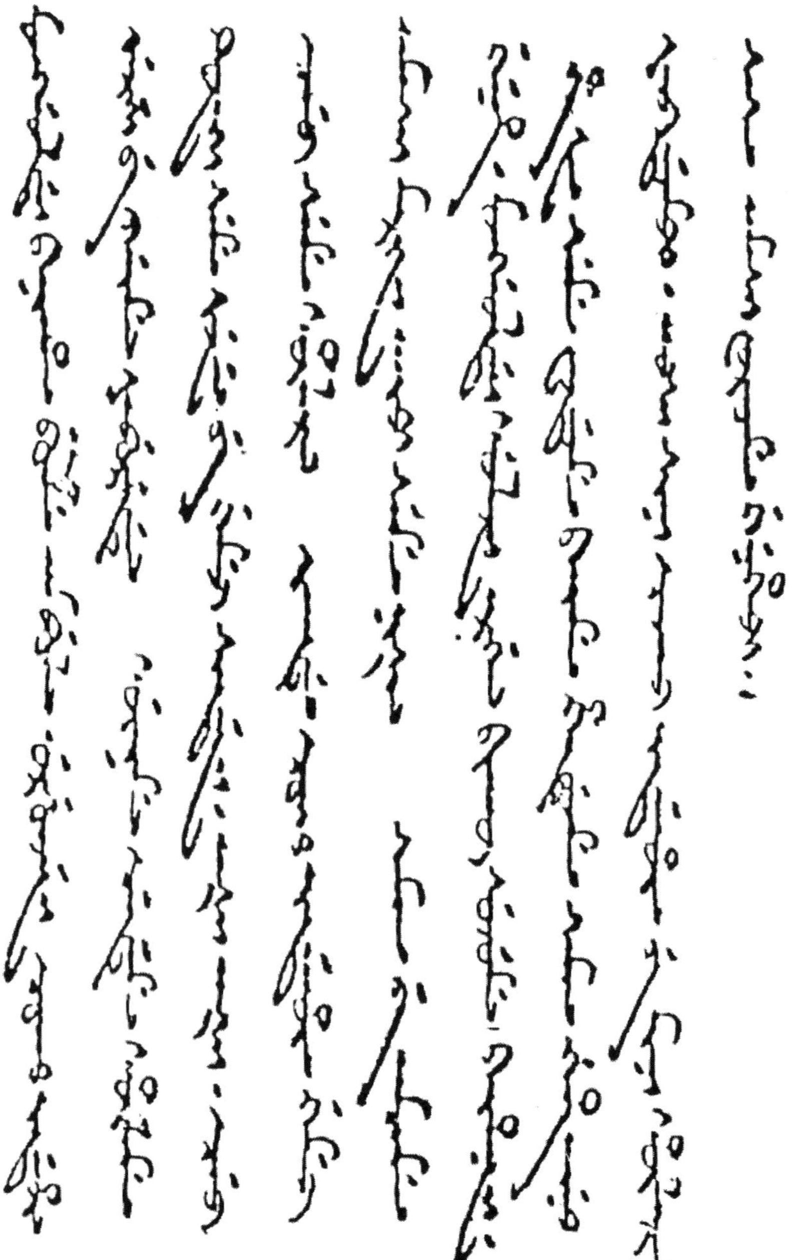

monggoldai baniha bume ambula urgunjefi coko indahūn jergi be gaime yaburede gūnime cendeme hūlame tuwaki seme juwe be gemu sindafi, ašai ašai ceo ceo seme hūlara jakade coko indahūn gemu amasi marifi aibi seme nišan saman be amcame genehe, monggoldai golofi ergen biakū sujume baihanafi, he fa seme fodome baime hendume saman gehe ainu yobodombi, absi sini coko indahūn be mini hūlara sasa amasi forome genehebi.

蒙古勒代道了謝，大爲歡喜，帶着鷄、犬行走時，心想試喊喊看，把兩個都放了，啊晒啊晒、綽綽的喊叫時，鷄、犬都往後回去竟追尼山薩滿去了。蒙古勒代害怕了，拚命跑去找，張口大喘地請求說：薩滿姐姐爲什麼開玩笑呢？怎麼我喊你的鷄、犬一齊向後轉回去了？

蒙古勒代道了谢，大为欢喜，带着鸡、犬行走时，心想试喊喊看，把两个都放了，啊晒啊晒、绰绰的喊叫时，鸡、犬都往后回去竟追尼山萨满去了。蒙古勒代害怕了，拚命跑去找，张口大喘地请求说：萨满姐姐为什么开玩笑呢？怎么我喊你的鸡、犬一齐向后转回去了？

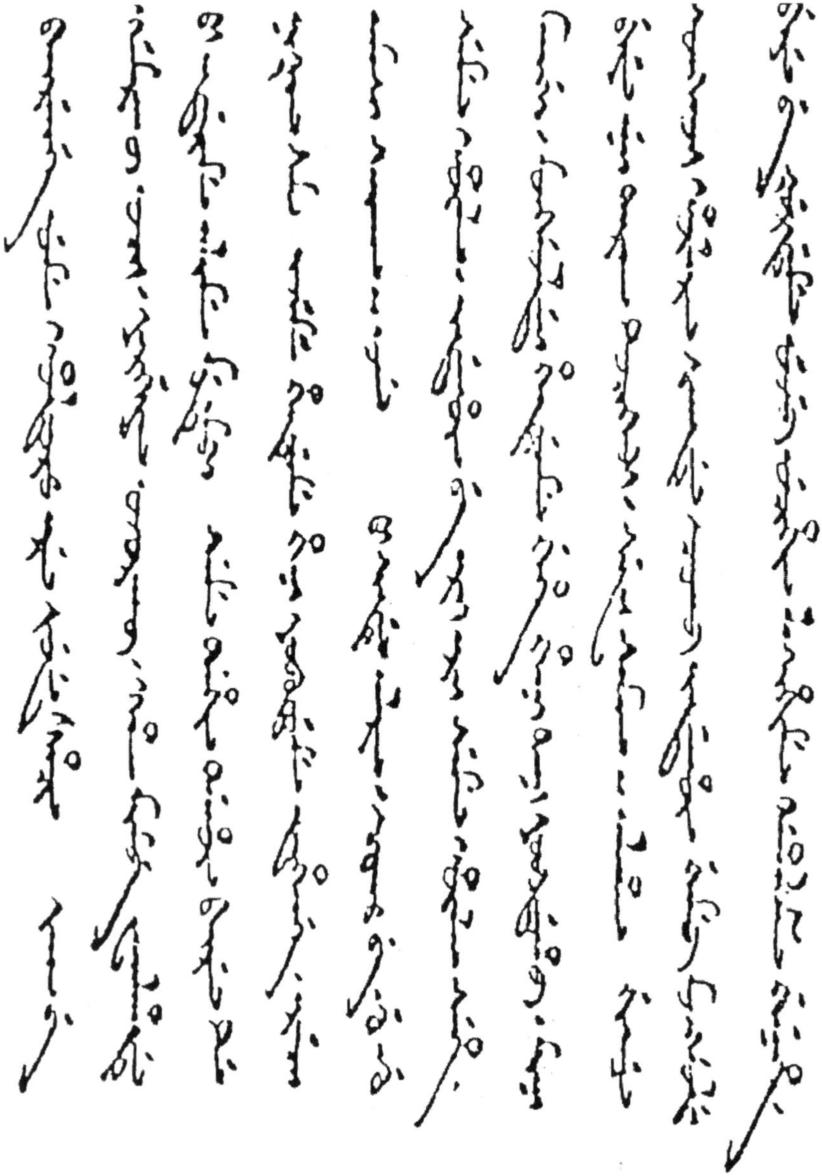

bairengge ume holtoro ere juwe hacin jaka be gamarakū oci, yargiyan ojorakū. han mimbe wakalahade bi adarame alime mutembi seme dahin dahūn baire de nišan saman injeme hendume heni yobodome efihengge, ereci amasi saikan i eje, bi sinde alara, coko be gu gu seme hūla indahūn be eri eri seme hūla sehe manggi, monggoldai hendume gehe heni tani yobodoho, mini beye nei taran tucikebi, sefi saman i alaha gisun songkoi hūlara jakade coko indahūn gemu monggoldai beye be šurdeme uju ucihin lasihime dahalame genehe.

請不要欺哄吧！這兩樣東西若不帶去時，實在不可以，王責怪我時，我怎麼能承受呢？這樣再三請求時，尼山薩滿笑着說：開一點玩笑，此後好好的記住，我告訴你吧！把鷄喊咕咕，把犬叫哦哩哦哩。蒙古勒代說：姐姐開了一點玩笑，我的身體出了大汗。按照薩滿告訴的話喊叫時，鷄、犬都圍繞蒙古勒代的身體，搖頭擺尾跟着去了。

请不要欺哄吧！这两样东西若不带去时，实在不可以，王责怪我时，我怎么能承受呢？这样再三请求时，尼山萨满笑着说：开一点玩笑，此后好好的记住，我告诉你吧！把鸡喊咕咕，把犬叫哦哩哦哩。蒙古勒代说：姐姐开了一点玩笑，我的身体出了大汗。按照萨满告诉的话喊叫时，鸡、犬都围绕蒙古勒代的身体，摇头摆尾跟着去了。

滿族薩滿請神模樣

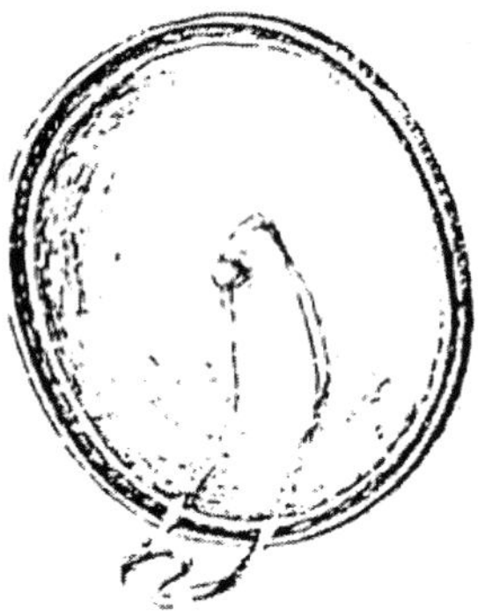

薩滿護心鏡

十二、油鍋燒滾

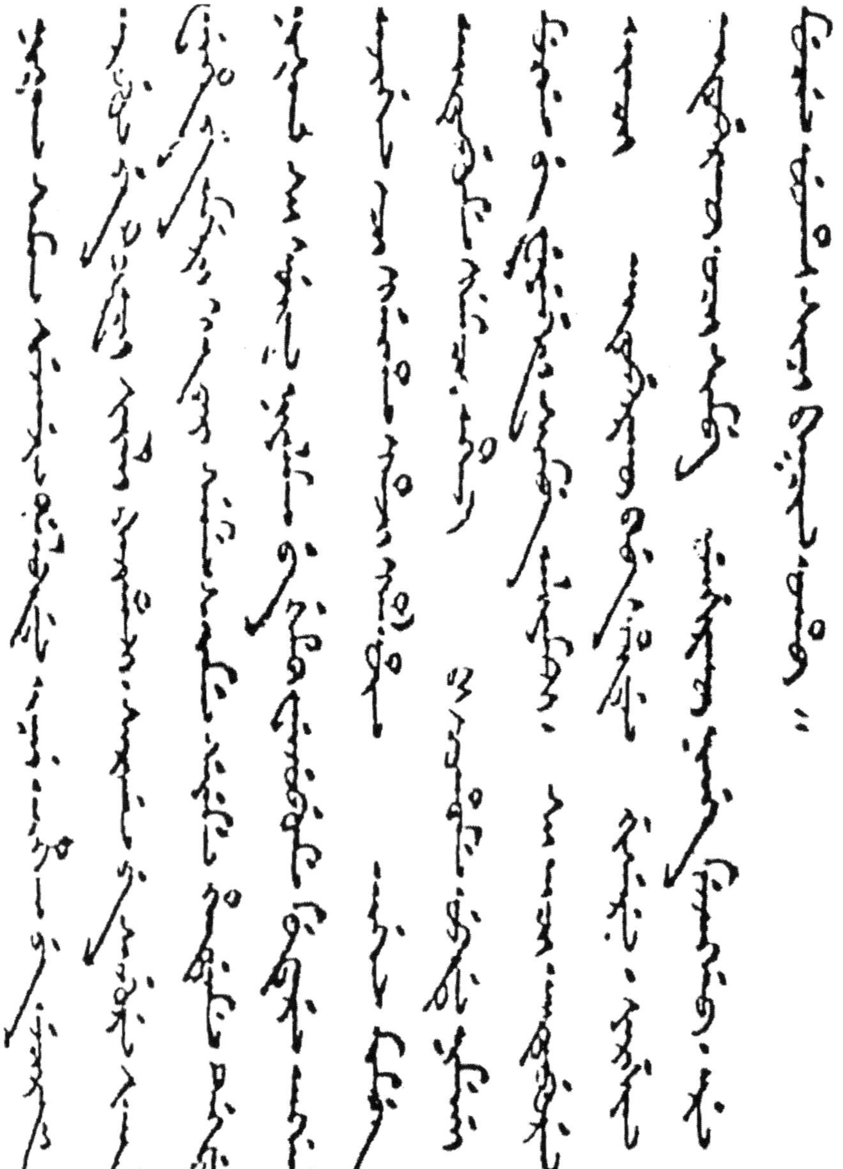

nišan saman jugūn dalbade ini eigen be ucirafi arbun be tuwaci jili banjihabi, sargan be sabure jakade weihe be emgeri katur seme saime seyeme hendume dekdeni nišan si gūwa niyalma be gemu weijubume mutere anggala ajigen ci gaiha haji halhūn eigen mimbe aitubume gamaci eheo bi cohome ubade nimenggi mucen be fuyebufi simbe aliyambi, si eici aitubure eici aituburakū babe hūdun gisure, yargiyan aituburakū oci simbe unggirakū ningge mujanggo, ere mucen uthai sini bakcin oho.

尼山薩滿在路旁遇到了他的丈夫，樣子看來很生氣，一見妻子時，嘎吱嘎吱咬着牙齒懷恨着說：浮蕩的尼山你能把別人都救活過來，何況自幼娶的親熱丈夫呢？把我救活帶去時不好嗎？我特在這裏把油鍋燒滾等你，你或是救活，或是不救活之處，趕快說吧！若是實在不救活時，不讓你去的是當真的，這鍋子就是你的對頭了。

尼山萨满在路旁遇到了他的丈夫，样子看来很生气，一见妻子时，嘎吱嘎吱咬着牙齿怀恨着说：浮荡的尼山你能把别人都救活过来，何况自幼娶的亲热丈夫呢？把我救活带去时不好吗？我特在这里把油锅烧滚等你，你或是救活，或是不救活之处，赶快说吧！若是实在不救活时，不让你去的是当真的，这锅子就是你的对头了。

薩滿護背鏡

滿族薩滿跳老虎神模樣

十三、子孫娘娘

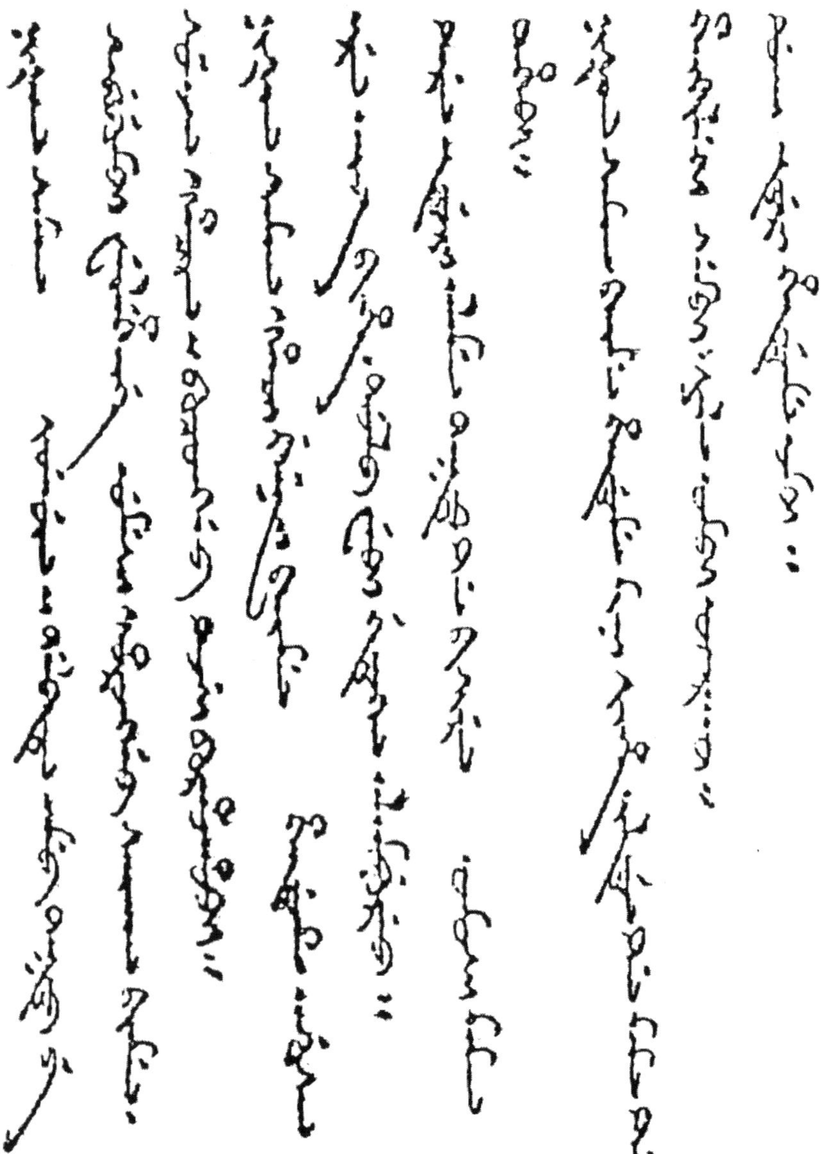

nišan saman jugūn i dalbade emu taktu be sabubumbi weilehengge umesi horonggo saikan bime, sunja hacin i boconggo tugi borhohohobi.
nišan saman hanci genefi baime hendume agusa ere aiba bihe, dolo webi getuken alambureo.
tere enduri alame taktu de bisire omosi mama tehebi.
nišan saman baime hendume mini jihe ildun de mama de hengkileki sembi yala ombi ojorakū.
dukai enduri hendume ombi.

尼山薩滿看見路旁有一座樓閣，造的既威嚴美觀，且籠罩了五樣彩雲。
尼山薩滿走近請求說：眾老兄們這裏是什麼地方來着？裏面有誰？請明告吧！
那神告訴說：在樓閣裏有子孫娘娘住着。
尼山薩滿請問說：我來順便向子孫娘娘叩頭，果真可以不可以呢？
門神說：可以。

尼山萨满看见路旁有一座楼阁，造的既威严美观，且笼罩了五样彩云。
尼山萨满走近请求说：众老兄们这里是什么地方来着？里面有谁？请明告吧！
那神告诉说：在楼阁里有子孙娘娘住着。
尼山萨满请问说：我来顺便向子孙娘娘叩头，果真可以不可以呢？
门神说：可以。

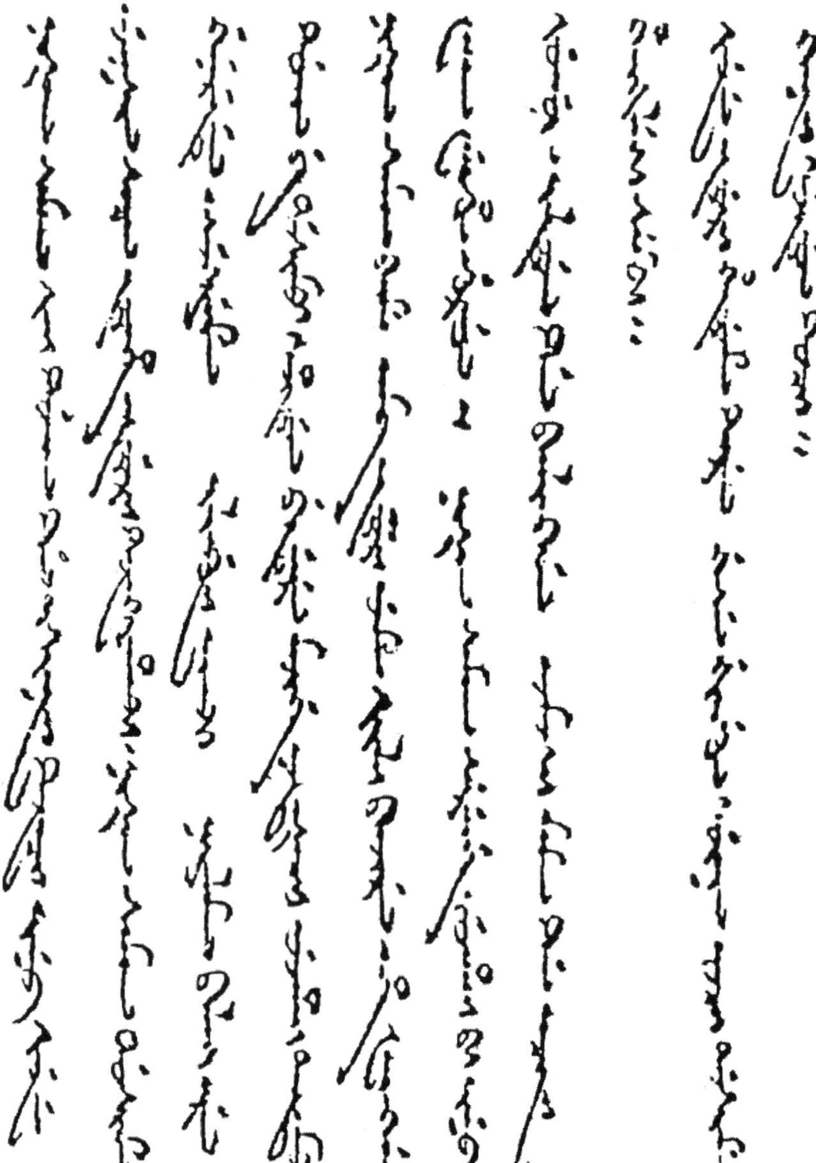

nišan saman jai duka de isinafi tuwaci inu juwe uksin saca etuhe enduri tuwakiyahabi, nišan saman dosime generede esukiyeme ilibufi aibi niyalma balai ere duka be dosimbi hūdun bedere majige notašaci uthai tantambi!
nišan saman baime amba enduri ume jili banjire ehe fainggo waka weihun gurun i nišan saman serengge uthai bi inu jugūn ildun de bailingga omosi mama de acafi hengkileki sembi.
juwe enduri hendume tere gese ginggun gūnin oci dosime genefi hūdun tuci.

尼山薩滿來到第二個門看時，也是兩個穿了盔甲的神看守。尼山薩滿進去時，怒嚇着加以阻止說：何人妄行入門，趕快退回，若留連一下時，就責打。
尼山薩滿請求說：大神不要生氣，不是兇魂，生國的尼山薩滿就是我，是順路叩見有恩情的子孫娘娘。
兩個神告訴說：若如此敬意，進去後快出來吧！

尼山萨满来到第二个门看时，也是两个穿了盔甲的神看守。尼山萨满进去时，怒吓着加以阻止说：何人妄行入门，赶快退回，若留连一下时，就责打。
尼山萨满请求说：大神不要生气，不是凶魂，生国的尼山萨满就是我，是顺路叩见有恩情的子孙娘娘。
两个神告诉说：若如此敬意，进去后快出来吧！

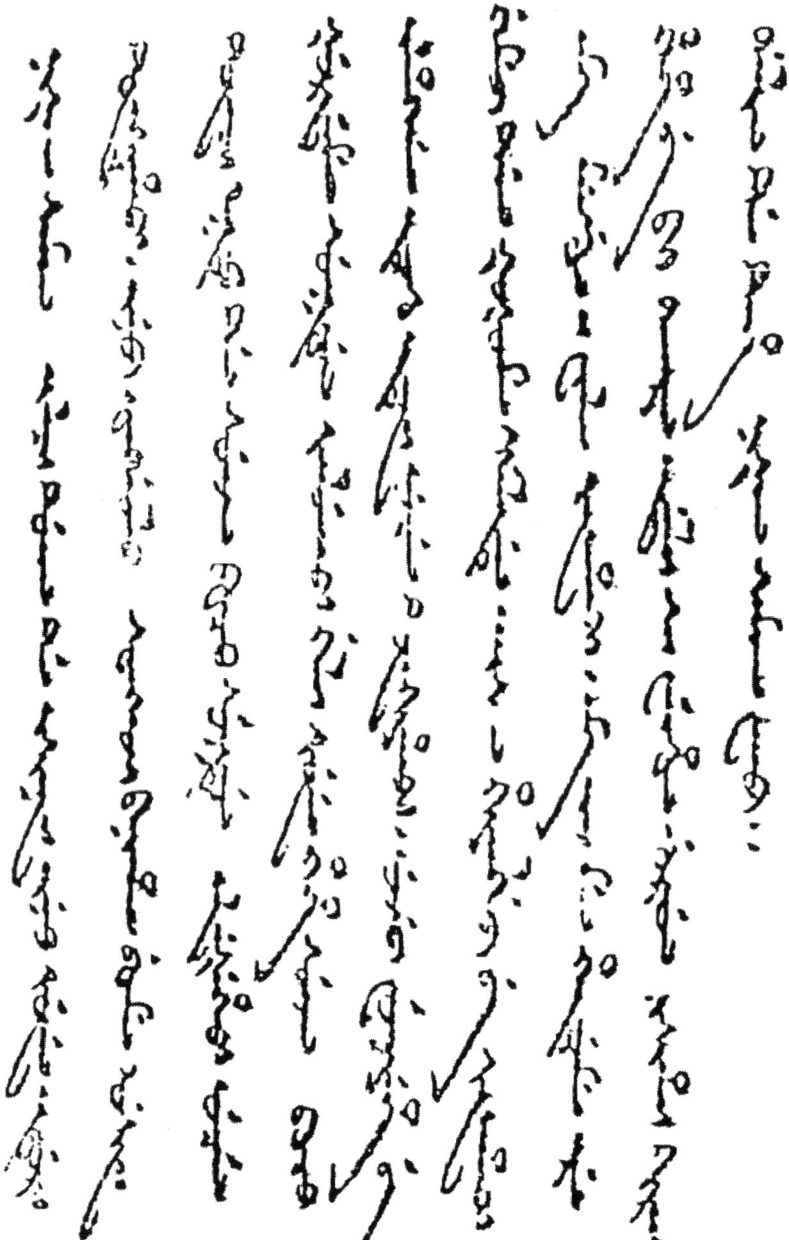

nišan saman ilaci duka de isinafi inu juwe enduri tuwakiyahabi inu onggolo songkoi baniha bume dosifi tuwaci taktu de sunja boco sukdun eldešehebi uce šurdeme sukdun jalukabi geli juwe hehe sunja boco ilhangga etuku etufi uce tuwakiyahabi, uju funiyehe be gemu den šošome galade aisin hiyanglu be jafahabi, emke menggun i fila jafahabi, emke injeme hendume ere hehe be bi takara adali si weihun gurun nisihai birai dalin de tehe nišan saman wakao.

尼山薩滿來到第三個門時，也有兩個神看守，也照前道謝進去，看時，樓閣照耀着五彩氣，房門周圍充滿瑞氣。又有兩個女人穿着五彩花衣，看守房門，都把頭髮高束着，手上拿了金香爐，一個拿了銀碟子，一個笑着說：這個女人，我好像認識。你不是住在生國尼西海河岸的尼山薩滿嗎？

尼山萨满来到第三个门时，也有两个神看守，也照前道谢进去，看时，楼阁照耀着五彩气，房门周围充满瑞气。又有两个女人穿着五彩花衣，看守房门，都把头发高束着，手上拿了金香炉，一个拿了银碟子，一个笑着说：这个女人，我好像认识。你不是住在生国尼西海河岸的尼山萨满吗？

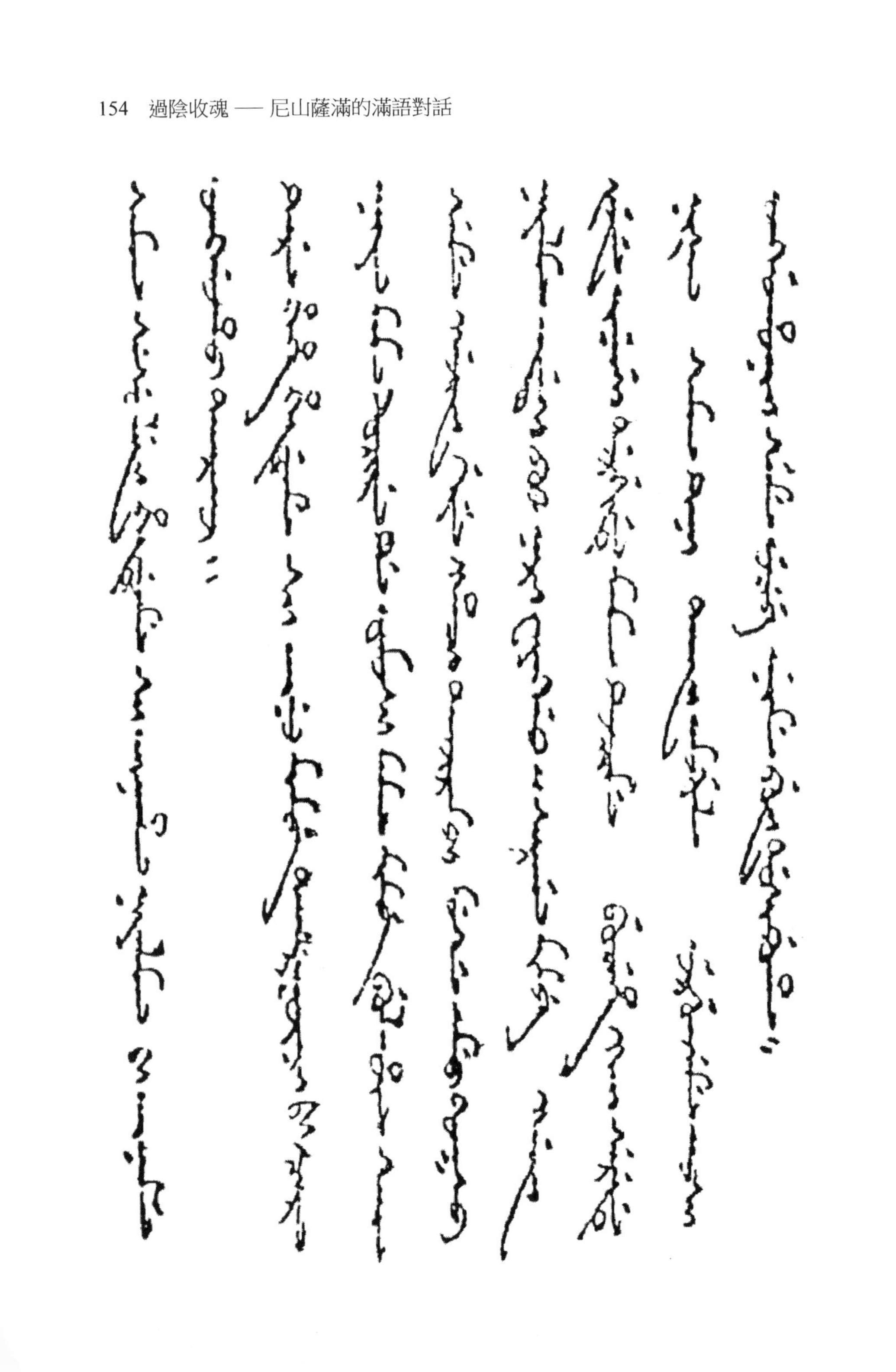

saman sesulefi hendume si ainaha niyalma bi ainame onggoho takarakū.
tere hehe hendume si ainu mimbe takarakūnii bi cara aniya mama tucire de omosi mama mimbe bulhūn sain seme gajifi beye hanci takūrambi muse emu tokso niyalma adaki boo nari fiyanggo i sargan mimbe gaifi juwe inenggi dorgide mama tucime bucehe kai serede nišan saman teni takafi ambula urgunjeme absi onggohonii seme ucebe neime bufi dosibuha.

薩滿驚訝的說：你是何許人？我怎麼忘了不認識？
那女人說：你爲什麼不認識我呢？我前年出痘時，子孫娘娘以我潔淨善良而帶來，在身邊使喚。我們是一個村莊的人，鄰居納哩・費揚古的妻子，娶了我兩日内，出痘死了啊！尼山薩滿才認識，大爲歡喜，怎麼忘了呢？把房門給打開讓他進去了。

萨满惊讶的说：你是何许人？我怎么忘了不认识？
那女人说：你为什么不认识我呢？我前年出痘时，子孙娘娘以我洁净善良而带来，在身边使唤。我们是一个村庄的人，邻居纳哩・费扬古的妻子，娶了我两日内，出痘死了啊！尼山萨满才认识，大为欢喜，怎么忘了呢？把房门给打开让他进去了。

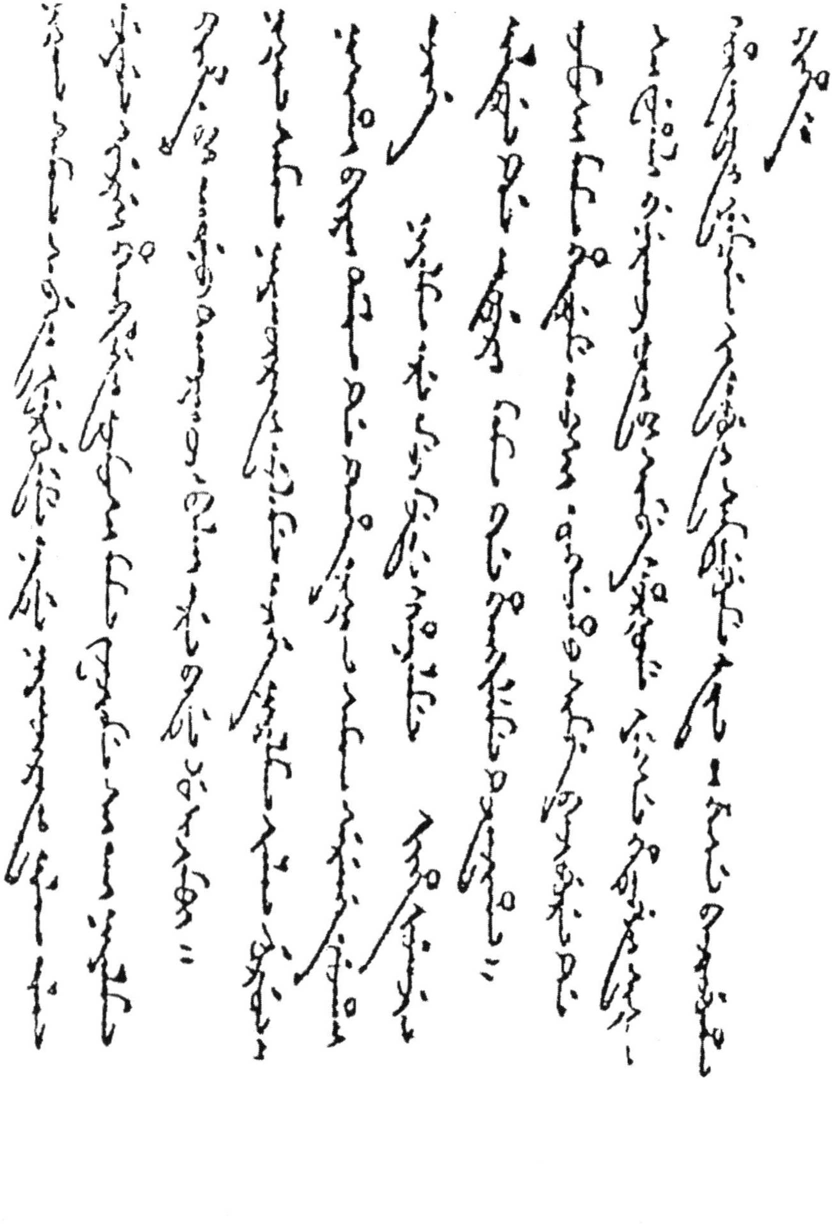

nišan saman sabufi ferguweme nade niyakūrafi ilan ilan uyun jergi hengkilefi omosi mama fonjime si ai niyalma bihe, bi ainu takarakū, balai ere bade dosinjimbi.
nišan saman niyakūrafi ulame ajige niyalma jalan gurun i nisihai birai dalin de tehe nišan saman serengge uthai ajige niyalma ere emu mudan hanilame jihe jugūn ildun de enduri mama de hengkileme tuwanjiha.
omosi mama hendume absi onggoho simbe banjibure de si fuhali generakū ofi bi simbe horšome yekse hetebufi siša hūwaitafi yemcen jafabufi samdabume efin i gese banjibuha bihe.

尼山薩滿見了很驚奇，在地上三跪九叩。子孫娘娘問說：你是什麼人來着？我怎麼不認識？胡亂進來這裏？
尼山薩滿跪下稟告說：小人，住在世間尼西海河岸的尼山薩滿者就是小人，這一次巧合前來順路向神娘娘叩頭問好。
子孫娘娘說：怎麼忘了？轉生你時，因你竟然不去，我哄着你，使捲了神帽，繫了腰鈴，使拿了男手鼓，像跳神玩藝似的轉生來着。

尼山萨满见了很惊奇，在地上三跪九叩。子孙娘娘问说：你是什么人来着？我怎么不认识？胡乱进来这里？
尼山萨满跪下禀告说：小人，住在世间尼西海河岸的尼山萨满者就是小人，这一次巧合前来顺路向神娘娘叩头问好。
子孙娘娘说：怎么忘了？转生你时，因你竟然不去，我哄着你，使卷了神帽，系了腰铃，使拿了男手鼓，像跳神玩艺似的转生来着。

滿族薩滿跳神模樣

薩滿護頭鏡

十四、賞罰分明

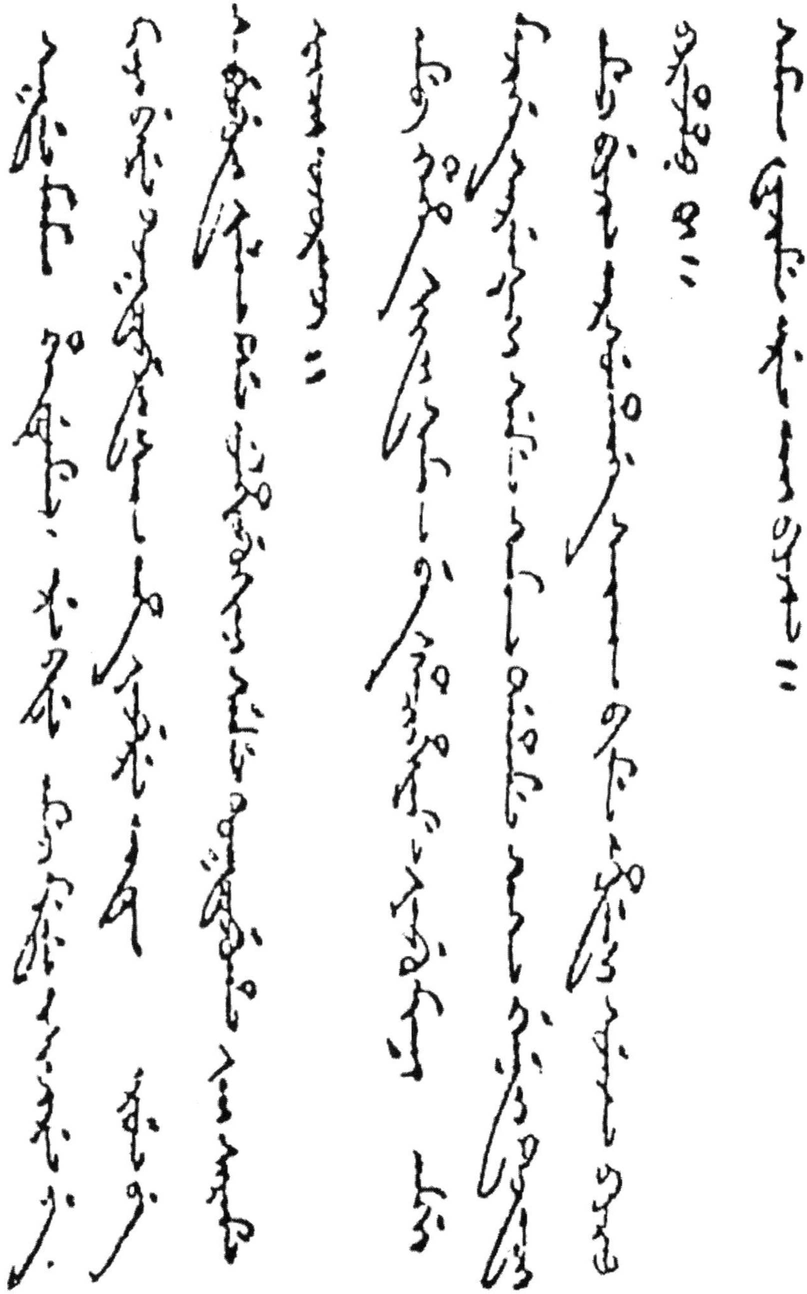

sakda mama hendume ere bade emu mudan isinjire be mini beye toktobufi sain ehe yabure eiten erun be sabubufi jalan de ulhibukini seme toktobuha jai sirame jici ojorakū.
emu hehe jifi saman be hacihiyame yabu mini emgi majige sargašaki seme saman dahame sasa genefi tuwaci emu bujan arsuhangge saikan bime huweki sunja boco borhoho bi.
saman fonjime ere ai bujan.

老娘娘說：這裏來一次，是我自己所定，見了行善爲惡的一切刑罰，讓世上的人曉得而定的，下次不可再來。
來了一個女人，催薩滿走說：同我一齊稍爲遊玩吧！薩滿跟隨一齊去看時，一處樹林發的芽既好看，且肥壯，籠罩五彩。
薩滿問說：這是什麼樹林呢？

老娘娘说：这里来一次，是我自己所定，见了行善为恶的一切刑罚，让世上的人晓得而定的，下次不可再来。
来了一个女人，催萨满走说：同我一齐稍为游玩吧！萨满跟随一齐去看时，一处树林发的芽既好看，且肥壮，笼罩五彩。
萨满问说：这是什么树林呢？

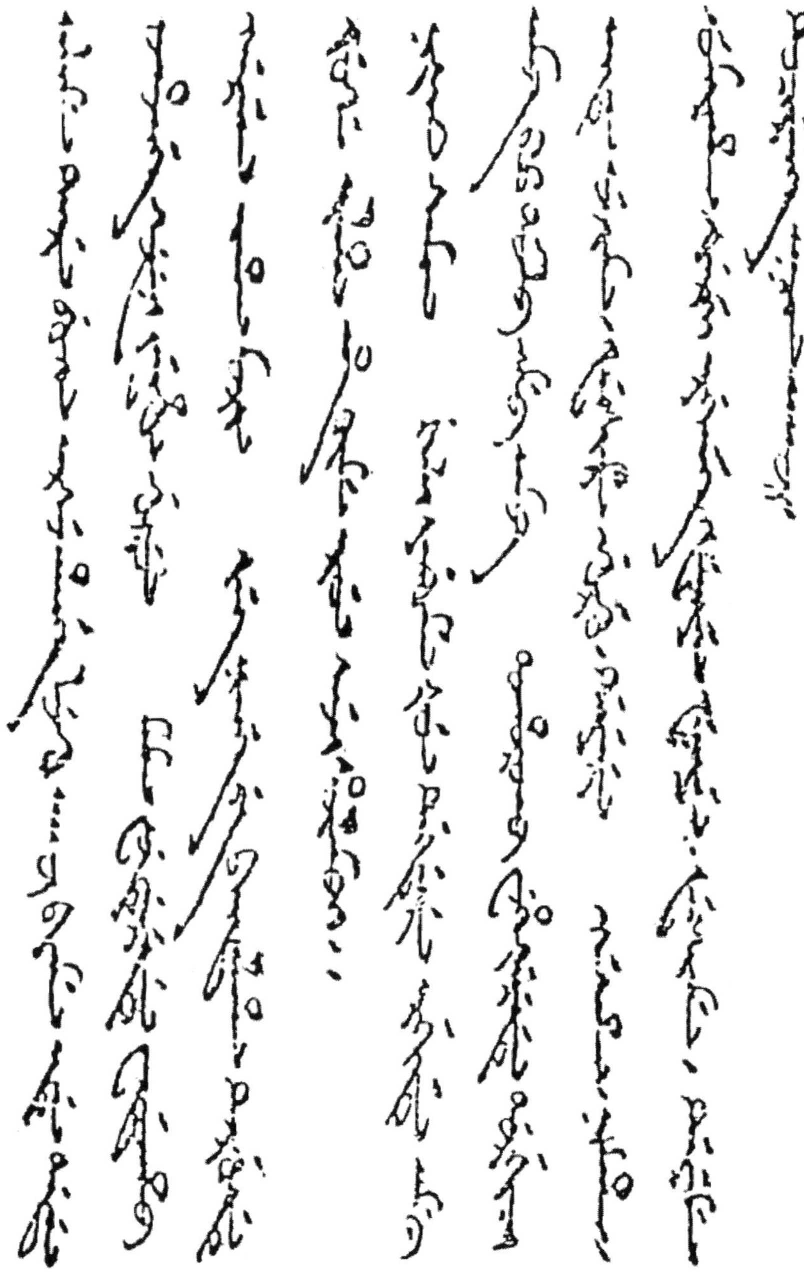

alame tere bujan arsuhangge luku akū bime eden dadan ohongge suweni weihun gurun mama fuderede fodoho gargan ihan morin jeke ningge be baitalaha turgunde juse ilha ehe bime erun sui hūlambi.

nišan saman geli yabume šun dekdere ergide emu amba boo dolo emu amba tohoroko fuhešerede dorgici eiten ujima, feksire gurgu, deyere gasha, nimaha, umiyaha jergi ergengge feniyen feniyen, feksime, deyeme tucirengge lakcan akū.

告訴說：那樹林發的芽卽不稠密，而且所以殘缺者，是因你們生國送娘娘時，把柳枝、牛馬吃的用了之故，子花既不好，且念出刑罪。

尼山薩滿又走到東邊一個大屋內，有一個大墩轂轆在滾動時，一切牲畜、走獸、飛鳥、魚、蟲等生靈，從裏面一群一群不斷跑着、飛着出來。

告诉说：那树林发的芽卽不稠密，而且所以残缺者，是因你们生国送娘娘时，把柳枝、牛马吃的用了之故，子花既不好，且念出刑罪。

尼山萨满又走到东边一个大屋内，有一个大墩毂辘在滚动时，一切牲畜、走兽、飞鸟、鱼、虫等生灵，从里面一群一群不断跑着、飞着出来。

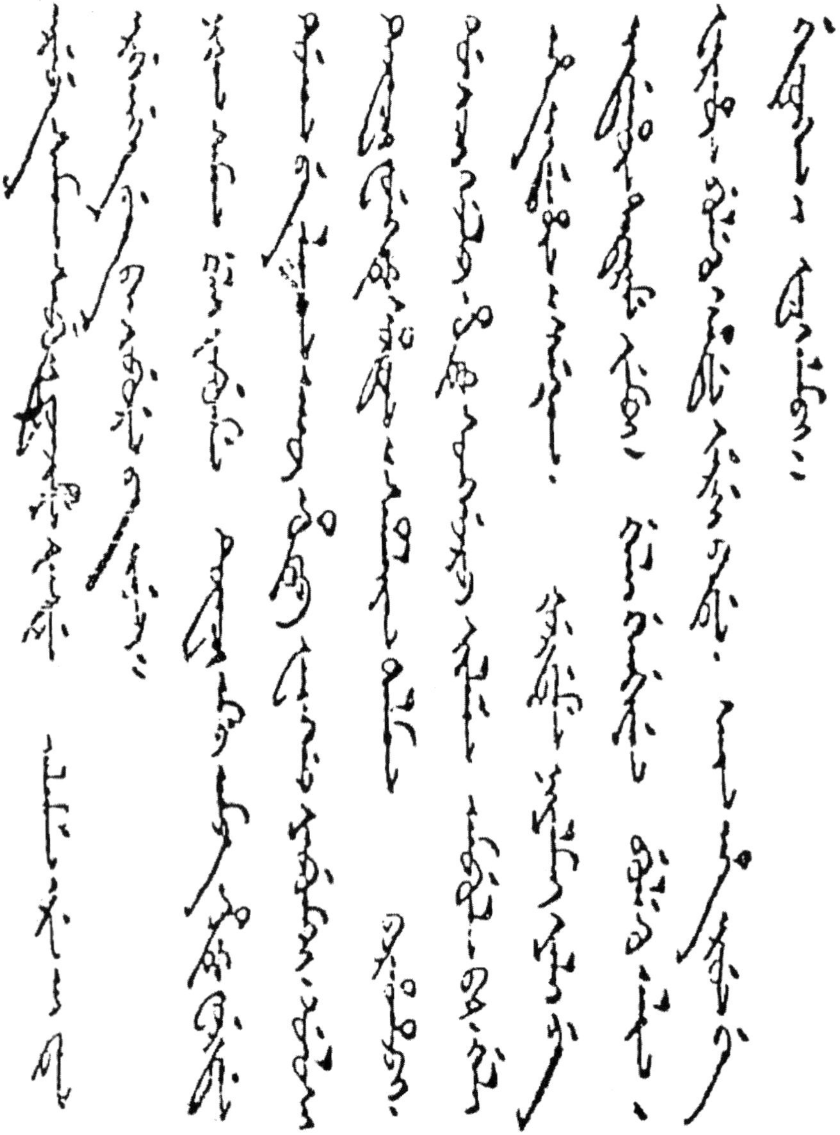

erebe saman sabufi fonjire jakade alame ere eiten ergengge be banjibure ba inu.
nišan saman geli yabume tuwaci emu amba hutu furdan duka be lakcan akū hutu fainggo yabumbi, dolosi tuwaci fungtu hoton i sahaliyan talman borhohobi, donjici dolo hutu songgoro jilgan ambula bi, geli ehe indahūn i gašan, šurdeme niyalmai yali be indahūn tatarame jembi, geli genggiyen buleku alin, farhūn buleku hada jergi bade, sain ehe erun be getuken i faksalambi.

薩滿看了這個而問時，告訴說：這是一切生靈轉生的地方。尼山薩滿又走着看時，一個大鬼關口，鬼魂不斷的走着。向裏面看時，酆都城的黑霧凝聚着，聽時，裏面有很多鬼哭聲。又有惡犬村，犬把周圍的人扯着吃，又在明鏡山、暗鏡峰等地，善惡刑罰明白的分開。

萨满看了这个而问时，告诉说：这是一切生灵转生的地方。尼山萨满又走着看时，一个大鬼关口，鬼魂不断的走着。向里面看时，酆都城的黑雾凝聚着，听时，里面有很多鬼哭声。又有恶犬村，犬把周围的人扯着吃，又在明镜山、暗镜峰等地，善恶刑罚明白的分开。

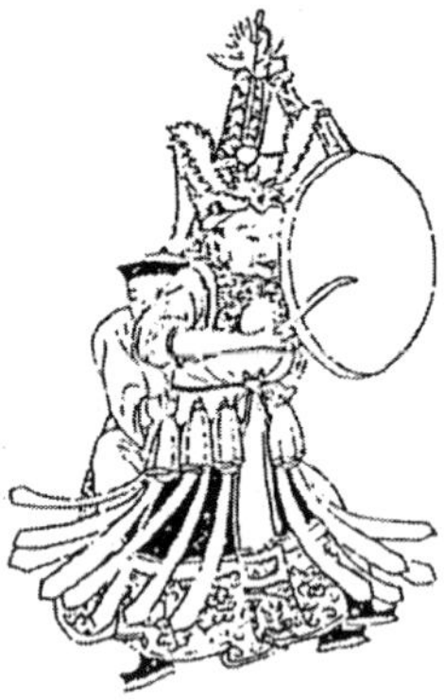

滿族薩滿請神模樣

滿族薩滿行禮模樣

十五、冥府酷刑

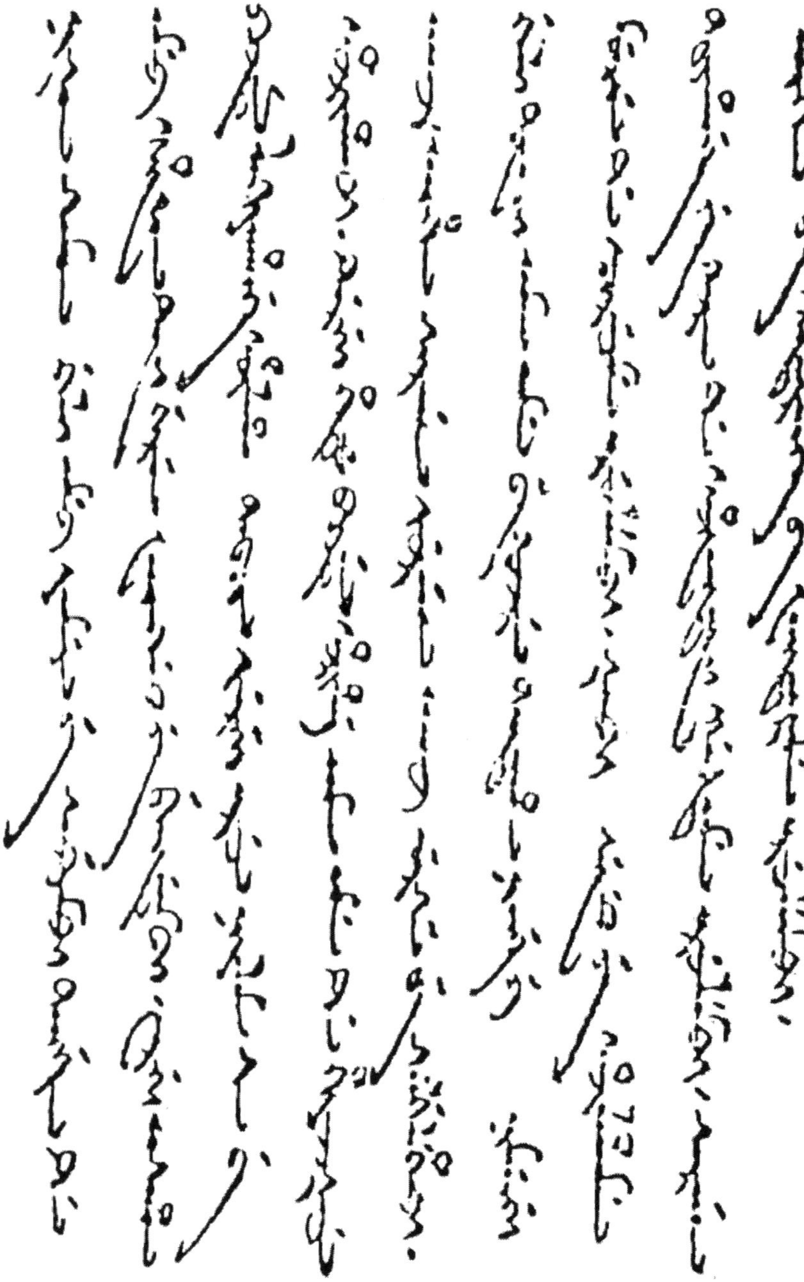

nišan saman geli emu yamun be sabumbi tanggin de emu hafan tefi geren fainggo be beidembi, wargi ashan boode lakiyahangge hūlha tabcin jergi erun niyalma sa be horihabi, dergi hetu boode horihangge ama eme de hiyoošun akū, eihen sargan jurgan akū, urse be selgelehebi, geli tuwaci ama eme be toore tantaha ningge be nimenggi mucen de carume erulembi, šabi sefu be hūlhame toohangge be tura de hūwaitafi gabtame erulembi, sargan eigen be hatarangge be faitarame erulembi.

尼山薩滿又看見一個衙門，在堂上坐了一個官員，審問衆魂。在西廂房裏懸掛的是監禁竊搶等刑罰人犯，在東廂房裏監禁的是對父母不孝，夫妻之間無義，而枷首的衆人。又再看時，是把打駡父母者以油鍋烹炸處刑，徒弟偷駡師傅者以拴在柱子上射箭處刑，妻子對丈夫粗暴者以碎割處刑。

尼山萨满又看见一个衙门，在堂上坐了一个官员，审问众魂。在西厢房里悬挂的是监禁窃抢等刑罚人犯，在东厢房里监禁的是对父母不孝，夫妻之间无义，而枷首的众人。又再看时，是把打骂父母者以油锅烹炸处刑，徒弟偷骂师傅者以拴在柱子上射箭处刑，妻子对丈夫粗暴者以碎割处刑。

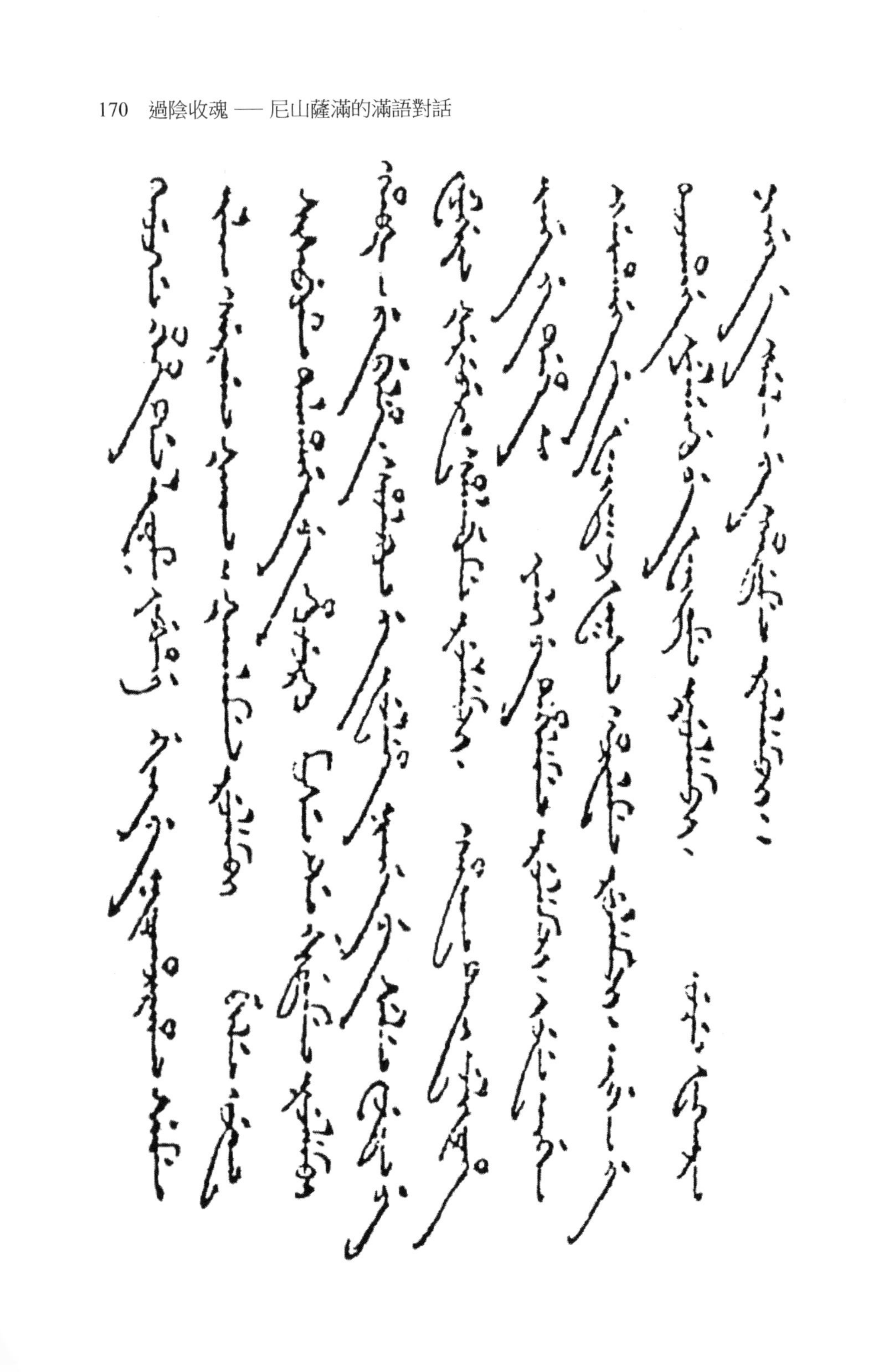

[illegible]

doose hehe de latume yabuhangge ging be natuhūraha seme ilan gargan šaka i šakalame erulembi bele ufa sisabume talahangge be hujurku mose de gidame erulembi habšan be belehe, holbon be efulehe ningge be sele futa be fulgiyan šerebufi halabume erulembi, hafan tefi ulintuhe ningge be dehe i yali be deheleme erulembi, juwe eigen gaihangge be faitakū faksa hūwalame erulembi, eigen be toohangge yelenggu be faitame erulembi, uce fangkara ningge be gala be hadame erulembi.

道士姦淫婦女及污穢經典者以三枝叉扎叉處刑；米麪漉出抄沒者在小磨大磨上壓著處刑；誣訟破壞結親者燒紅鐵索燙灼處刑；居官行賄者以魚鉤鉤肉處刑；嫁二夫者以小鋸破開處刑；罵丈夫者以割舌處刑；摔房門者以釘手處刑。

道士奸淫妇女及污秽经典者以三枝叉扎叉处刑；米面漉出抄没者在小磨大磨上压着处刑；诬讼破坏结亲者烧红铁索烫灼处刑；居官行贿者以鱼钩钩肉处刑；嫁二夫者以小锯破开处刑；骂丈夫者以割舌处刑；摔房门者以钉手处刑。

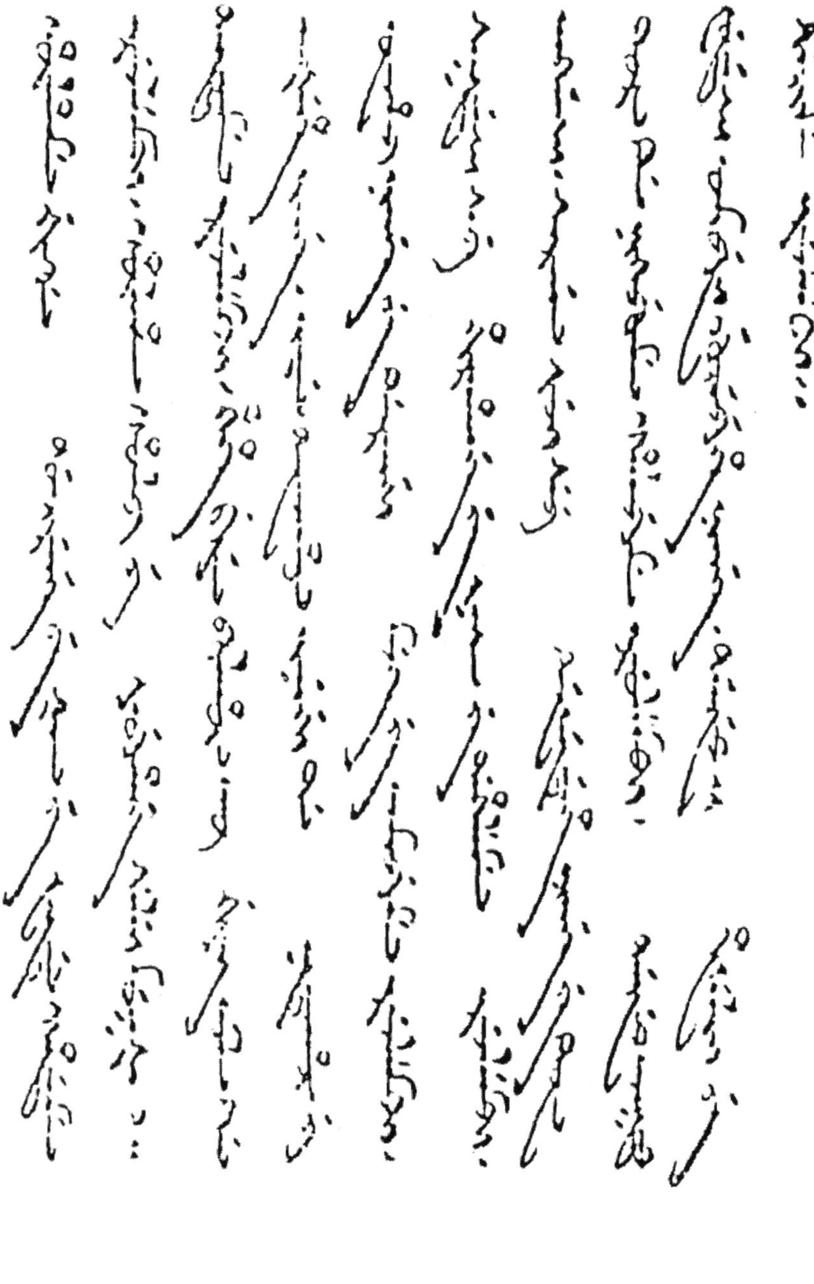

hūlhame gigun donjirengge be šan be fade hadame erulembi, hūlha holo be yabuhangge selei mukšan i tantame erulembi, hehe beye bolhūn akū giyang ula de ebšehe ningge, ice tofohon inenggi de natuhūn be ofoho ningge be duranggi muke be omibume erulembi, sakdasi sabe hirahangge be yasa be deheleme erulembi, anggasi, sargan jui sebe dufendehe ningge be tuwa tura de nikebume halabume erulembi, daifu okto fudasi omibufi bucebuhe ningge, daifu i hefelii be secime erulembi.

竊聽話者以耳朵釘在窗上處刑；做盜賊者以鐵棍責打處刑；婦女身體不潔淨在江河裏沐浴者，及在初一、十五日洗濯污穢者以令其飲濁水處刑；斜看衆老人們者以鈎眼處刑；貪淫寡婦、女孩子者令其倚靠火柱燙灼處刑；大夫藥不順吃了而死者，將大夫以割開肚子處刑。

窃听话者以耳朵钉在窗上处刑；做盗贼者以铁棍责打处刑；妇女身体不洁净在江河里沐浴者，及在初一、十五日洗濯污秽者以令其饮浊水处刑；斜看众老人们者以钩眼处刑；贪淫寡妇、女孩子者令其倚靠火柱烫灼处刑；大夫药不顺吃了而死者，将大夫以割开肚子处刑。

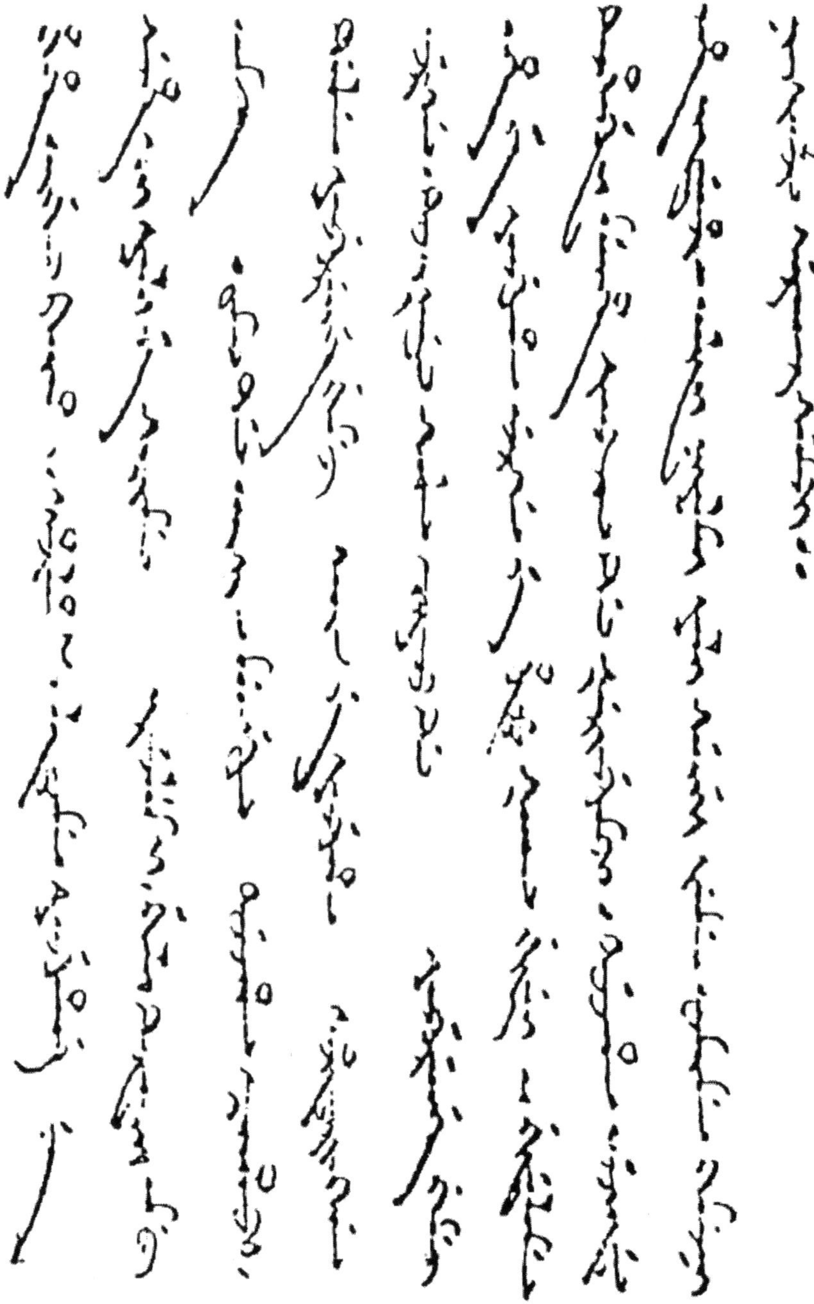

hehe eigen baiha, hūlhame latume yabuhangge be suhe ci yali be sacime erulembi, geli tuwaci emu amba omo de aisin menggun dooha cahabi, dele yaburengge gemu sain be yabuha hūturingga urse, tuišun sele ciyoo de yaburengge gemu ehe be yabuha urse be hutu šaka gidai i gidalame tuhebufi meihe jabjan de šeribumbi, dooha ujande ehe indahūn alifi niyalmai yali senggi jeme omime kemuni niosihūn serakū sembi.

女人嫁了丈夫，偷行姦淫者以斧砍肉處刑。又再看時，在一個大池子裏支起了金銀橋，在上面行走的都是行善有福的人；在銅鐵橋上行走者都是行惡的人，鬼用叉、鎗扎落後，爲蛇蟒所螫。在橋頭上有惡犬接受吃喝人的血肉，還變色嗔怒。

女人嫁了丈夫，偷行奸淫者以斧砍肉处刑。又再看时，在一个大池子里支起了金银桥，在上面行走的都是行善有福的人；在铜铁桥上行走者都是行恶的人，鬼用叉、鎗扎落后，为蛇蟒所螫。在桥头上有恶犬接受吃喝人的血肉，还变色嗔怒。

滿族薩滿跳神模樣

滿族薩滿跳老虎神模樣

十六、菩薩誦經

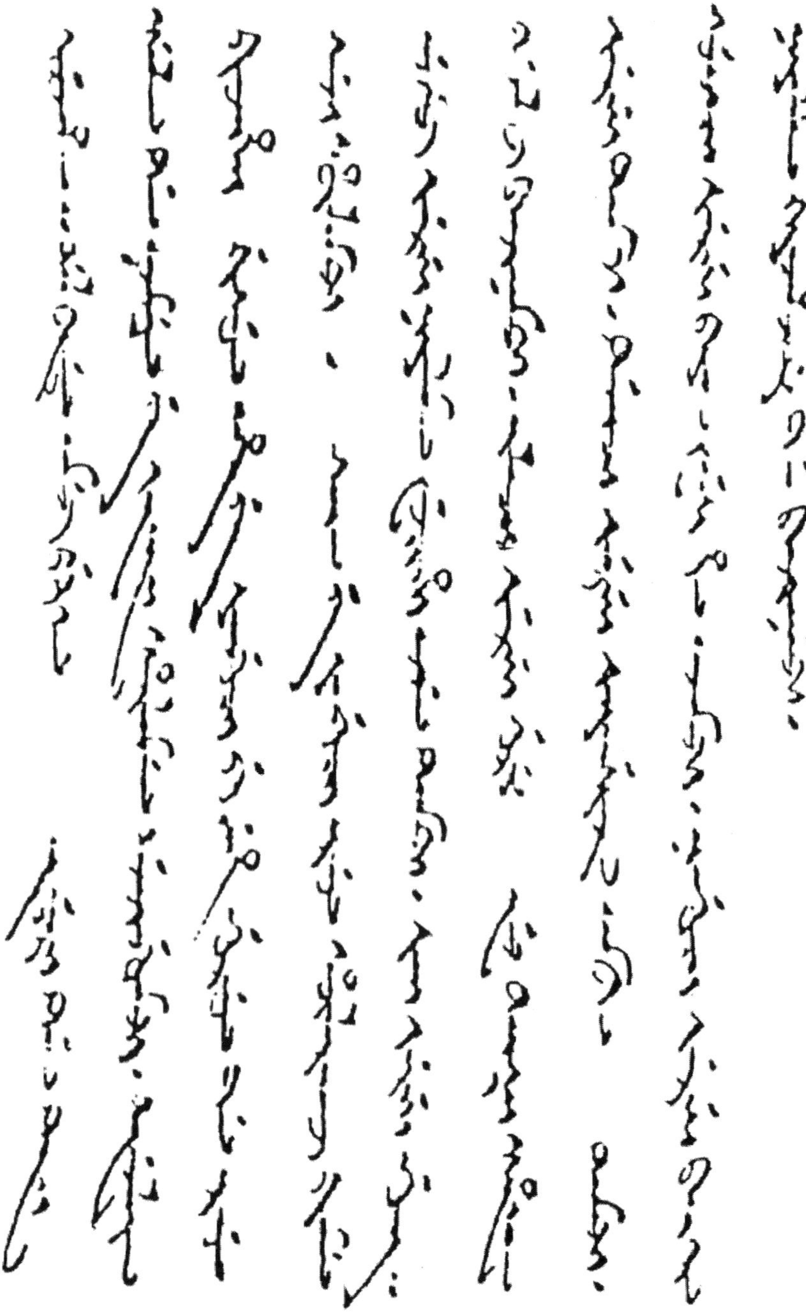

dooha i dalbade emu pusa enduri den tefi gala de nomun be jafafi hūlame donjibumbi, tafulara bithei gisun ehe be yabuci bucehe gurun de erun sui hūlambi, sain be yabuci erun hūlarakū bime uju jergi niyalma fucihi ejen tembi, jai jergi gung i dolo banjinambi, ilaci jergi gurun efu taiši hafan jergi tembi, duici jergi jiyanggiyūn amban tembi, sunjaci jergi bayan wesihun ombi, ningguci jergi baisin niyalma giyohoto de banjinambi,

---

在橋的旁邊高高坐了一個菩薩神，手上拿了經念着給人聽，勸告書中說：若行惡時在死國被唱到罪刑，若行善時即不被唱到刑罰。且第一等之人做佛主；第二等之人到宮内去出生；第三等人做國家駙馬、太師、官員等；第四等人做將軍、大臣；第五等人爲富貴人；第六等人生爲乞丐、平民；

在桥的旁边高高坐了一个菩萨神，手上拿了经念着给人听，劝告书中说：若行恶时在死国被唱到罪刑，若行善时即不被唱到刑罚。且第一等之人做佛主；第二等之人到宫内去出生；第三等人做国家驸马、太师、官员等；第四等人做将军、大臣；第五等人为富贵人；第六等人生为乞丐、平民；

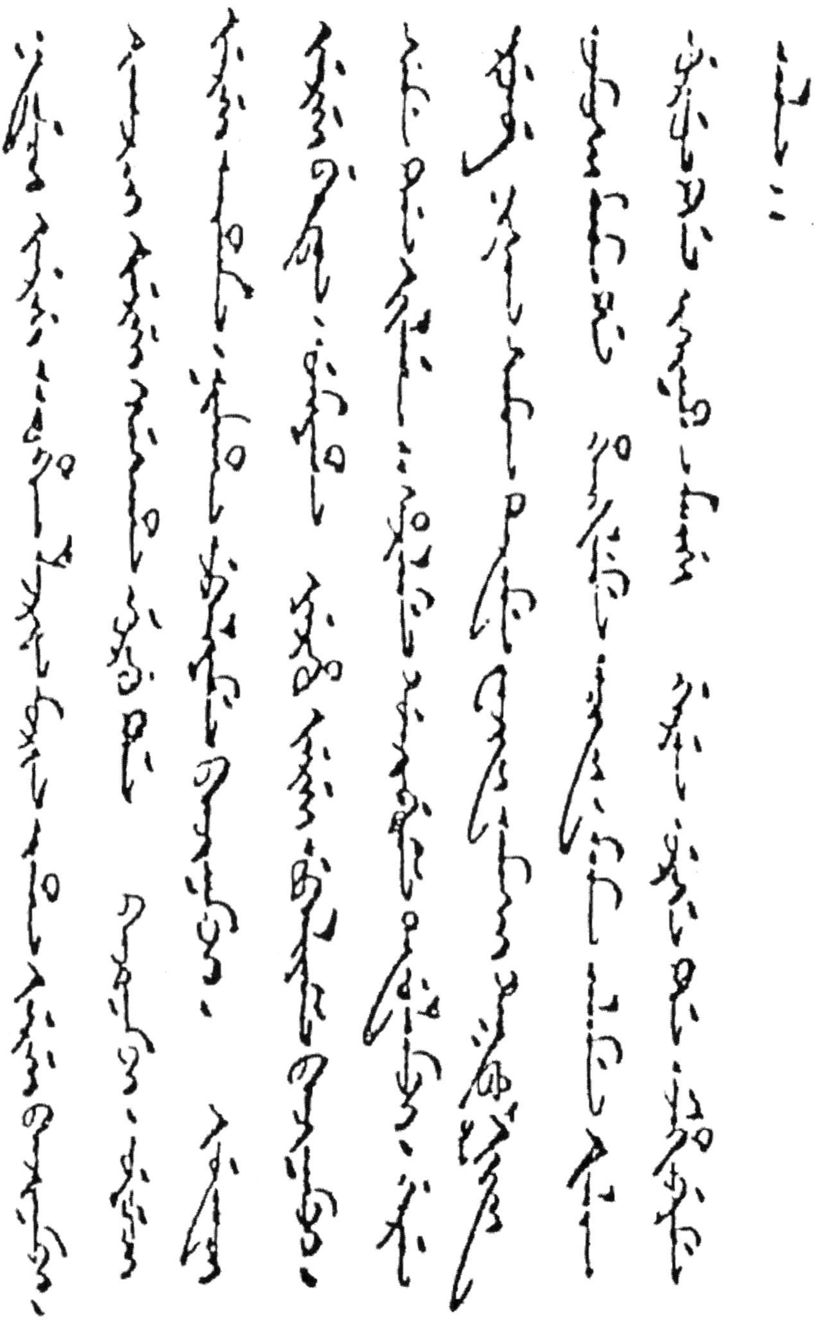

nadaci jergi eihen lorin morin ihan jergi banjinambi, jakūci jergi gasha gurgu de banjinambi, uyuci jergi aihūma nimaha ubaliyame banjinambi, juwanci jergi beten, umiyaha yerhu jergi ubaliyame banjinambi, seme den jilgan i hūlame donjibume tafulambi, geren erunbe nišan saman tuwame wajifi amasi taktu de jifi omosi mama de hengkileme acafi, mama alame jalan gurun de isinaha manggi geren urse de ulhibume ala.

第七等人生爲驢、騾、馬、牛等；第八等人生爲鳥獸；第九等人轉生爲鼈、魚；第十等人轉生爲曲鱔、蟲、螞蟻等，高聲念着忠告給人聽。尼山薩滿看完了各種刑罰後，返回來到樓閣，叩見子孫娘娘，娘娘告訴說：回到世間後告訴曉諭衆人。

第七等人生为驴、骡、马、牛等；第八等人生为鸟兽；第九等人转生为鳖、鱼；第十等人转生为曲鳝、虫、蚂蚁等，高声念着忠告给人听。尼山萨满看完了各种刑罚后，返回来到楼阁，叩见子孙娘娘，娘娘告诉说：回到世间后告诉晓谕众人。

滿族薩滿跳老虎神模樣

十七、附體還陽

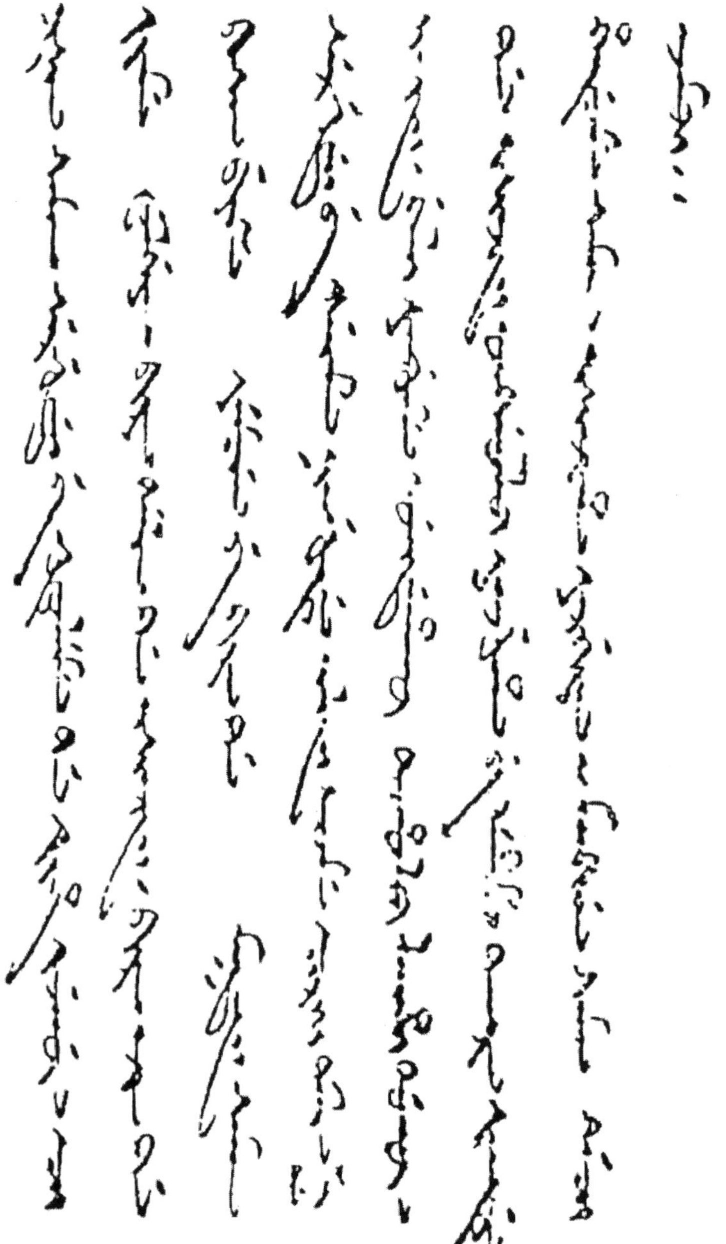

nišan saman sergudai be kutuleme da jihe jugūn ci jime fulgiyan bira dalin de isinjifi, bira ejin de basan bume yemcen be bira de maktafi saman sergudai be gaime ninggude ilifi doome cargi dalin de isinjifi, geli yabume goidahakū doholo laihi dokūn de isinjifi onggolo yabuha be dahame takara jakade hendume saman isinjiha yargiyan i mangga saman seci ombi.

尼山薩滿牽着色爾古岱，從原路來到了紅河岸時，給河主工錢，把男手鼓拋到河裏，薩滿帶着色爾古岱站在上面，渡到了對岸。又再走不久，瘸子賴皮來到渡口，既是以前走的，因爲認識，說：薩滿來到，實在可說是能幹的薩滿。

尼山萨满牵着色尔古岱，从原路来到了红河岸时，给河主工钱，把男手鼓抛到河里，萨满带着色尔古岱站在上面，渡到了对岸。又再走不久，瘸子赖皮来到渡口，既是以前走的，因为认识，说：萨满来到，实在可说是能干的萨满。

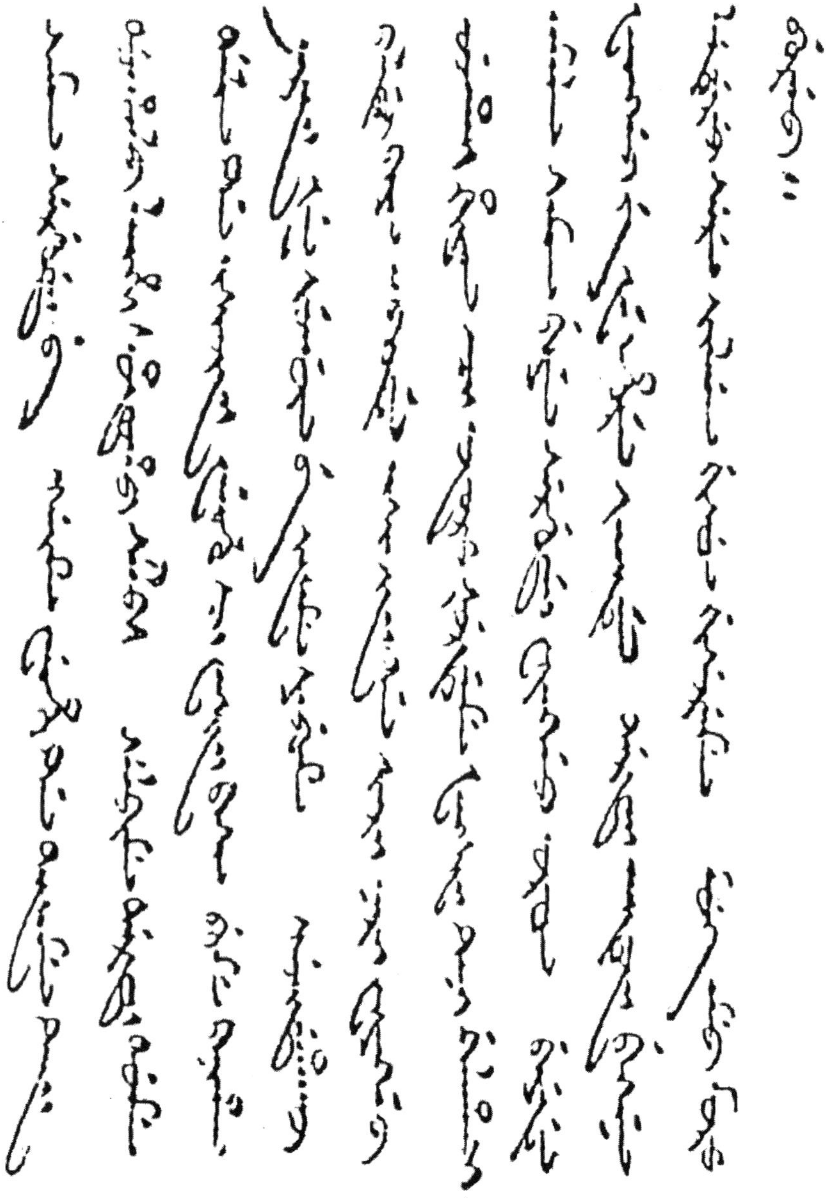

saman sergudai be gaime weihu de tafame tefi doholo laihi hontoho selbi selbime dartai dome dalin de isinjifi weihu ci wasifi basan bume baniha arafi, fe jugūn be jafame yabume goidahakū baldu bayan i boode isinjifi, da jari nari fiyanggo uthai hiyan ci oforo šurdeme fangsifi teni gelahabi. amala saman beye sergudai fiyanggo oron beyede fainggo be feshure jakade dartai aitufi bekene luduru sere jilgan gisun gisureme muke emu moro bureo.

薩滿帶着色爾古岱坐上了獨木舟，瘸子賴皮划着半划子，一會兒渡到河岸，下了獨木舟，給工錢道謝，循着舊路行走不久，來到了巴勒杜·巴彥的家裏，爲首念神歌者納哩·費揚古卽用香燻了鼻子周圍，才醒過來了。後來薩滿自己把魂放入色爾古岱·費揚古的空身裏，一會兒活過來了，以生硬的聲音說話：請給一椀水吧！

萨满带着色尔古岱坐上了独木舟，瘸子赖皮划着半划子，一会儿渡到河岸，下了独木舟，给工钱道谢，循着旧路行走不久，来到了巴勒杜·巴彦的家里，为首念神歌者纳哩·费扬古即用香熏了鼻子周围，才醒过来了。后来萨满自己把魂放入色尔古岱·费扬古的空身里，一会儿活过来了，以生硬的声音说话：请给一椀水吧！

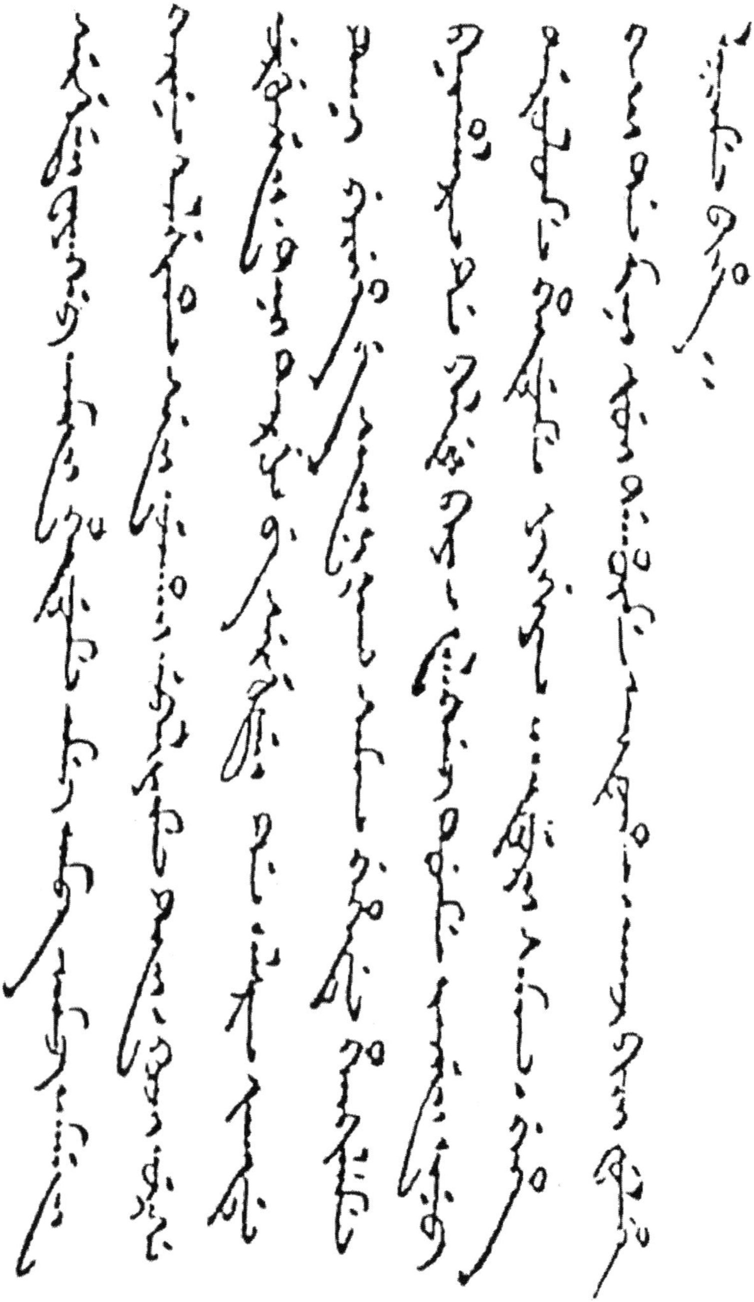

sergudai fiyanggo omifi hendume emu amba amu amgafi kejine tolgiha sefi uthai ubaliyame tefi, booi urse urgunjefi, teni turgun be sergudai de alara jakade teni bucehe be safi nišan saman gehede hengkileme banihalara de baldu bayan falanggo dume injefi inu dorolome hendume yargiyan i enduri saman, gehe kesi de mini jui dahūme aituha, akū bici fulehe lakcame bihe.

色爾古岱・費揚古喝了後說：睡了一大覺，好一會的夢，說完就翻身坐了。家人們非常歡喜，才把緣由告訴色爾古岱，所以才知道死了，向尼山薩滿姐姐叩頭道謝時，巴勒杜・巴彥拍掌笑了，也行禮說：實在是神薩滿，靠姐姐恩典，我的孩子復活過來了，不然就斷根了。

色尔古岱・费扬古喝了后说：睡了一大觉，好一会的梦，说完就翻身坐了。家人们非常欢喜，才把缘由告诉色尔古岱，所以才知道死了，向尼山萨满姐姐叩头道谢时，巴勒杜・巴彦拍掌笑了，也行礼说：实在是神萨满，靠姐姐恩典，我的孩子复活过来了，不然就断根了。

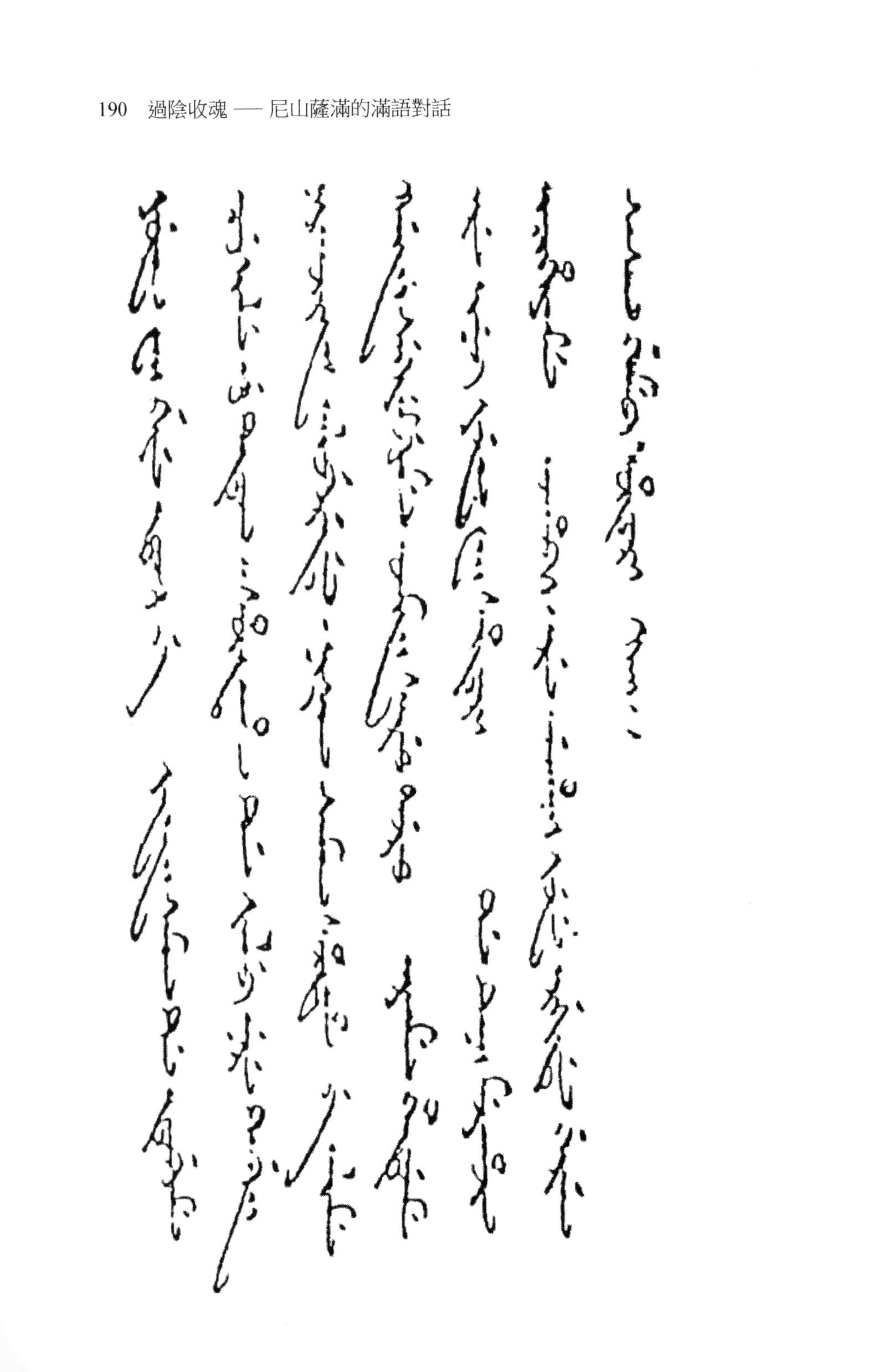

[illegible]

yuwan wai beye etuku be jafafi saman de etubume cusile gu tetun i hūntaha de jalu nure tebufi niyakūrafi aliburede, nišan saman hūntaha be alime gaifi sekiyembume omifi karu doro arame hendume, ere inu yuwan wai hūturi de teni muyahūn icihiyame ohobi, ere uthai juwe ergide geren sasa gemu hūturi kai.

員外拿了自己的衣服給薩滿穿上，在水晶、玉器的盃上盛滿了酒，下跪呈遞時，尼山薩滿接受酒盃喝乾了，回禮說：這也是靠了員外的福才完美處理了，這就是兩方大家一齊都是福啊！

员外拿了自己的衣服给萨满穿上，在水晶、玉器的杯上盛满了酒，下跪呈递时，尼山萨满接受酒杯喝干了，回礼说：这也是靠了员外的福才完美处理了，这就是两方大家一齐都是福啊！

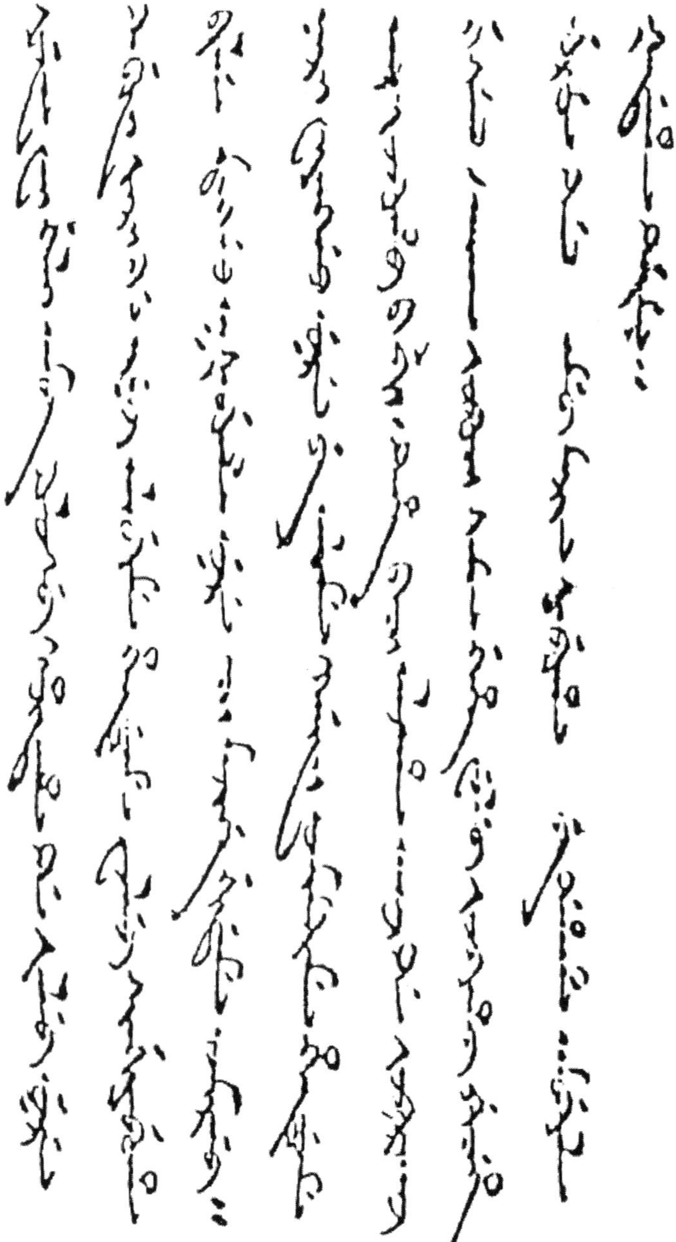

yuwan wai geli amba bolosu hūntaha de jalu nure tebufi jari de inu alibume hendume fulu singiyabuha bilga monggo akšabuha. nure ci majige gidame omireo. nari fiyanggo nure be alime gaifi omimbime hendume ai joboho babi, tehe baci aljaha akū de joborakū gese aika joboci saman gehe fulu joboho bucehe gurun de emu marin yabuha be dahame ambula šadaha dere.

員外又在大玻璃盃上盛滿了酒，也呈給唱神歌的人，說：多酸痛了，咽喉、脖項哈辣了，請喝酒稍微壓一壓吧！唱神歌的人接受了酒，喝着說：有什麼辛苦之處？沒離開坐位，似乎不辛苦，若說辛苦時，薩滿姐姐辛苦多了。既然到死國走了一遭回來，太疲乏了吧！

员外又在大玻璃杯上盛满了酒，也呈给唱神歌的人，说：多酸痛了，咽喉、脖项哈辣了，请喝酒稍微压一压吧！唱神歌的人接受了酒，喝着说：有什么辛苦之处？没离开坐位，似乎不辛苦，若说辛苦时，萨满姐姐辛苦多了。既然到死国走了一遭回来，太疲乏了吧！

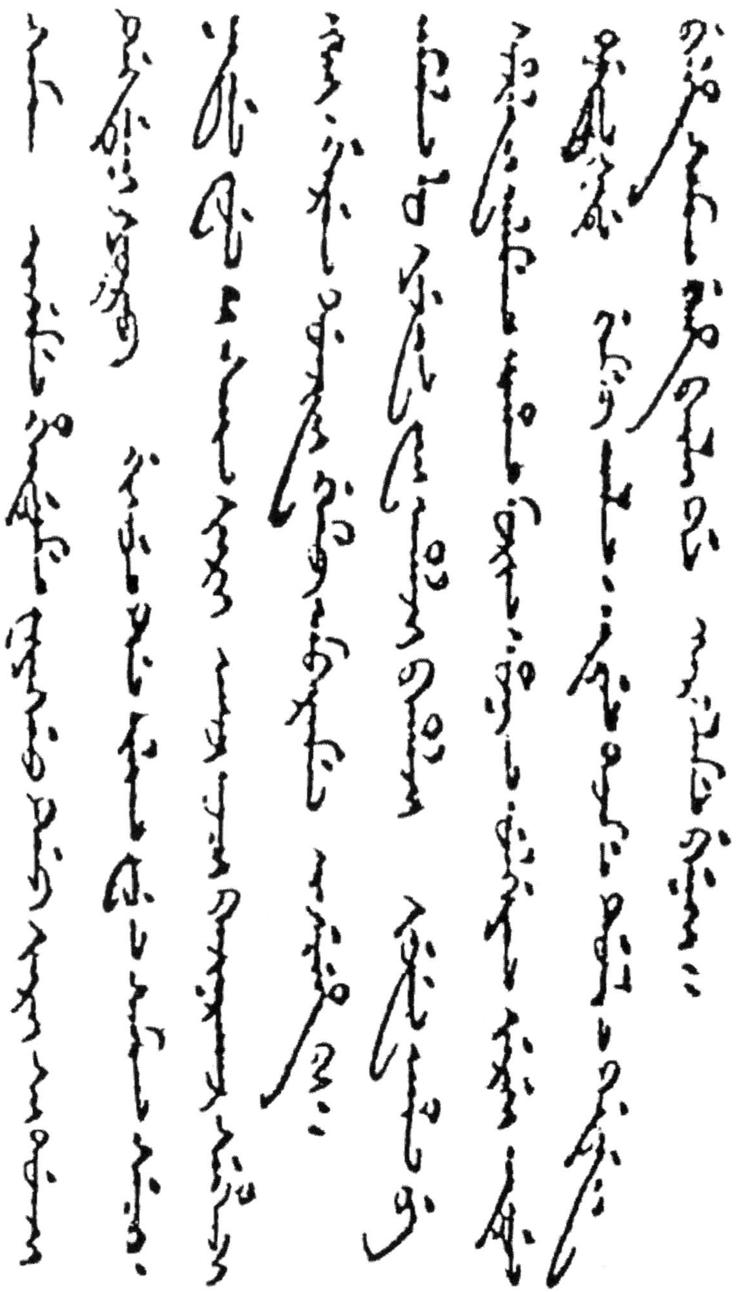

saman injeme hendume fiyanggo deo jari si donji dekdeni yoro gisun de ilan fun saman seci, nadan fun i sain jari akū oci banjinarakū sehebi kai, geren donjifi gemu ambarame injecehe bi. amala lo yuwan wai ahalji bahalji juwe aha be hūlafi alame ihan morin honin ulgiyan jergi adun data sade gemu ala, adun tome dulin dendefi belhe saman gehe baili de karulame beneki.

薩滿笑着說：費揚古弟唱神歌的人你聽着，常言道，若說三分薩滿，則七分若無良好唱神歌的人就不成啊！衆人聽了都大笑了。後來老員外喚了阿哈勒濟、巴哈勒濟兩個奴僕告訴說：向牛、馬、羊、猪等各牧長們都告訴他們，每群分一半送去給薩滿姐姐，以報答恩情。

萨满笑着说：费扬古弟唱神歌的人你听着，常言道，若说三分萨满，则七分若无良好唱神歌的人就不成啊！众人听了都大笑了。后来老员外唤了阿哈勒济、巴哈勒济两个奴仆告诉说：向牛、马、羊、猪等各牧长们都告诉他们，每群分一半送去给萨满姐姐，以报答恩情。

滿族薩滿迎神模樣

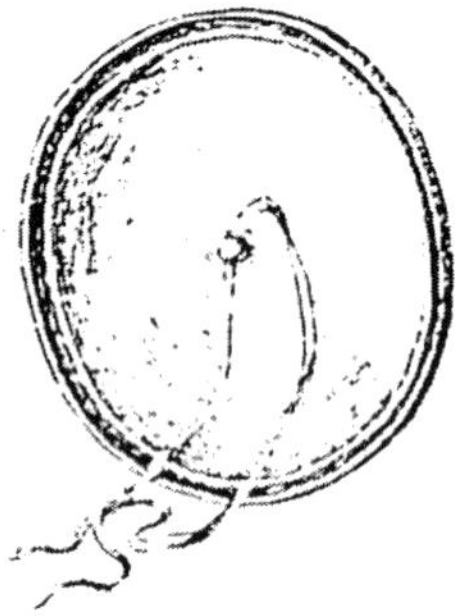

薩滿護心鏡

十八、助貧濟困

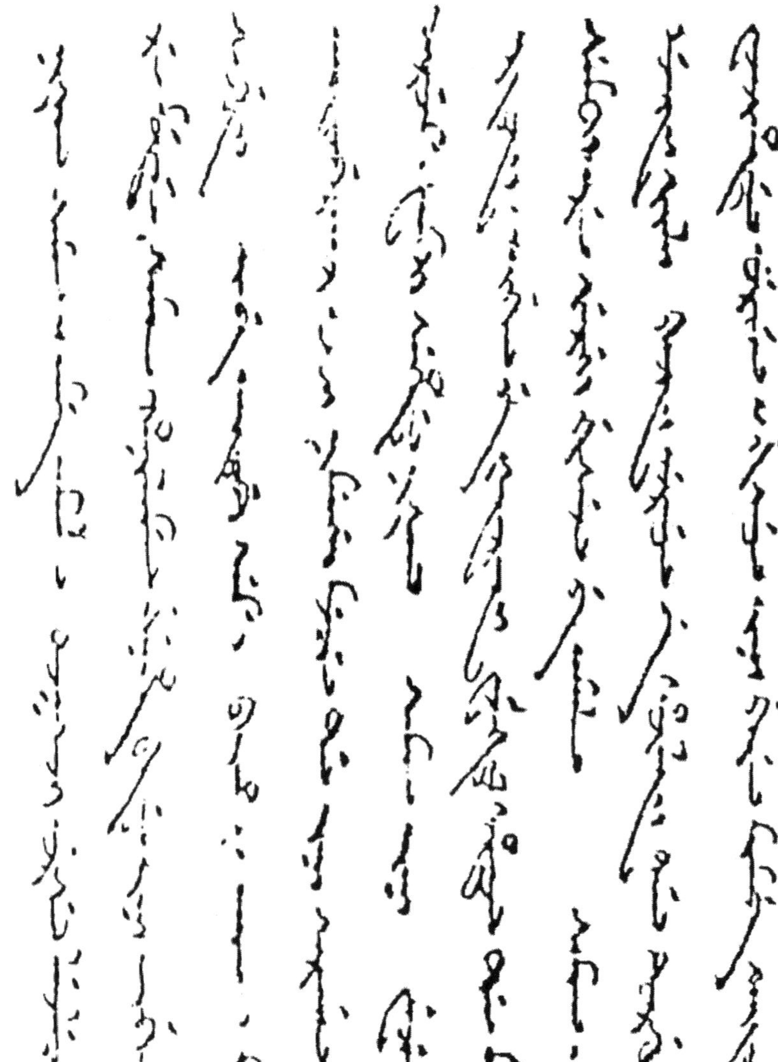

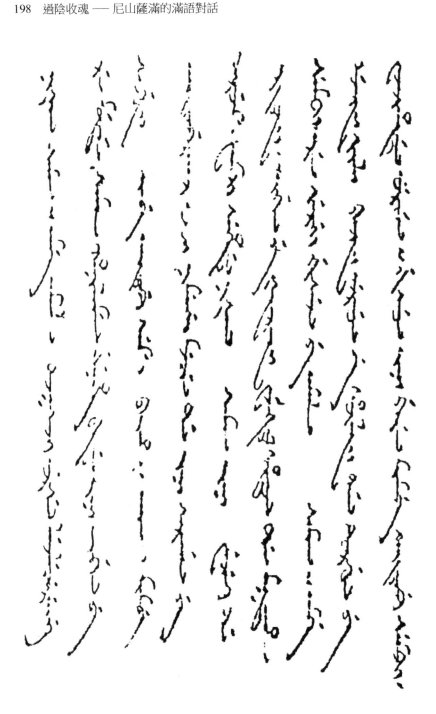

nišan saman i emge amala toksoi urse leolecerengge ere mudan saman hanilame genehe bade ini eigen be sabufi ibe aitubu seme baiha, aika mimbe aituburakū oci nimenggi mucen de ini sargan be carume wambi sehede nišan saman ini weceku de ertufi, eigen be šoforofi fungtu hoton de maktaha sembi, ere jergi gisun be amala saman i emge donjifi jili banjifi urun be hūlafi da turgun be fonjihade urun i gisun ini beye mimbe aitubu sembi.

尼山薩滿的婆婆後來聽到村莊的衆人談論這次薩滿同路所往的地方看見了他的丈夫，請求救活他，說：若是不救活我時，要在油鍋上烹殺他的妻子。尼山薩滿倚靠了他的神祇，抓了夫婿拋到酆都城等語。後來薩滿的婆婆聽到了這些話，生了氣，喚媳婦問了本來緣由時，媳婦說：他自己說救活我。

尼山萨满的婆婆后来听到村庄的众人谈论这次萨满同路所往的地方看见了他的丈夫，请求救活他，说：若是不救活我时，要在油锅上烹杀他的妻子。尼山萨满倚靠了他的神只，抓了夫婿抛到酆都城等语。后来萨满的婆婆听到了这些话，生了气，唤媳妇问了本来缘由时，媳妇说：他自己说救活我。

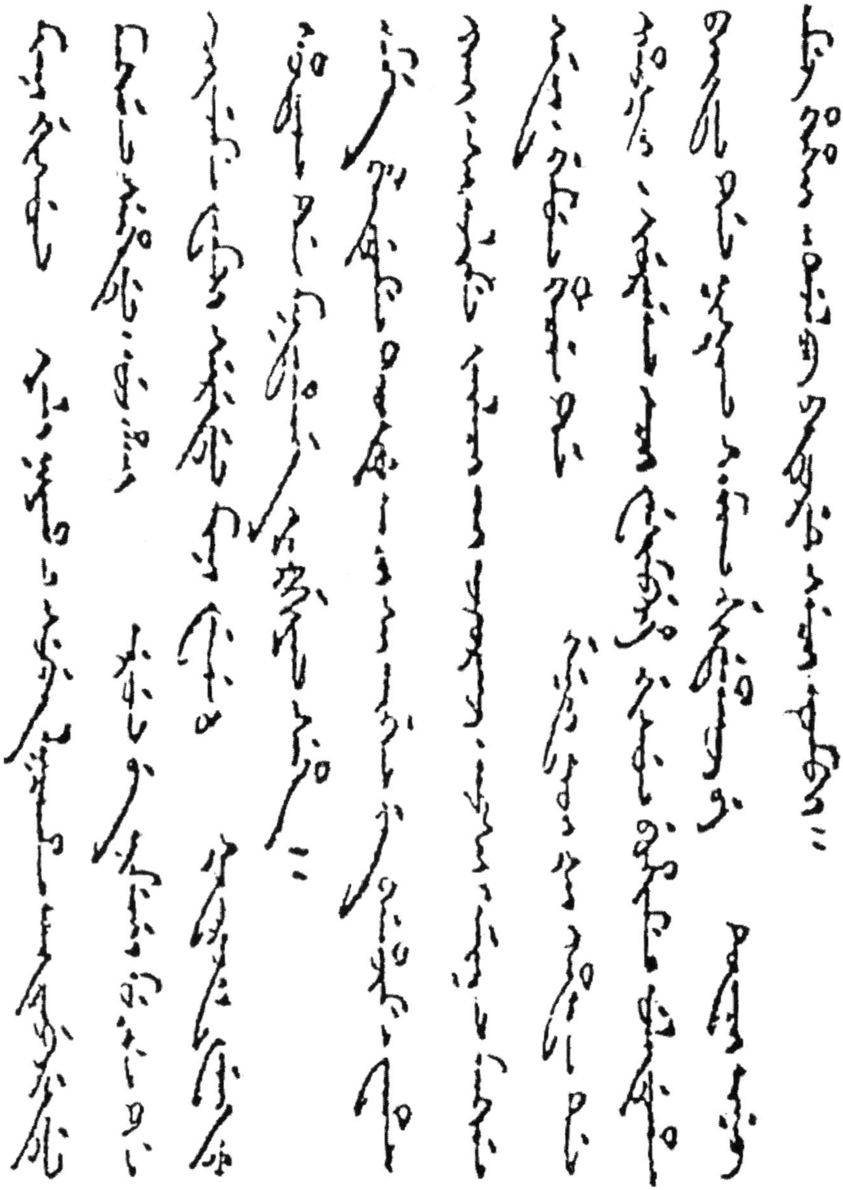

mini gisun yali niyaha sube lakcaha aituburede mangga sehede, uthai urun be nimenggi mucen de carume wambi serede mini weceku šoforofi fungtu hoton de maktahangge yargiyan sehe.
emge hendume tuttu oci si eigen be dahūme waha kai, si olime jailaci ai ojorakū, absi gūnin mangga sefi, gemun hecen de genefi ioi ši hafan de habšafi, jurgan ci wesimbuhe gisun buhime uladuha baita de nišan saman gidahakū be tuwaci inu emu hehei i dolo baturu seci ombi.

我說：肉腐爛了，筋斷了，難於救活；就要把媳婦在油鍋上烹殺，我的神祇抓了拋到酆都城者是實。
婆婆說：那樣你再度殺了夫婿啊！你若躲避有何不可？心多麼硬！說後到京城去向御史官告狀。部院奏稱，傳說的事情，尼山薩滿不加隱瞞，看來也可說是女流中一勇者。

我说：肉腐烂了，筋断了，难于救活；就要把媳妇在油锅上烹杀，我的神只抓了抛到酆都城者是实。
婆婆说：那样你再度杀了夫婿啊！你若躲避有何不可？心多么硬！说后到京城去向御史官告状。部院奏称，传说的事情，尼山萨满不加隐瞒，看来也可说是女流中一勇者。

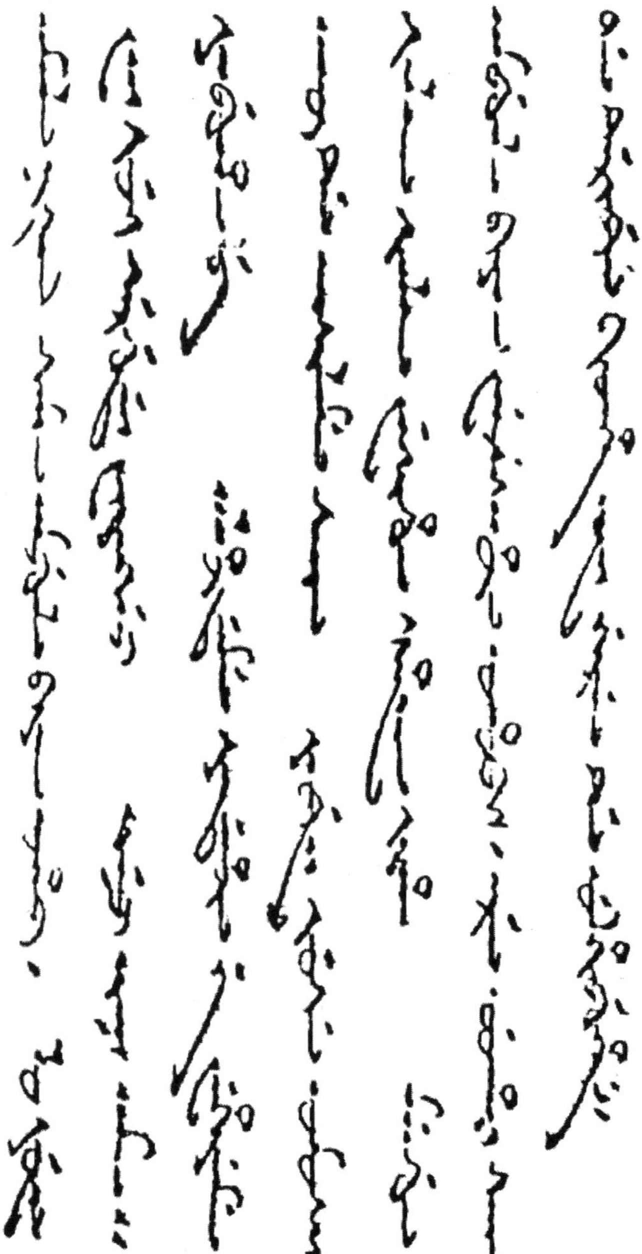

amala nišan saman ambula bayan oho, lo yuwan wai jui sergudai fiyanggo inu ini ama i yabuha be alhūdame yadahūn be wehiyeme akū de aisilame sain yabufi juse omosi jalan jalan wesihun hafan jiha menggun ambula bayan wenjeshūn ohobi, ere uthai sain da deribun bithe ofi geren de ulhibuhe.

從此以後，尼山薩滿很富裕了，老員外的兒子色爾古岱·費揚古也效法他父親的行事，助貧濟困以行善事，子孫世代當了高官，銀錢很多，極爲富裕。因爲這就是原始善書，所以讓世人知曉。

从此以后，尼山萨满很富裕了，老员外的儿子色尔古岱·费扬古也效法他父亲的行事，助贫济困以行善事，子孙世代当了高官，银钱很多，极为富裕。因为这就是原始善书，所以让世人知晓。

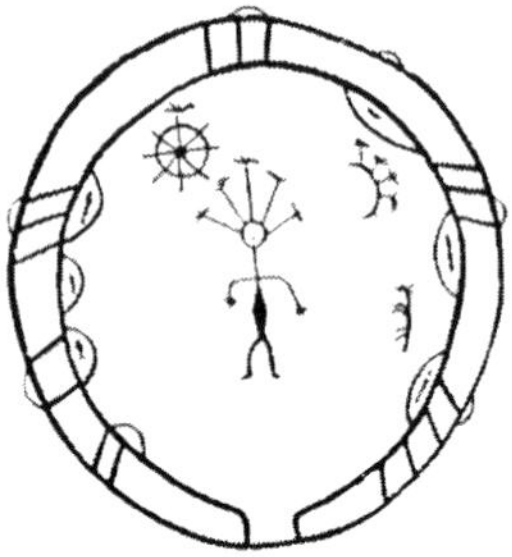

葉尼塞薩滿神鼓鼓面

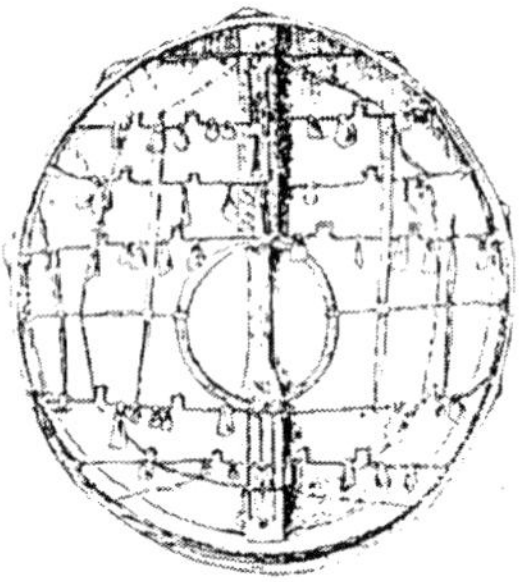

葉尼塞薩滿神鼓鼓背

附錄一　圖　版

圖 版

葉尼塞薩滿鹿角神帽

通古斯薩滿鹿角神帽

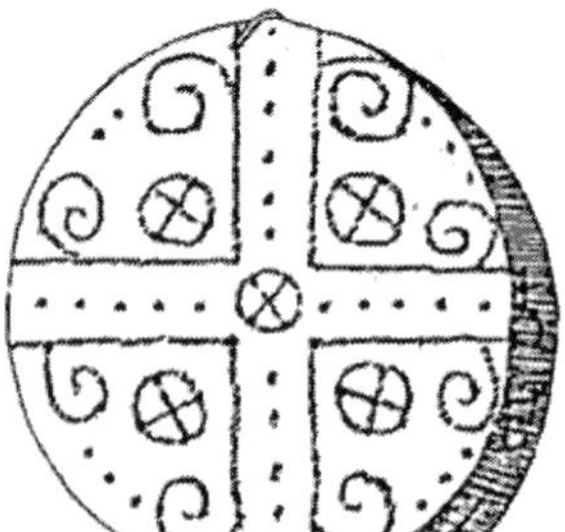

阿爾泰薩滿神鼓鼓面

阿爾泰薩滿神鼓鼓背

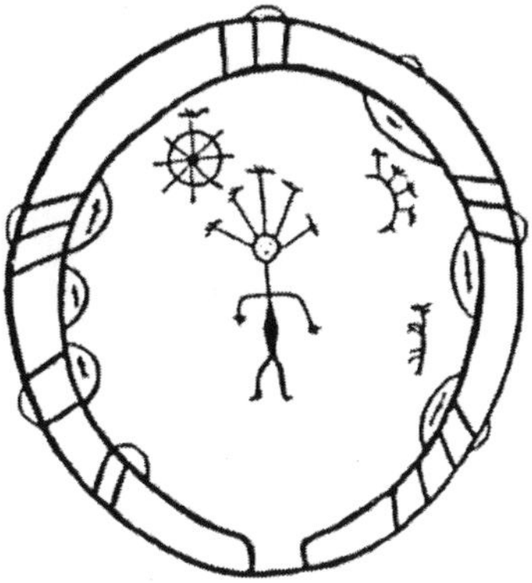

葉尼塞薩滿神鼓鼓面

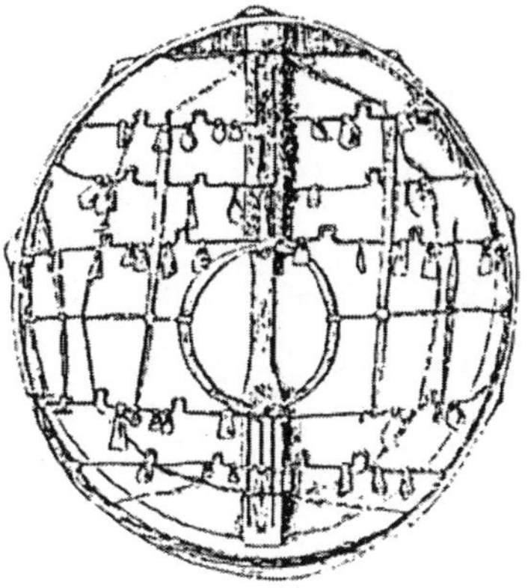

葉尼塞薩滿神鼓鼓背

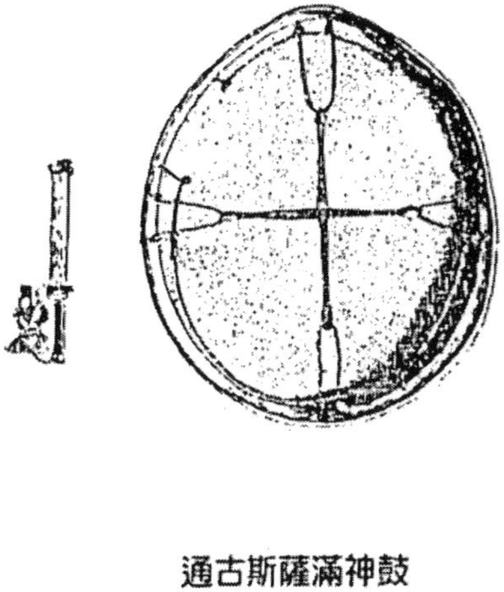

通古斯薩滿神鼓

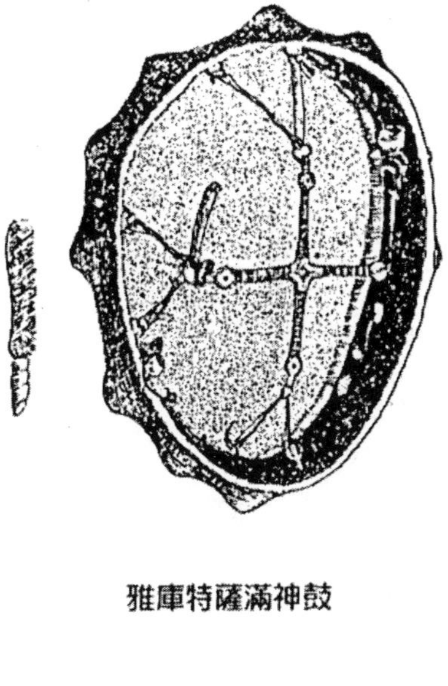

雅庫特薩滿神鼓

薩滿護背鏡

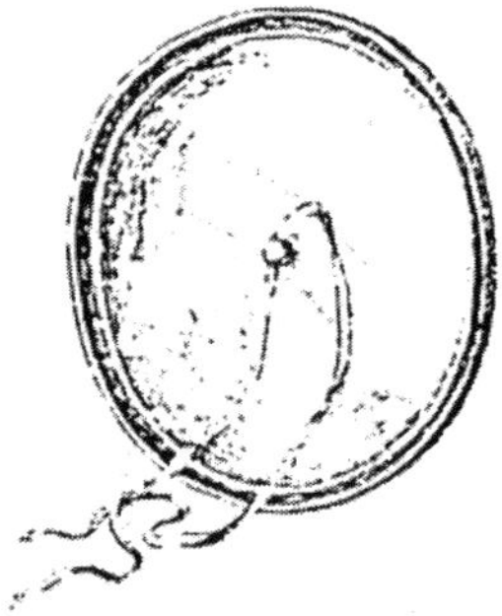

薩滿護心鏡

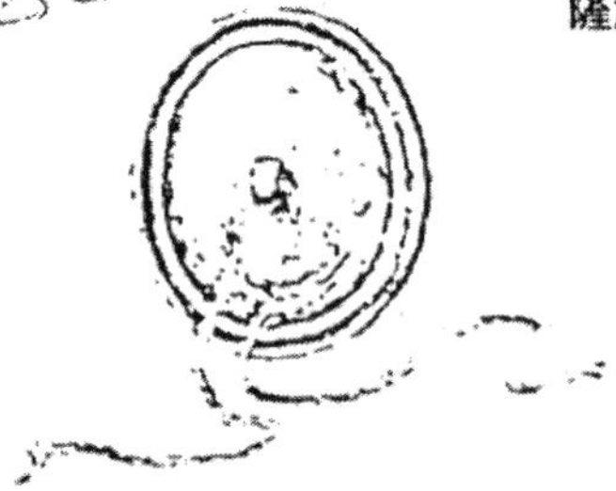

薩滿護頭鏡

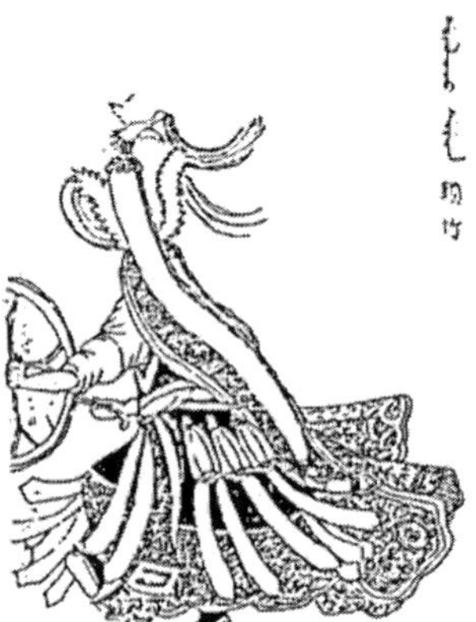

滿族薩滿行禮模樣

滿族薩滿請神模樣

滿族薩滿迎神模樣

滿族薩滿跳老虎神模樣

滿族薩滿跳老虎神模樣

滿族薩滿跳神模樣

滿族薩滿跳舞模樣

滿族薩滿耍鼓模樣

滿族薩滿耍鼓模樣

滿族女薩滿跳舞模樣

附錄二

海參崴本《尼山薩滿傳》滿文手稿

海參崴本《尼山薩滿傳》滿文手稿

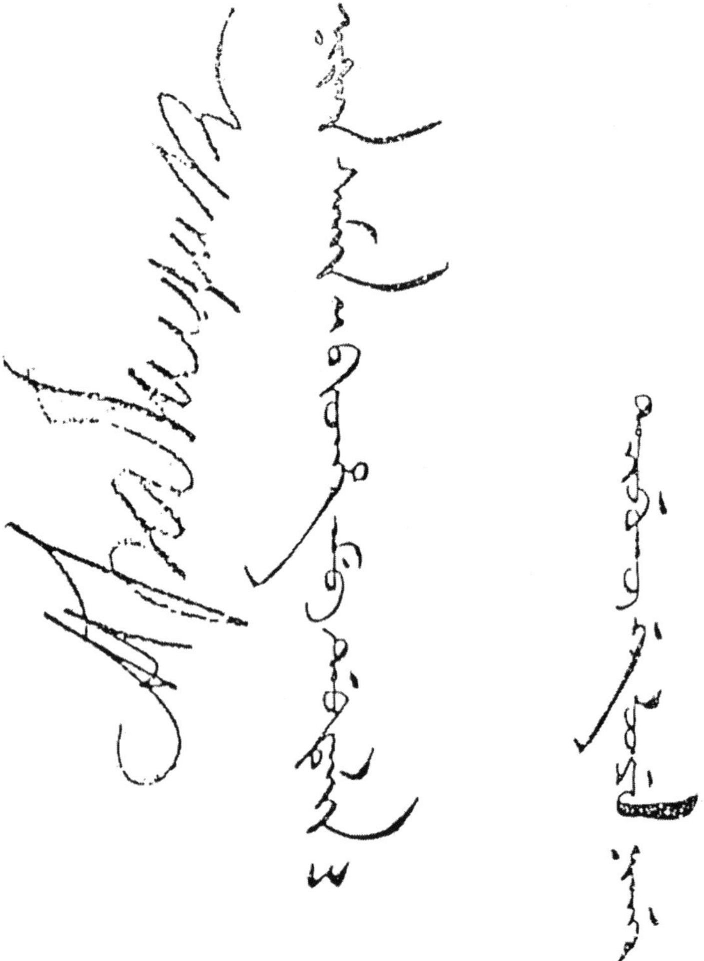

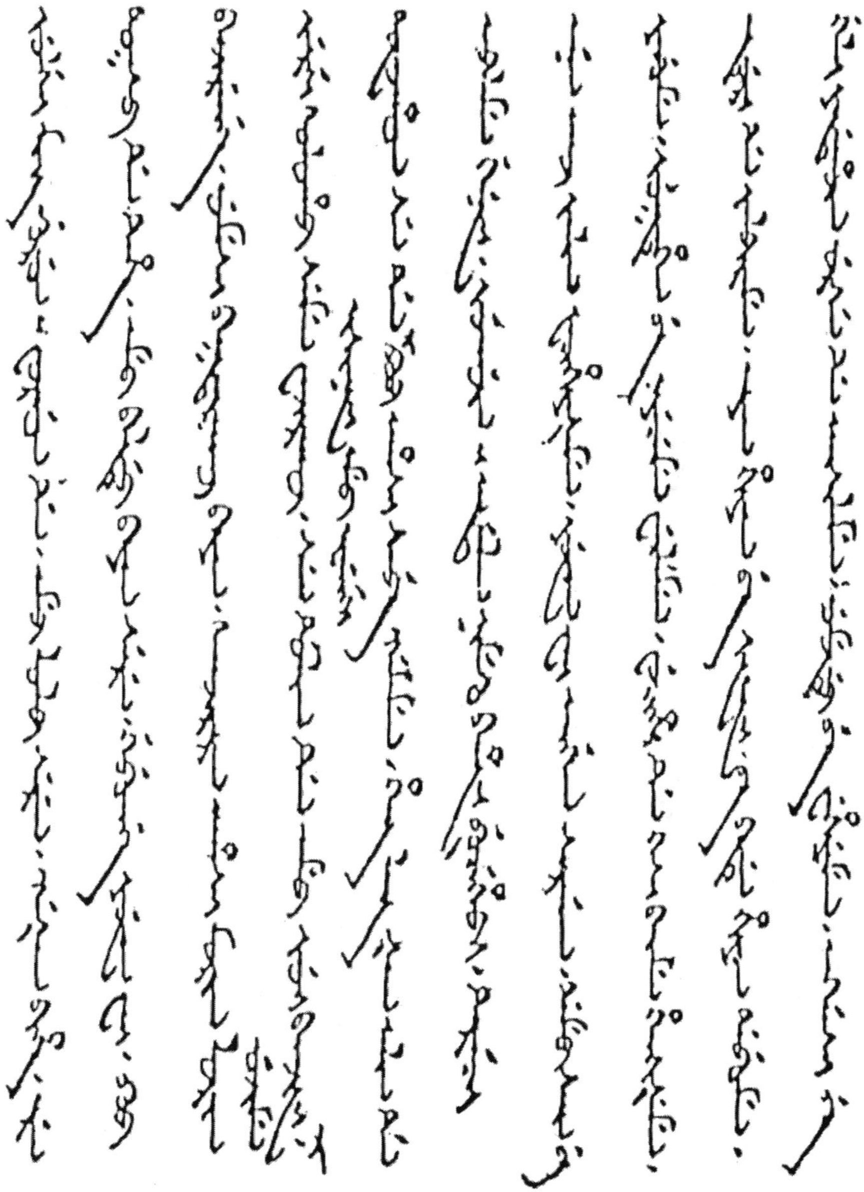

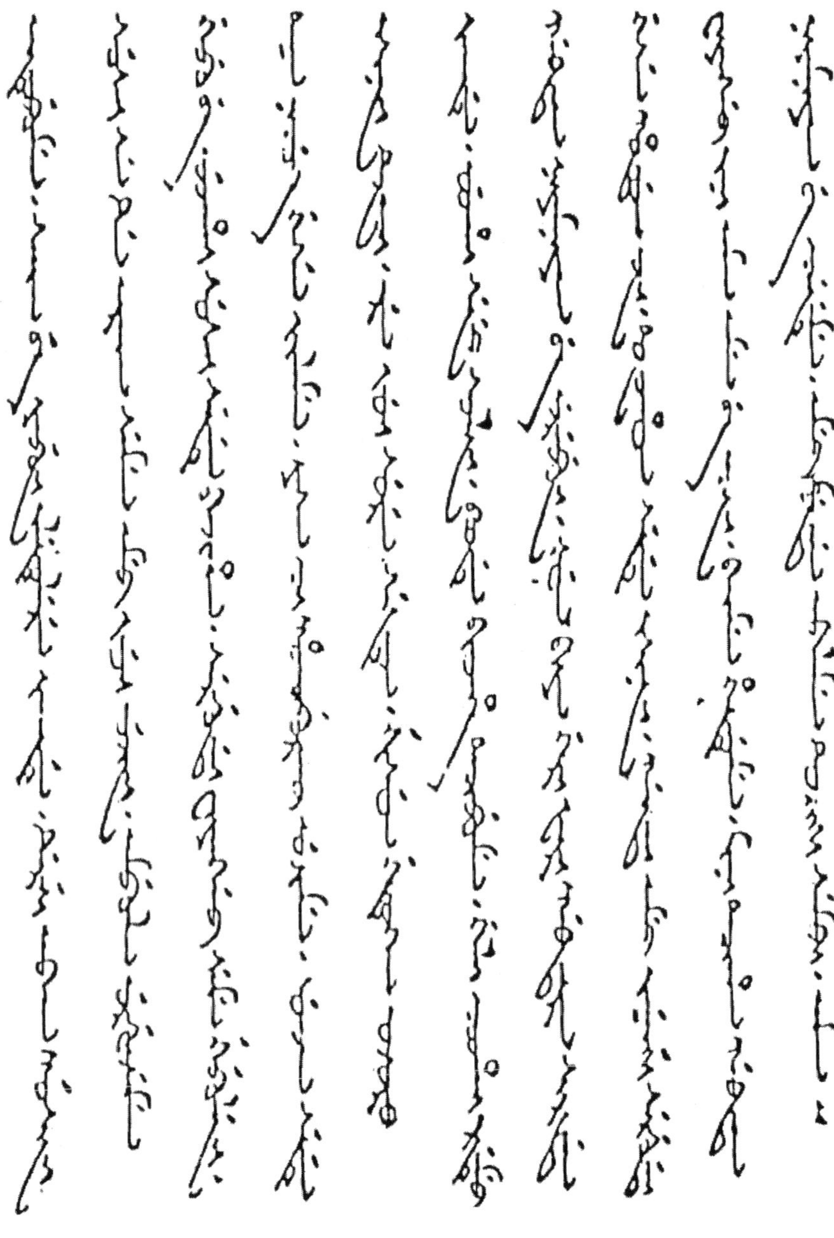

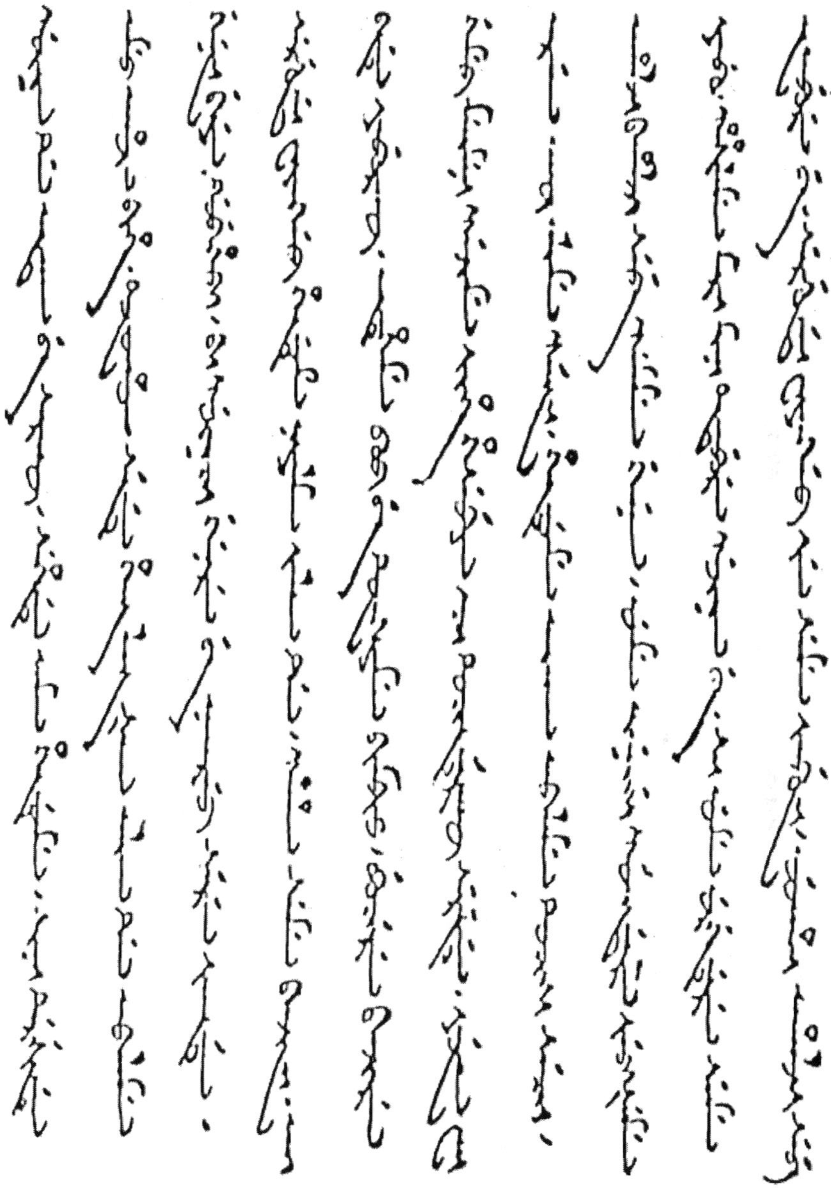

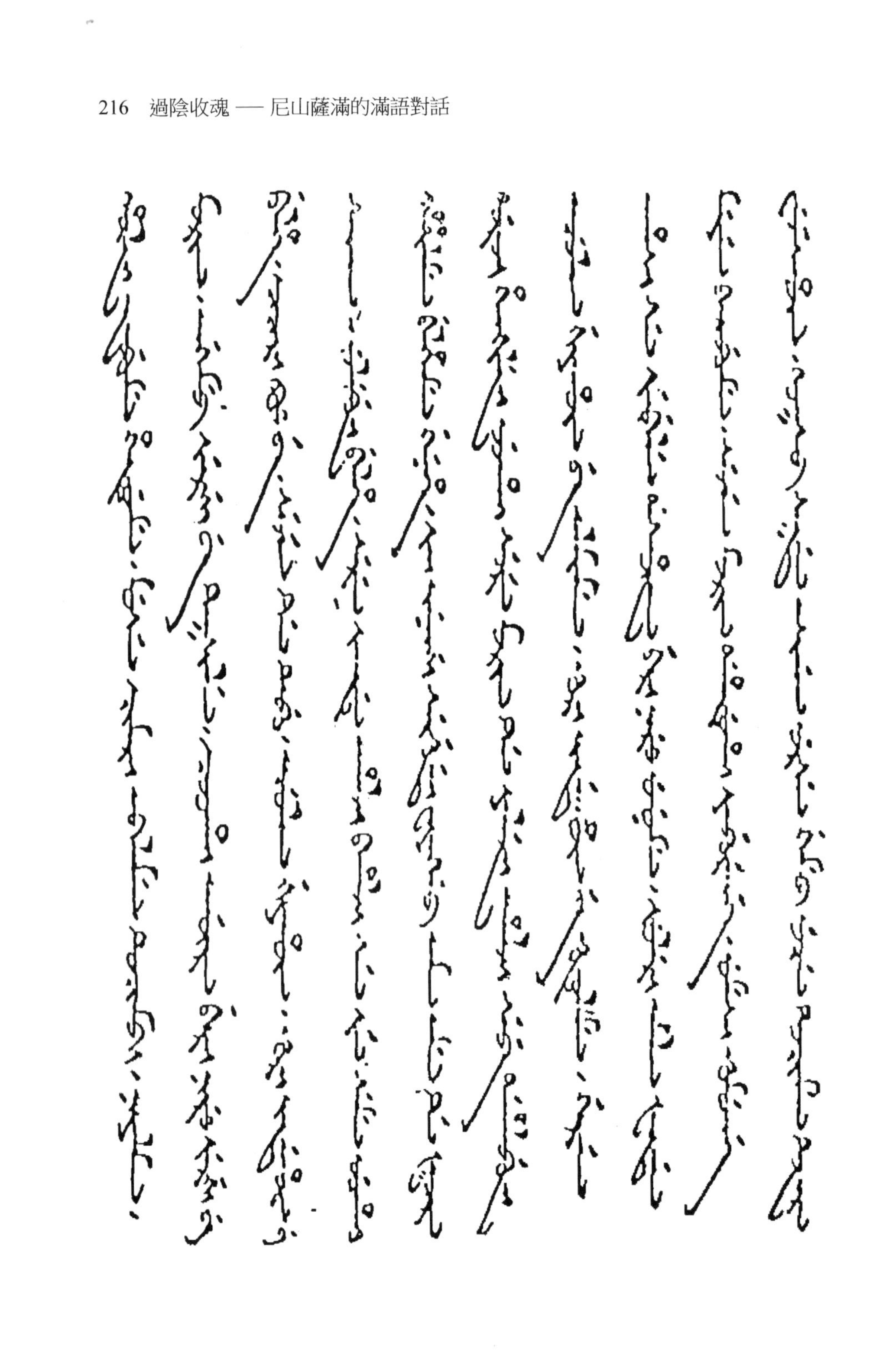

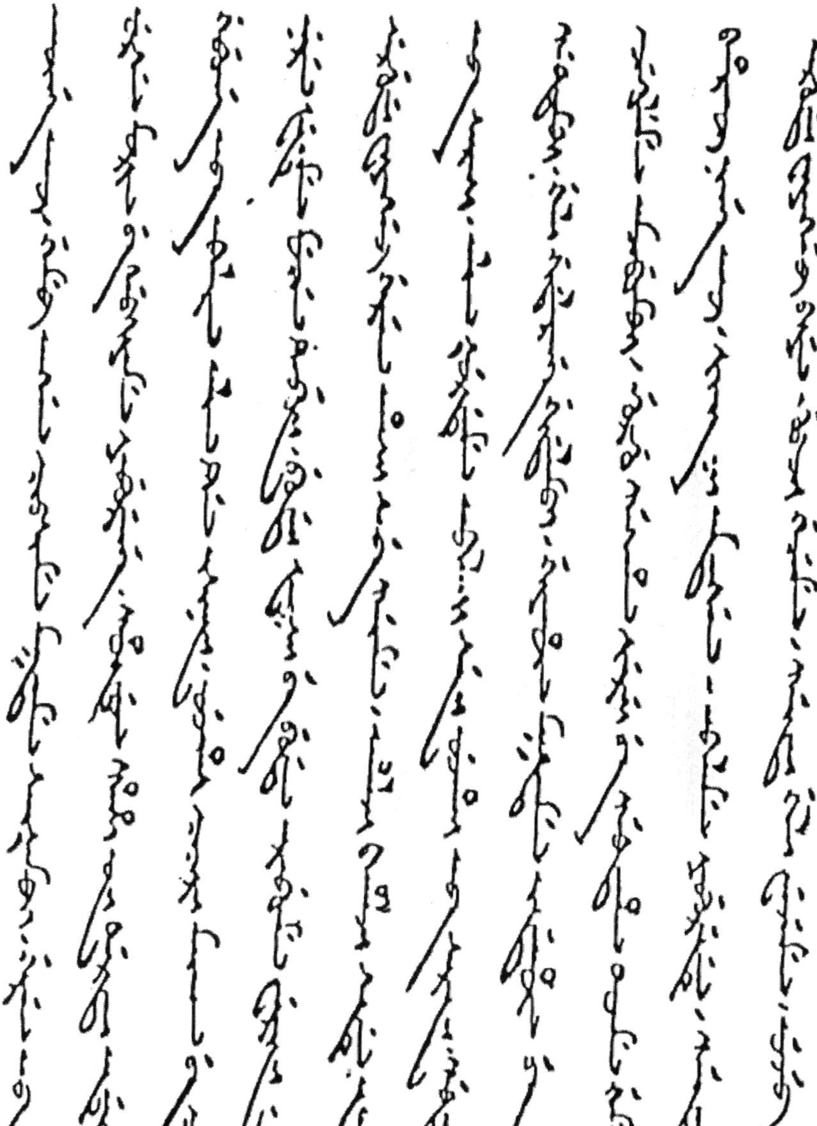

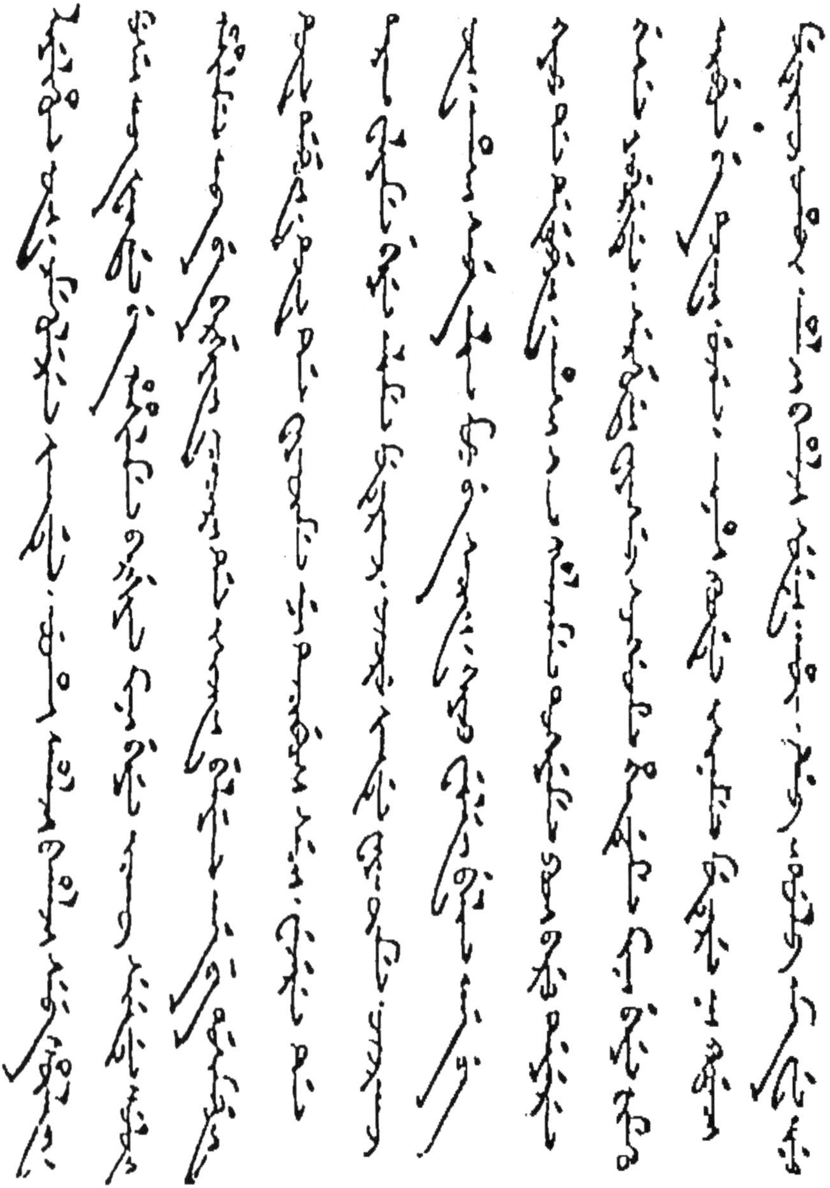

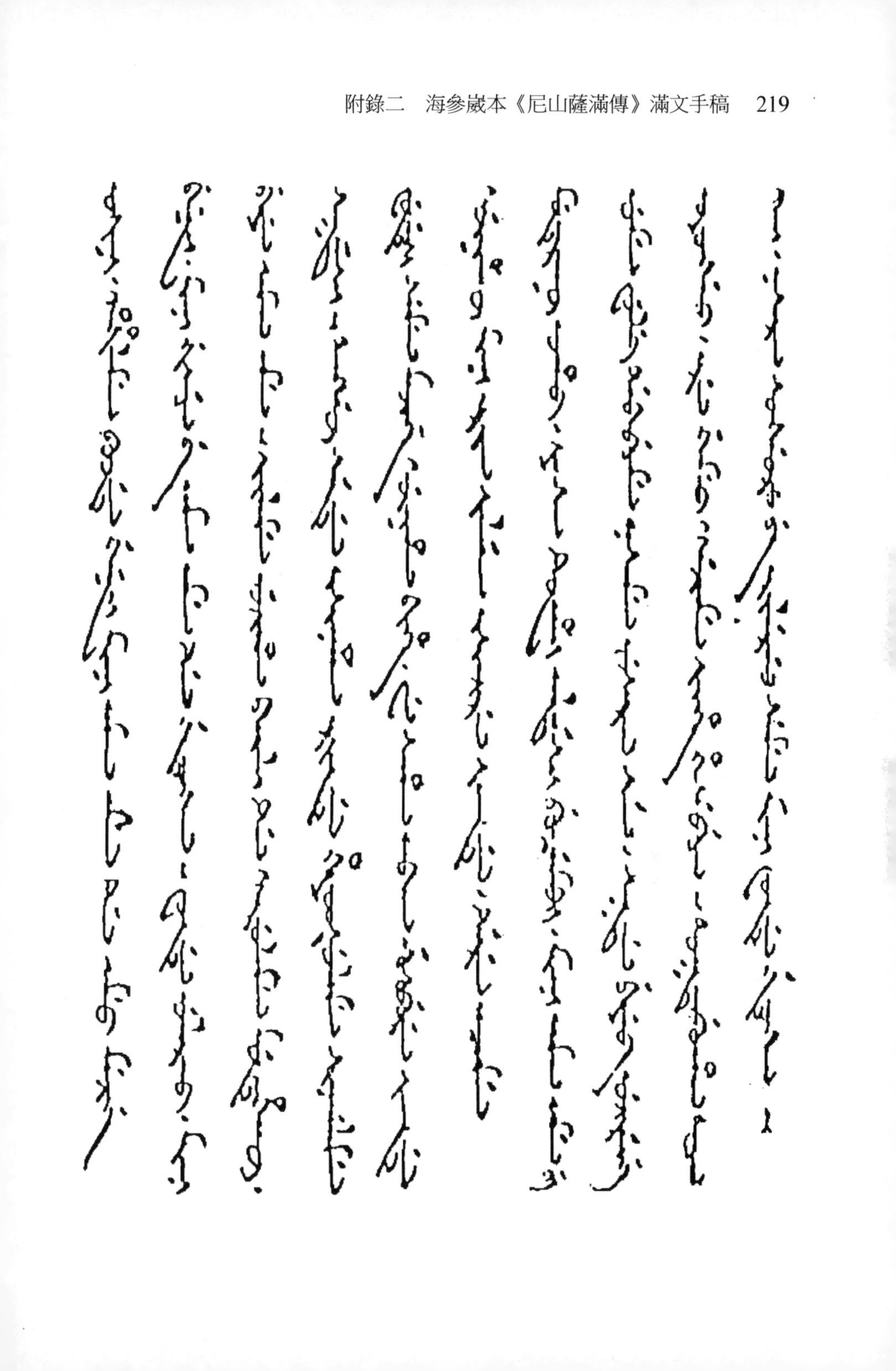

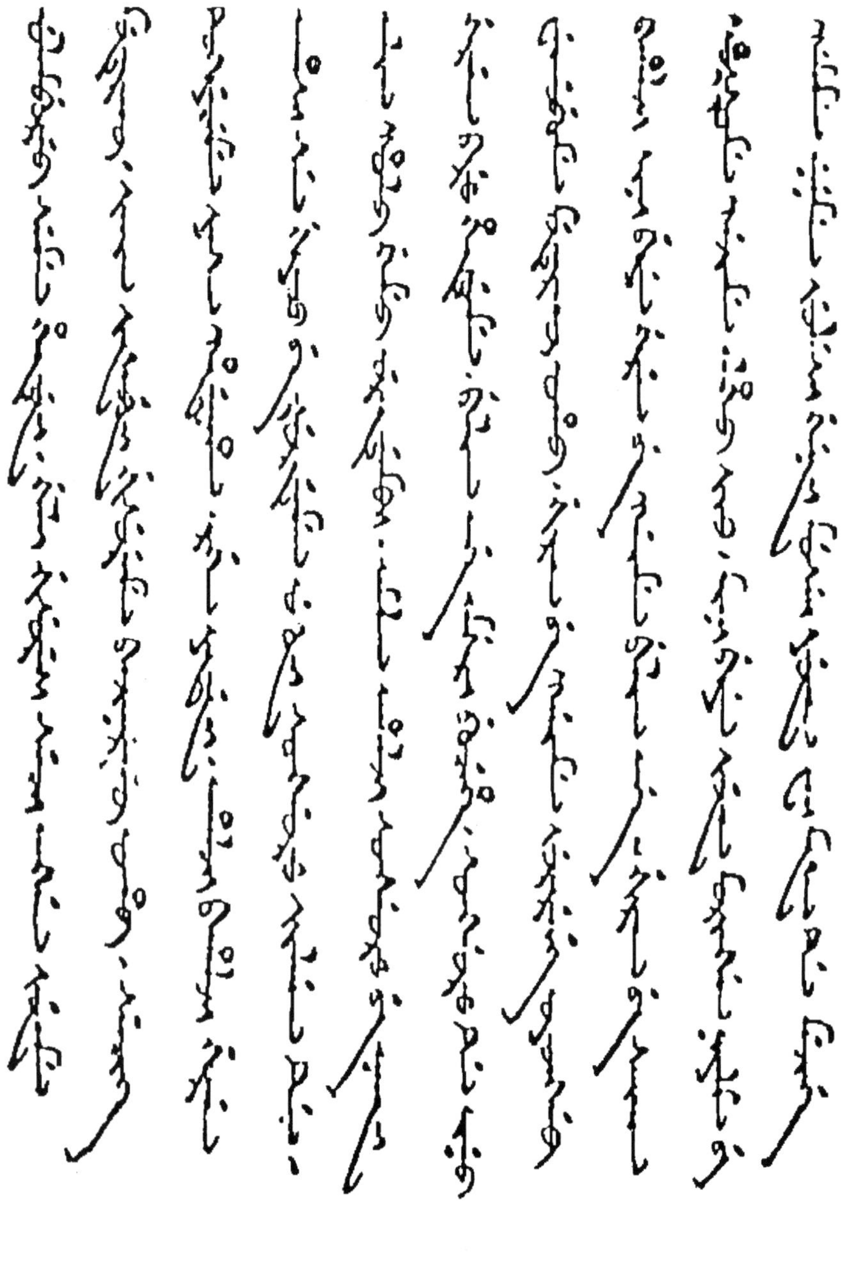

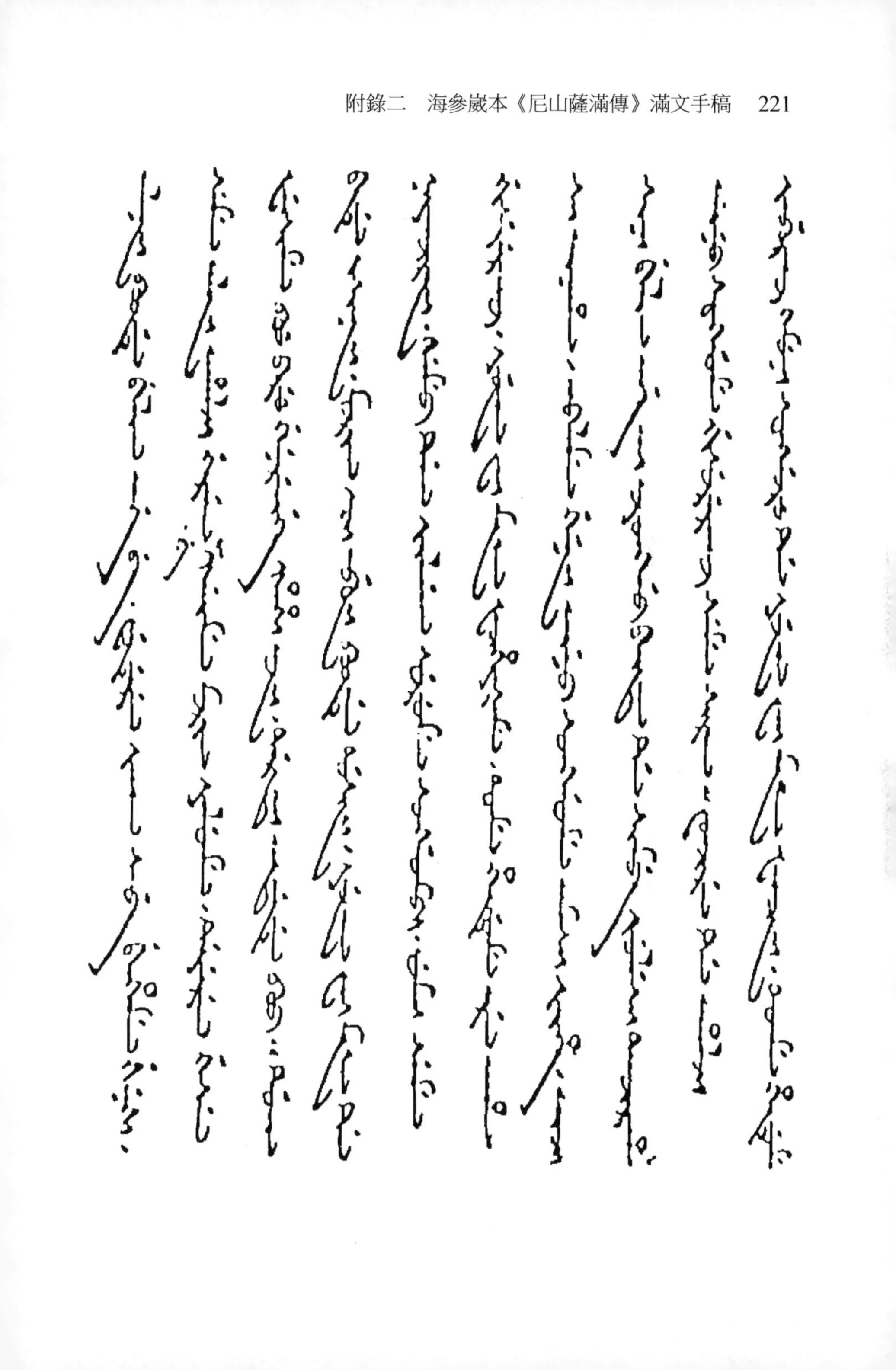

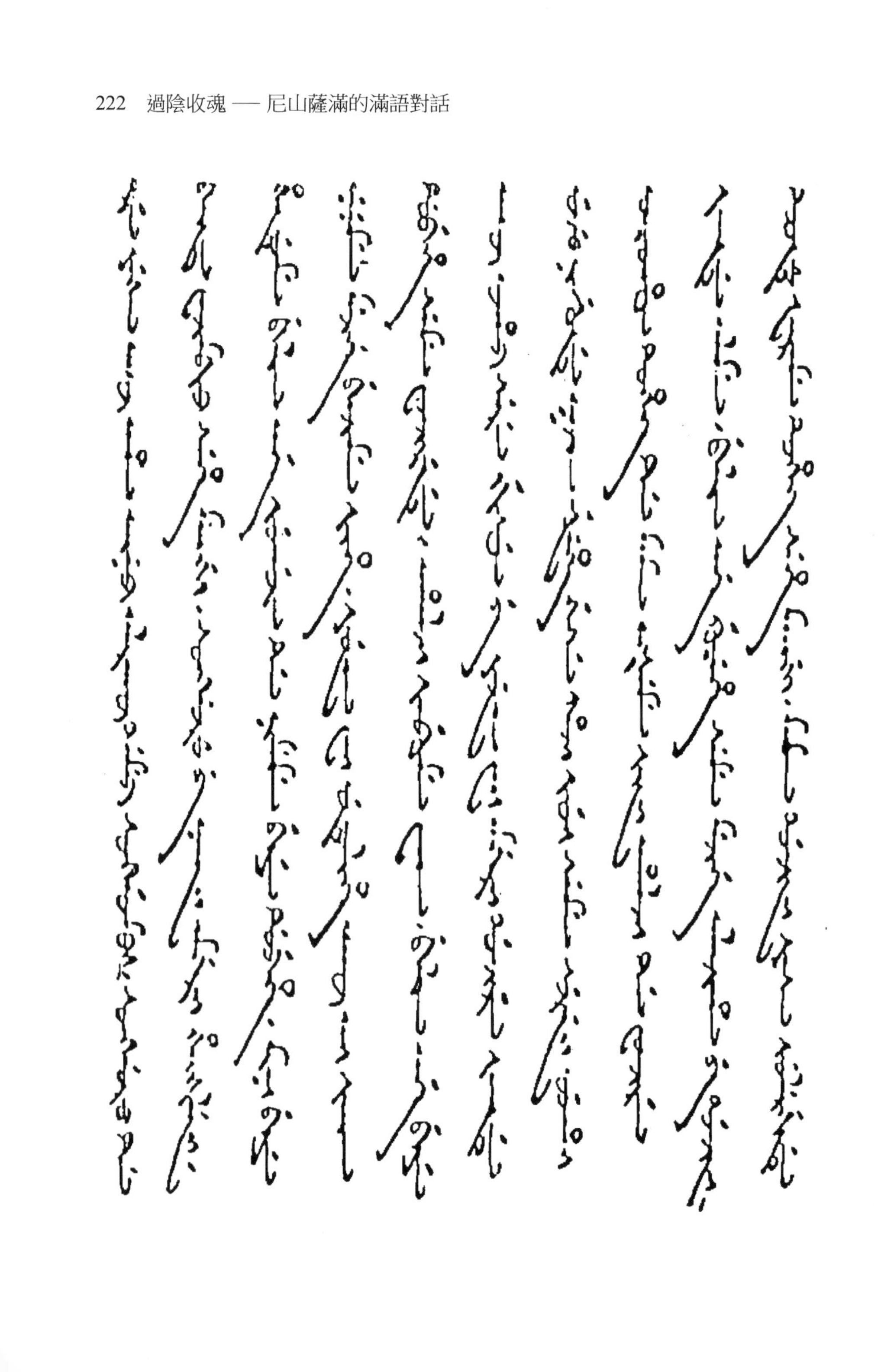

[illegible]

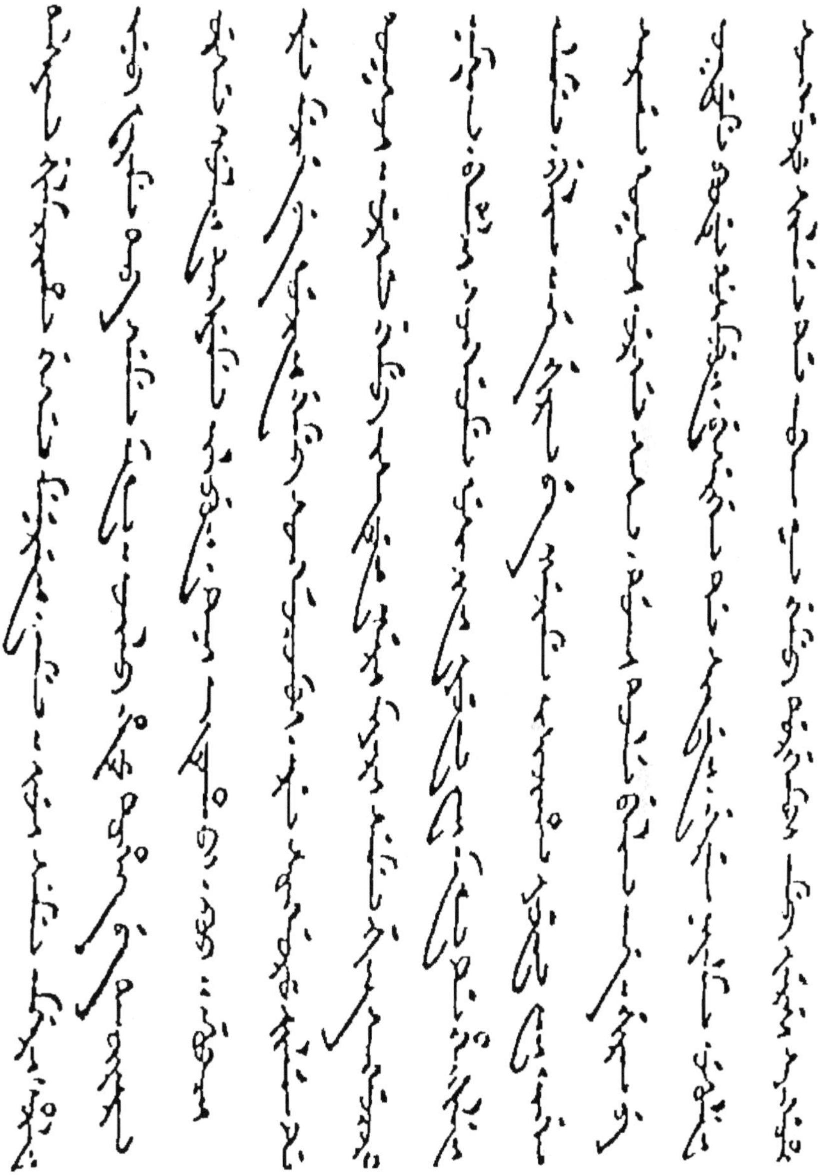

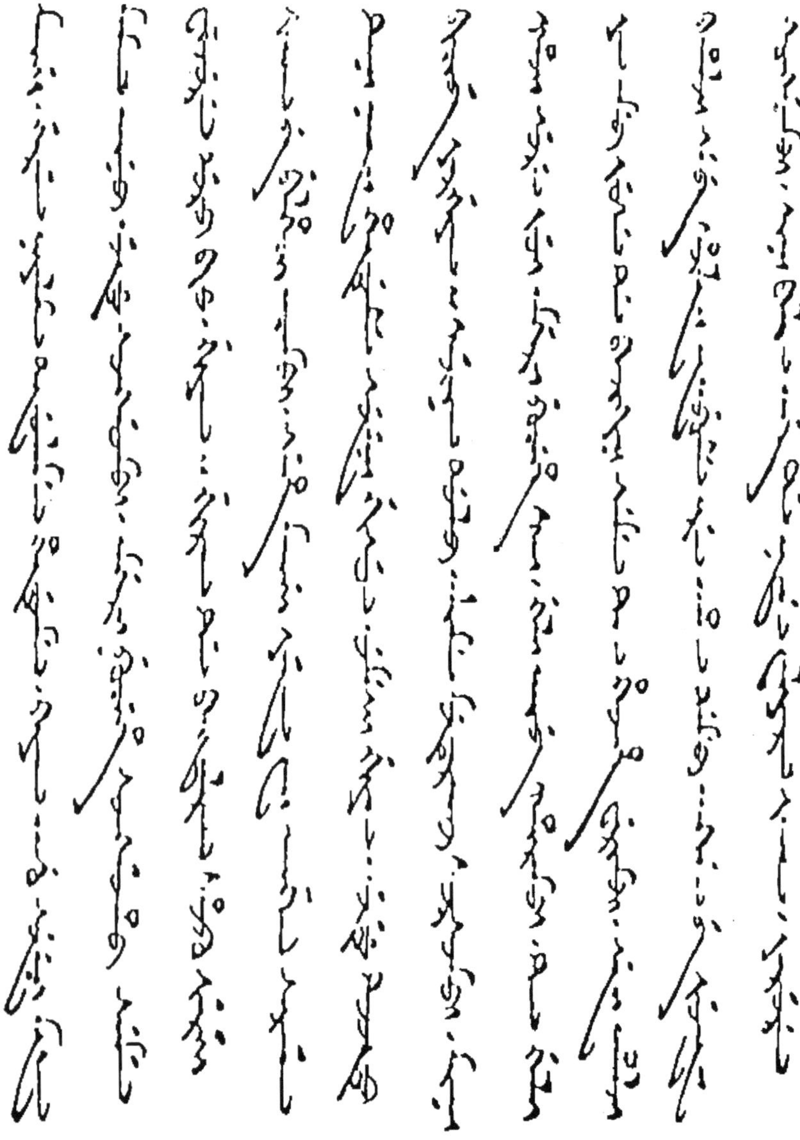

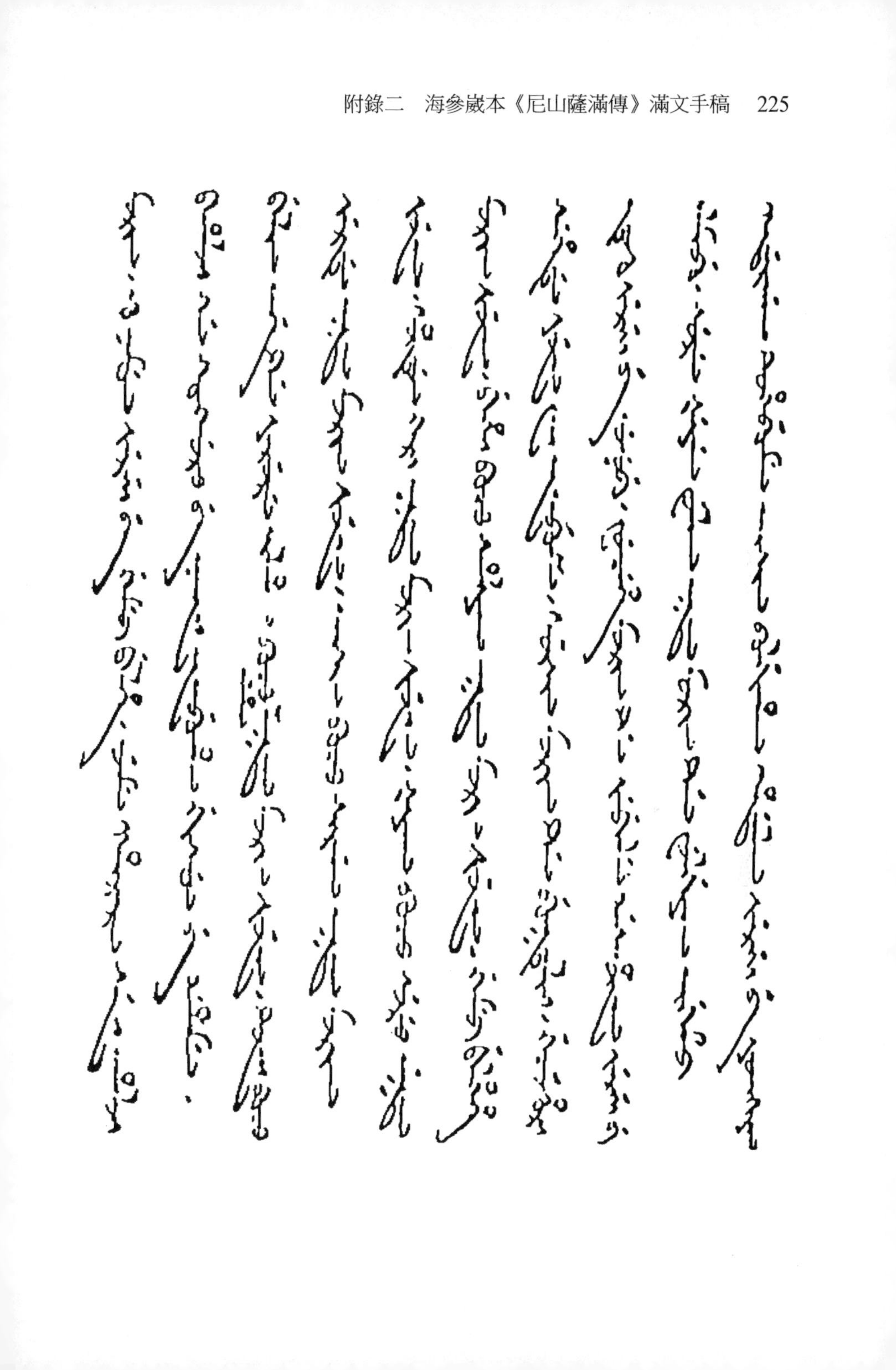

[illegible]

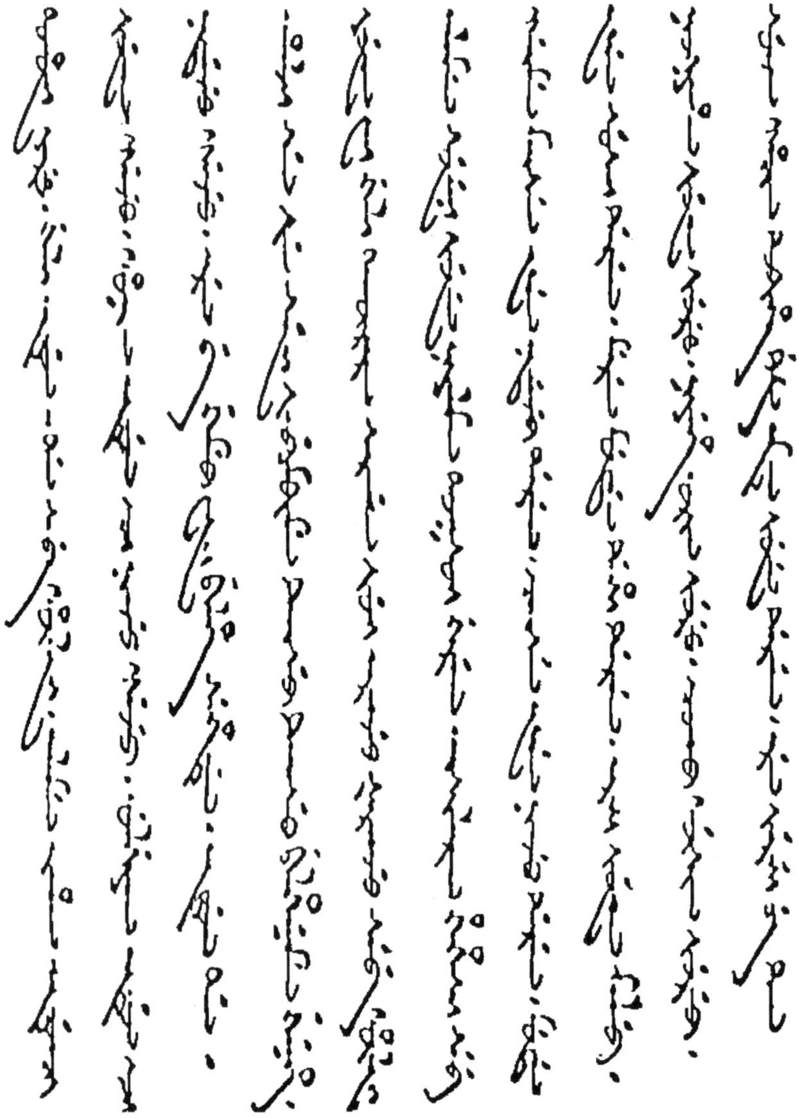

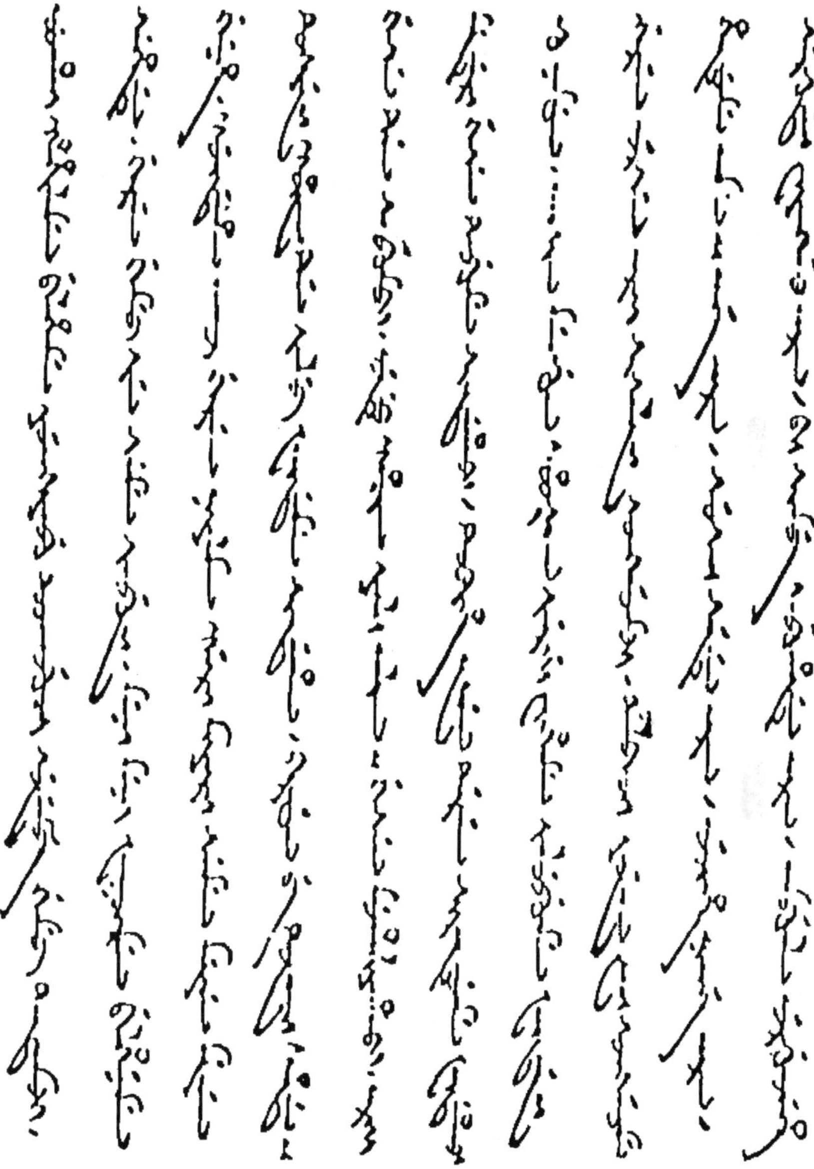

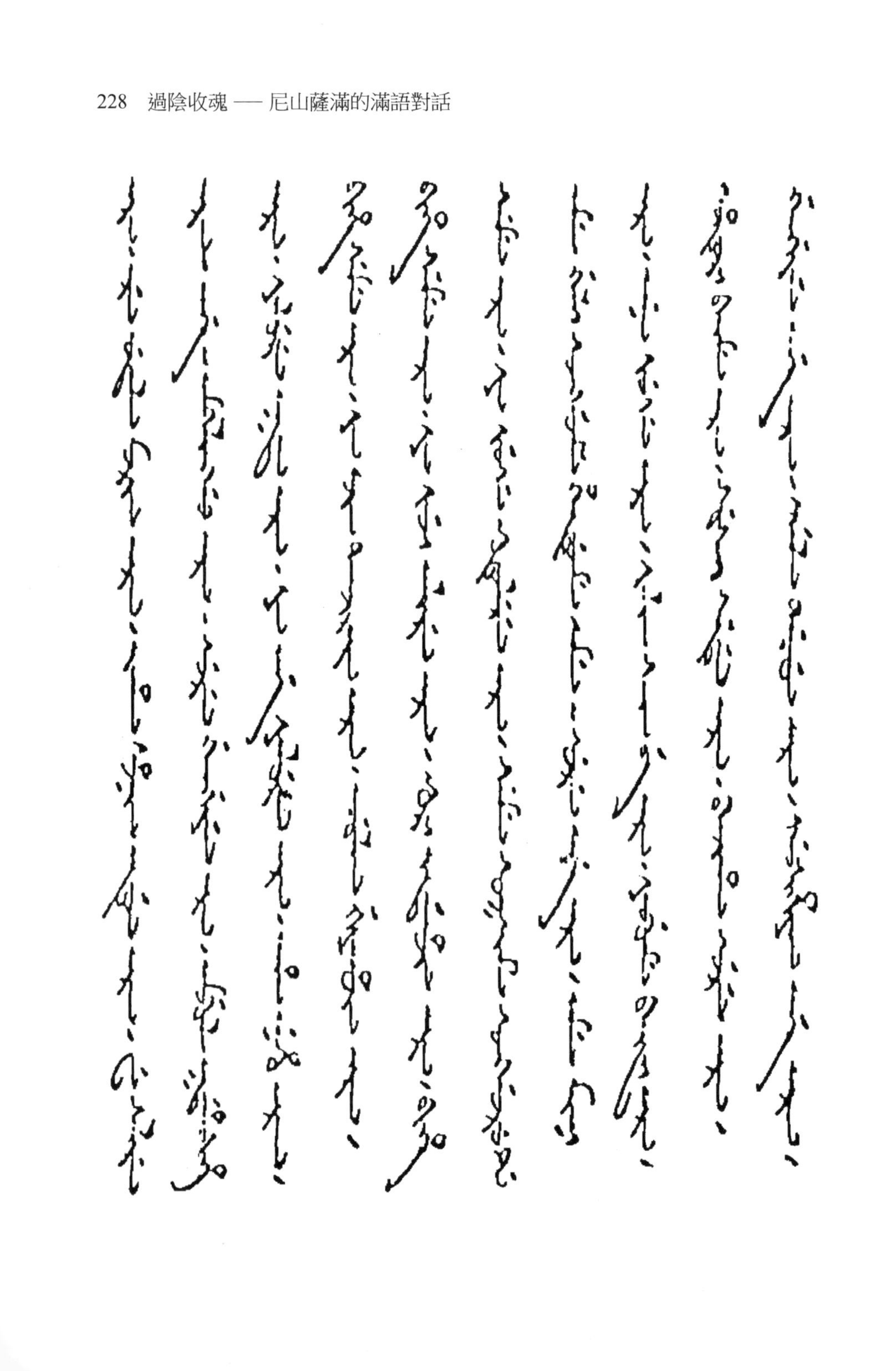

[illegible]

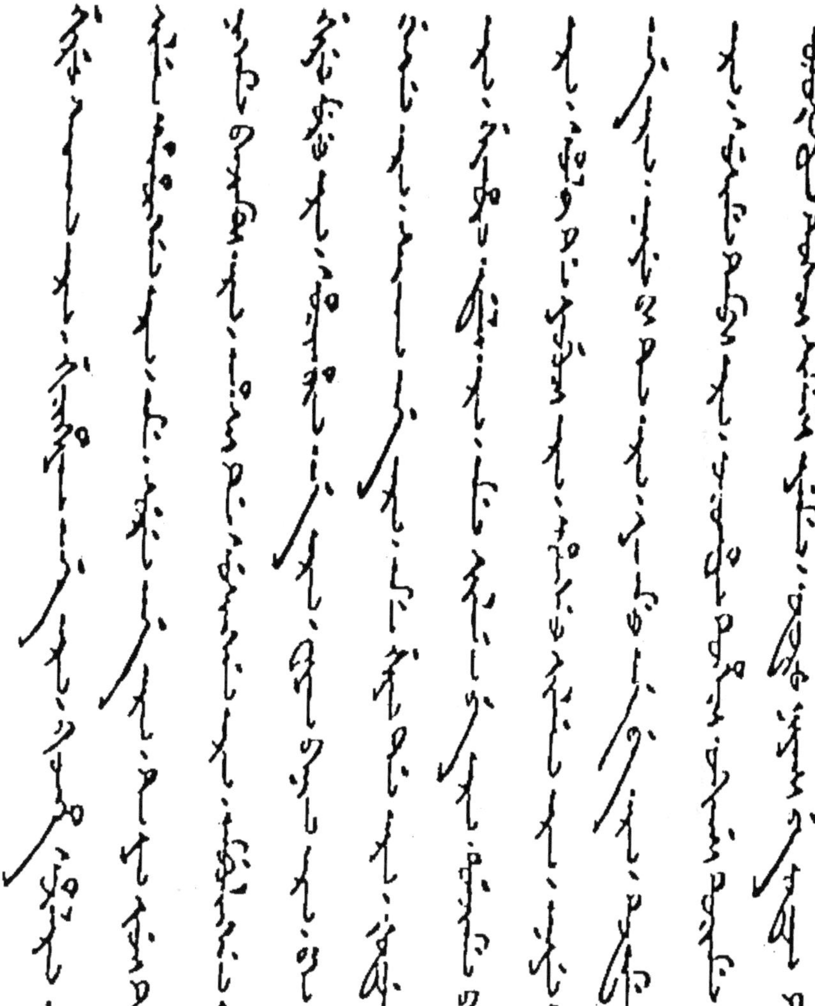

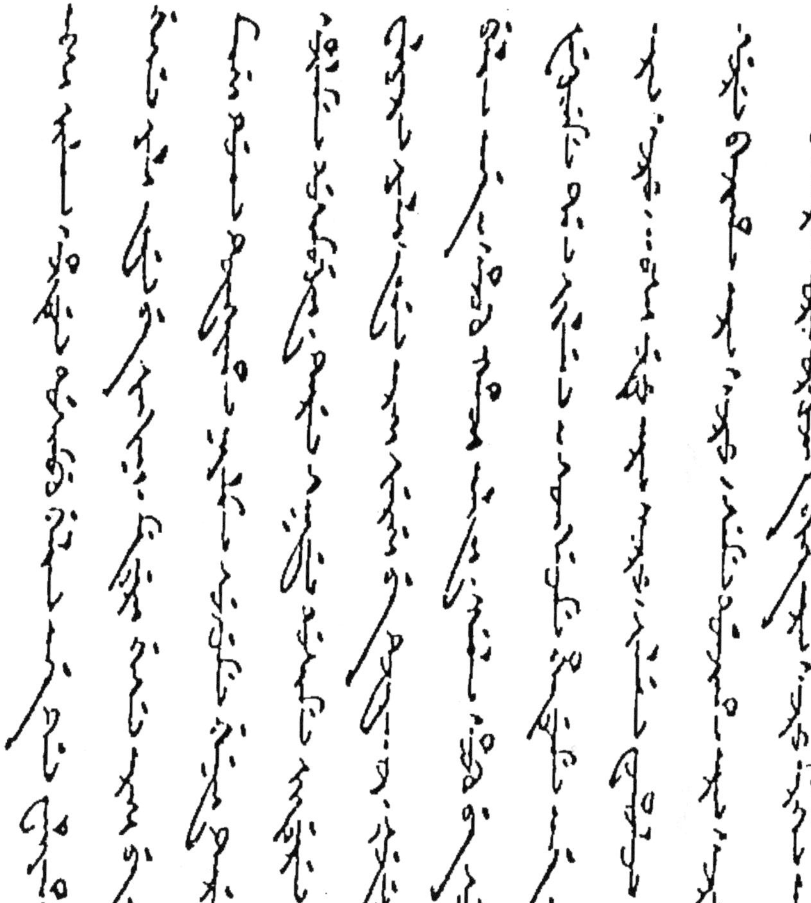

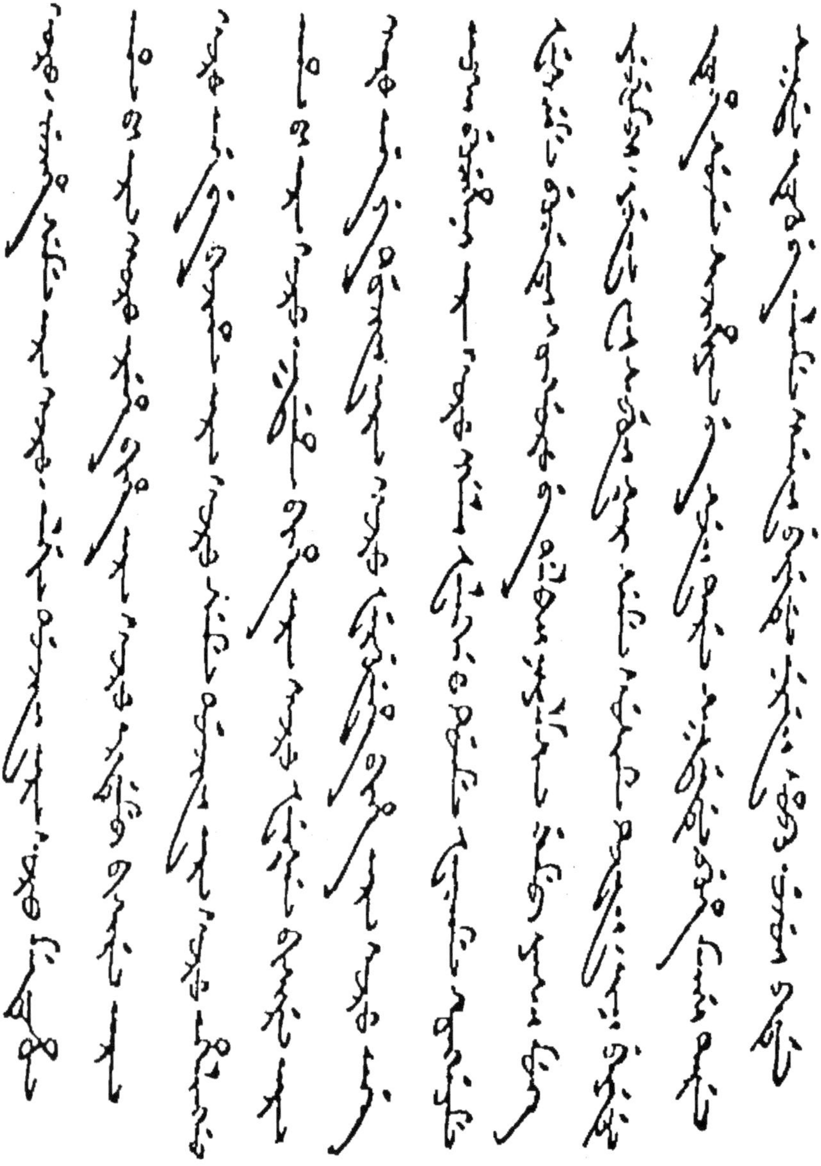

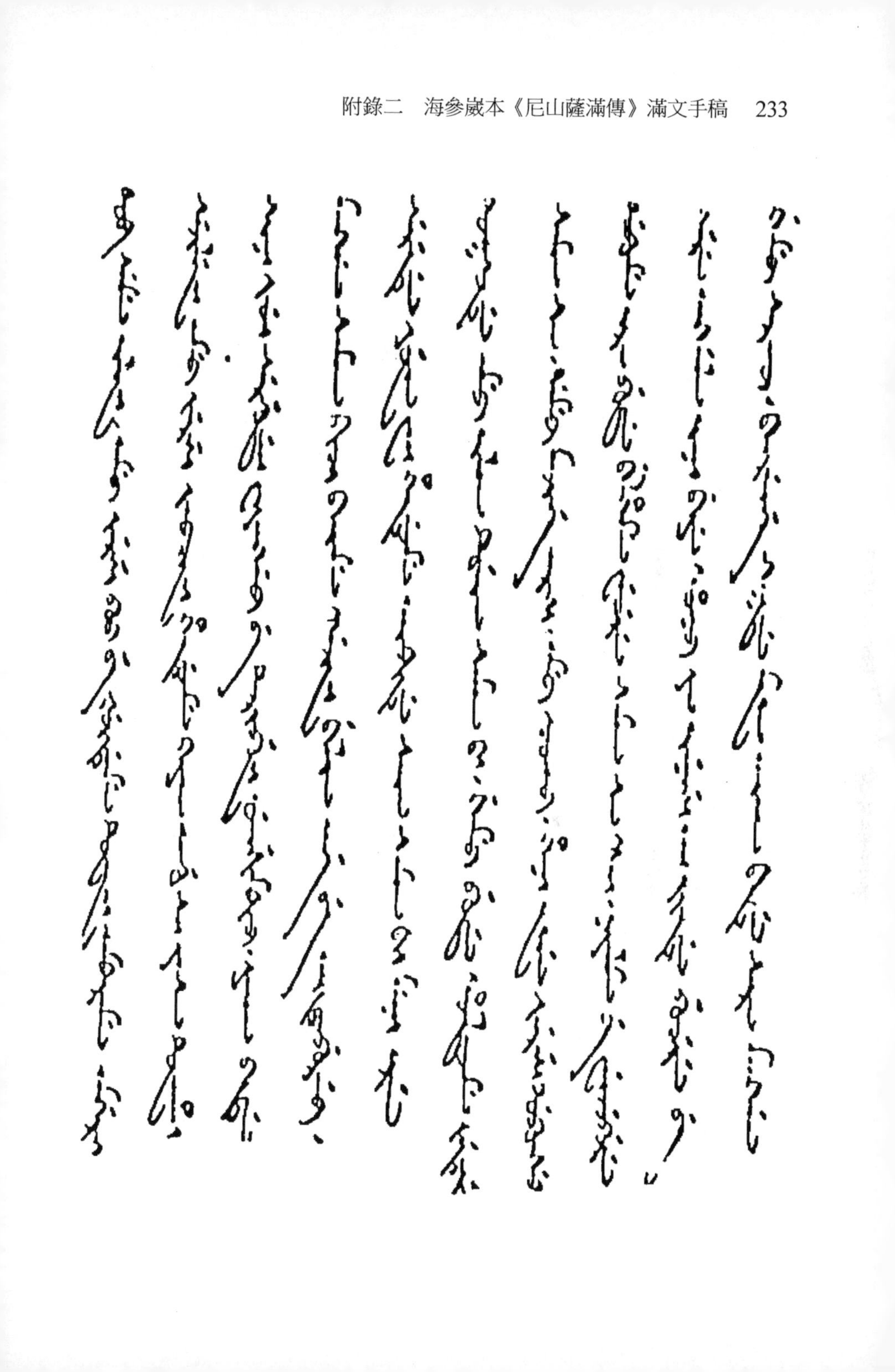

[illegible]

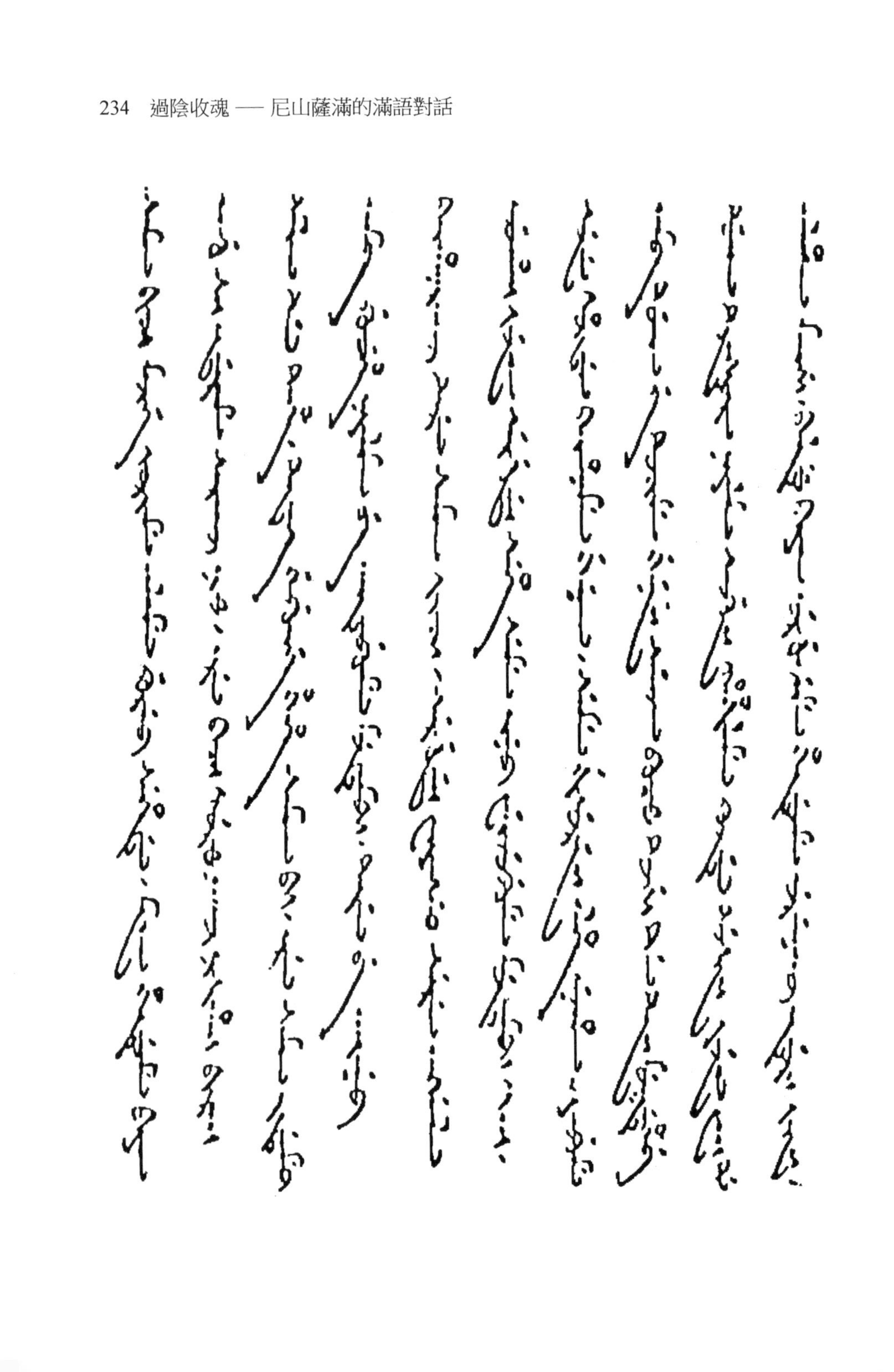

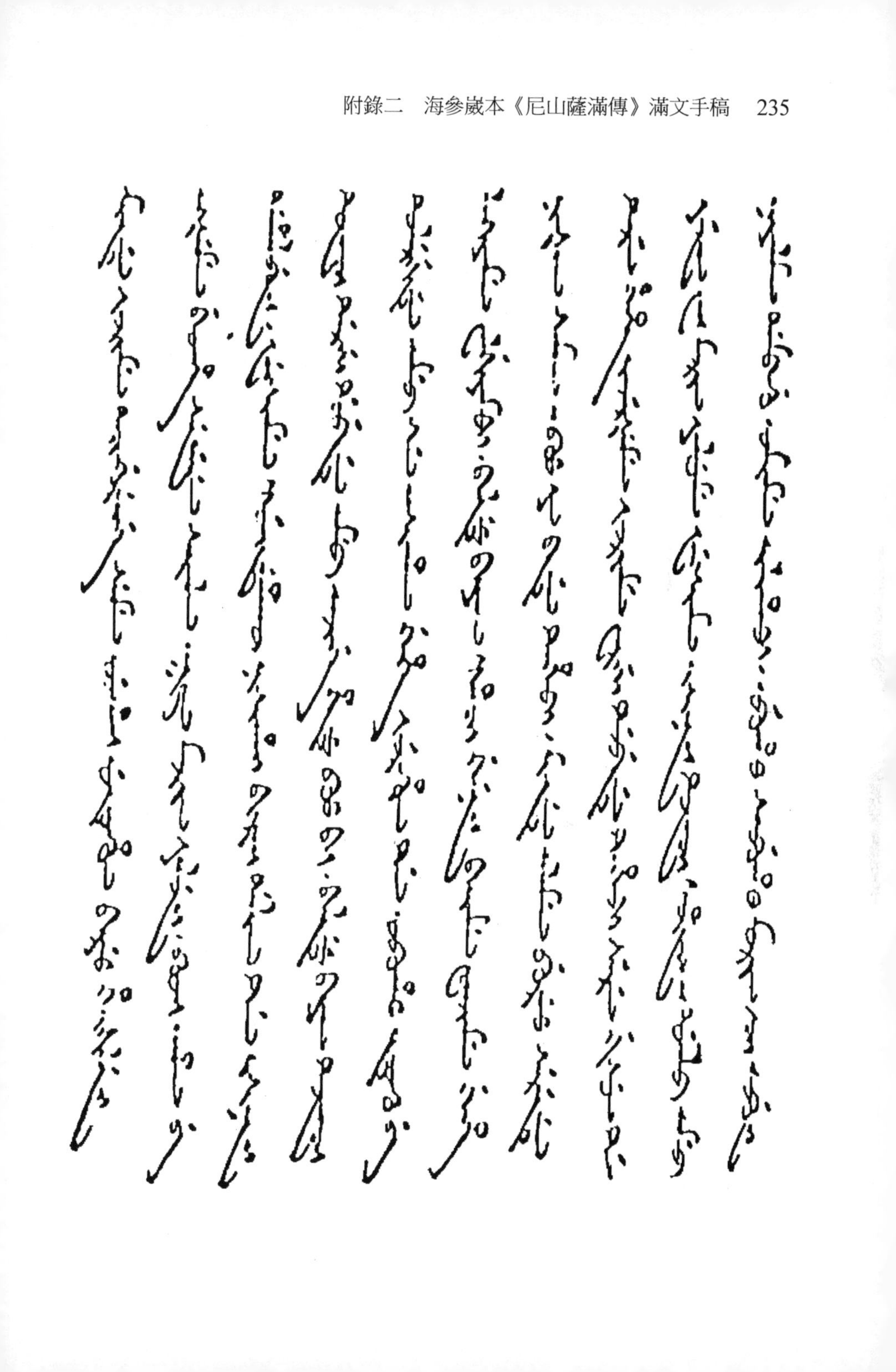

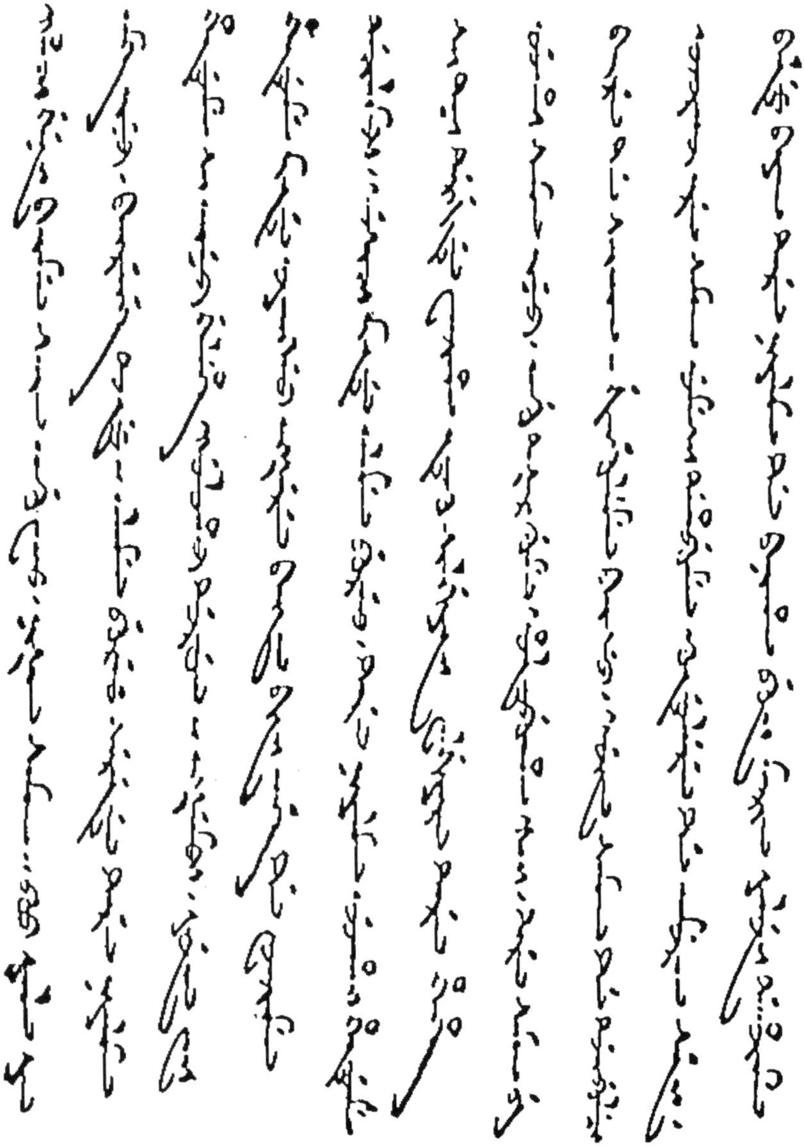

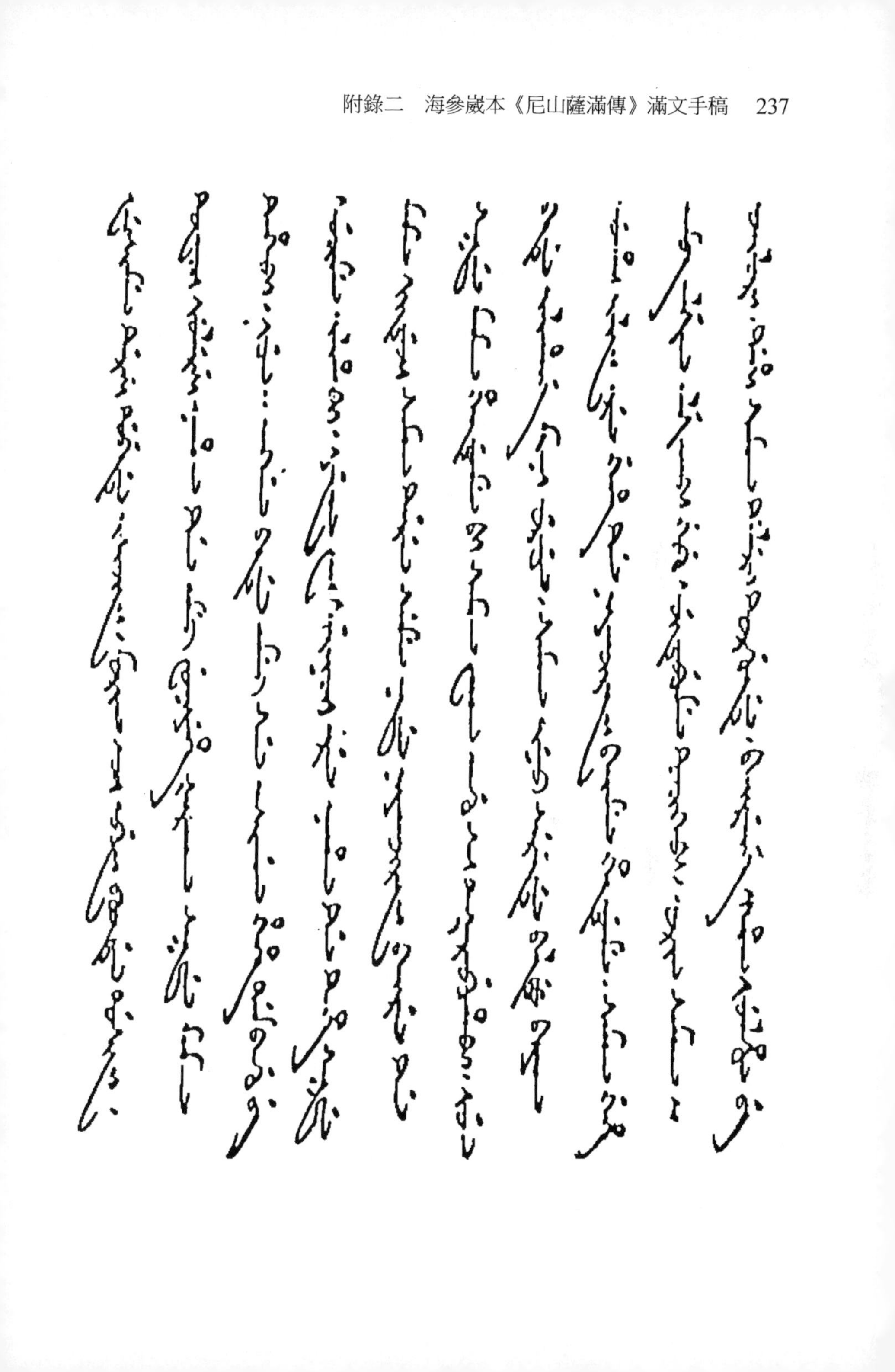

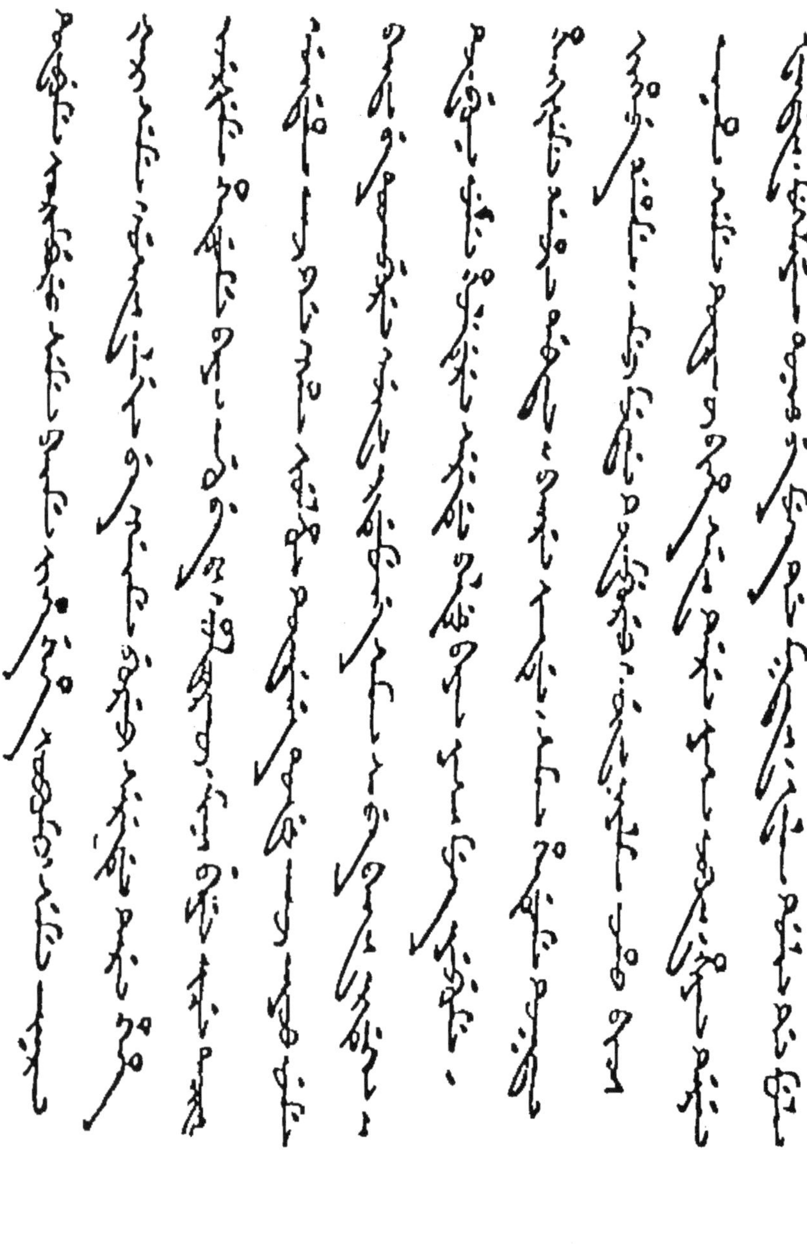

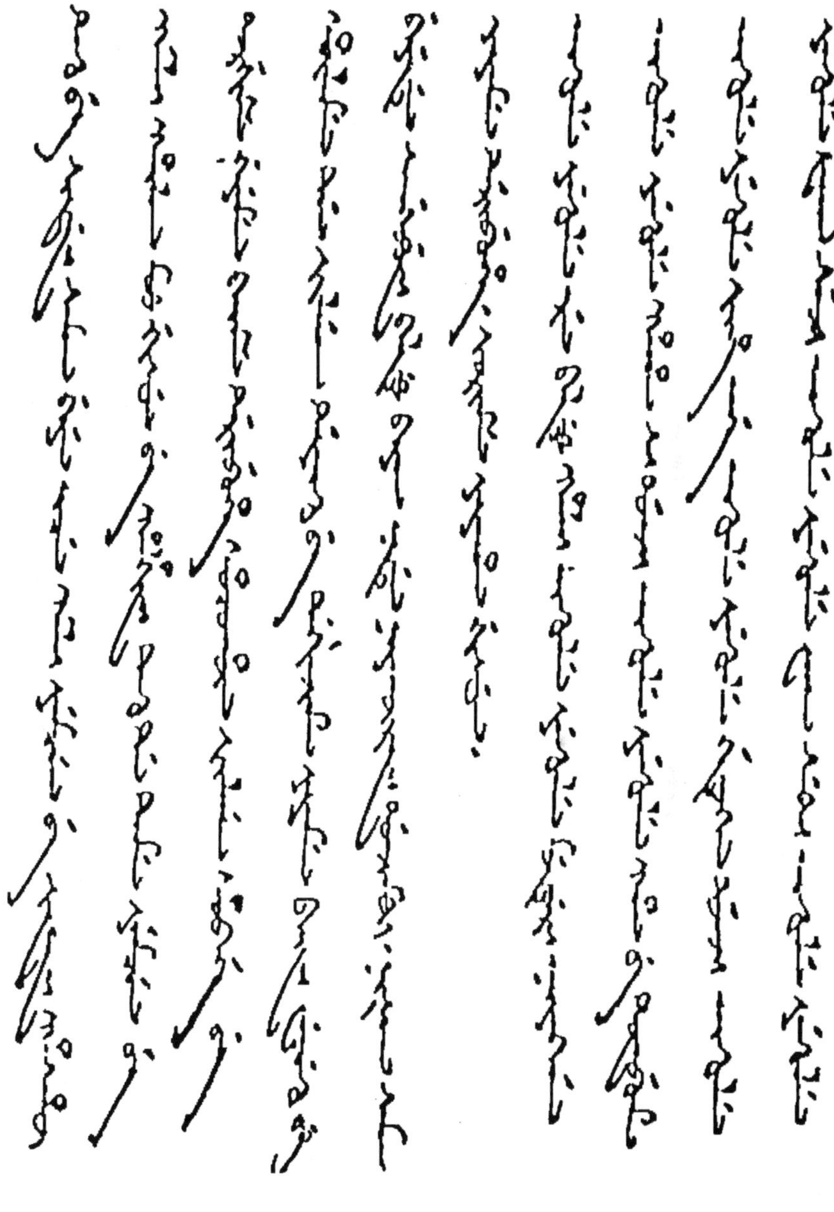

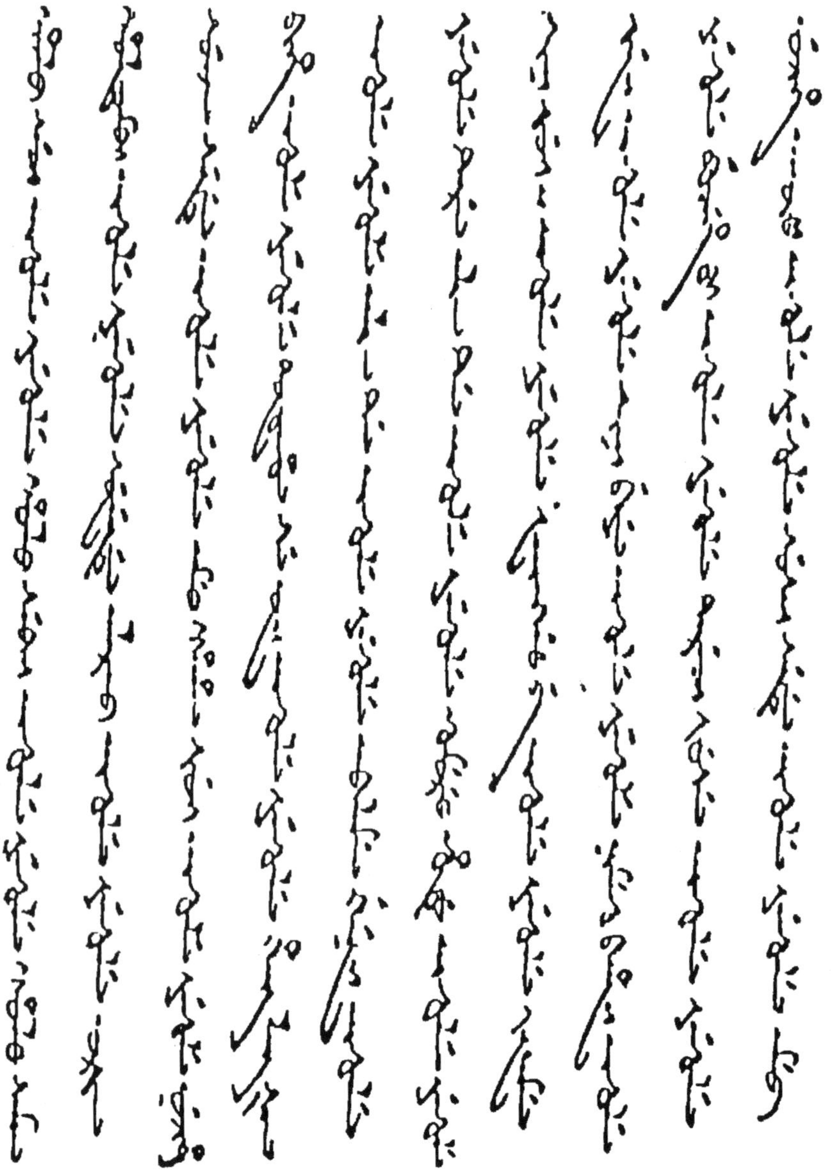

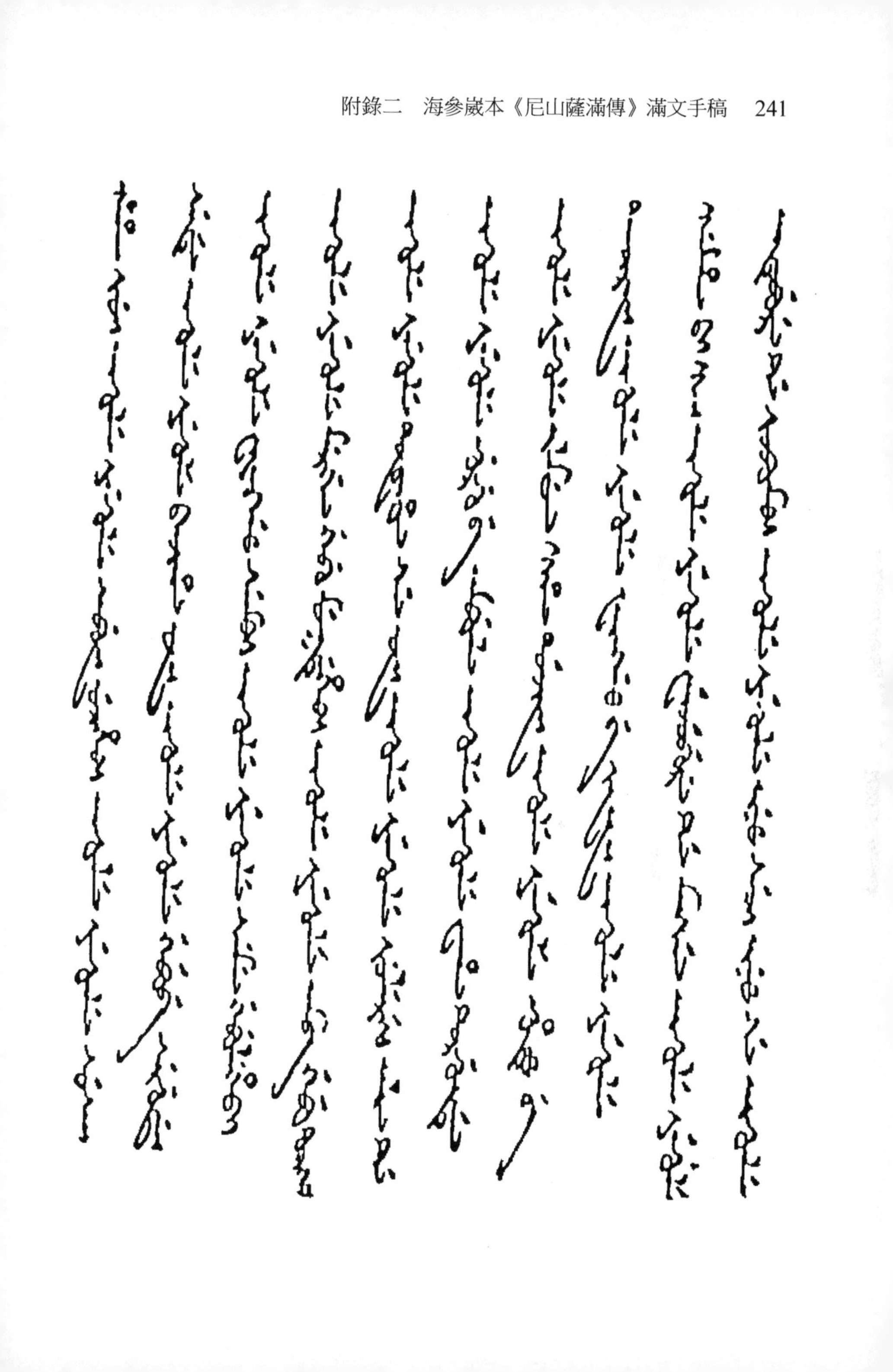

[illegible]

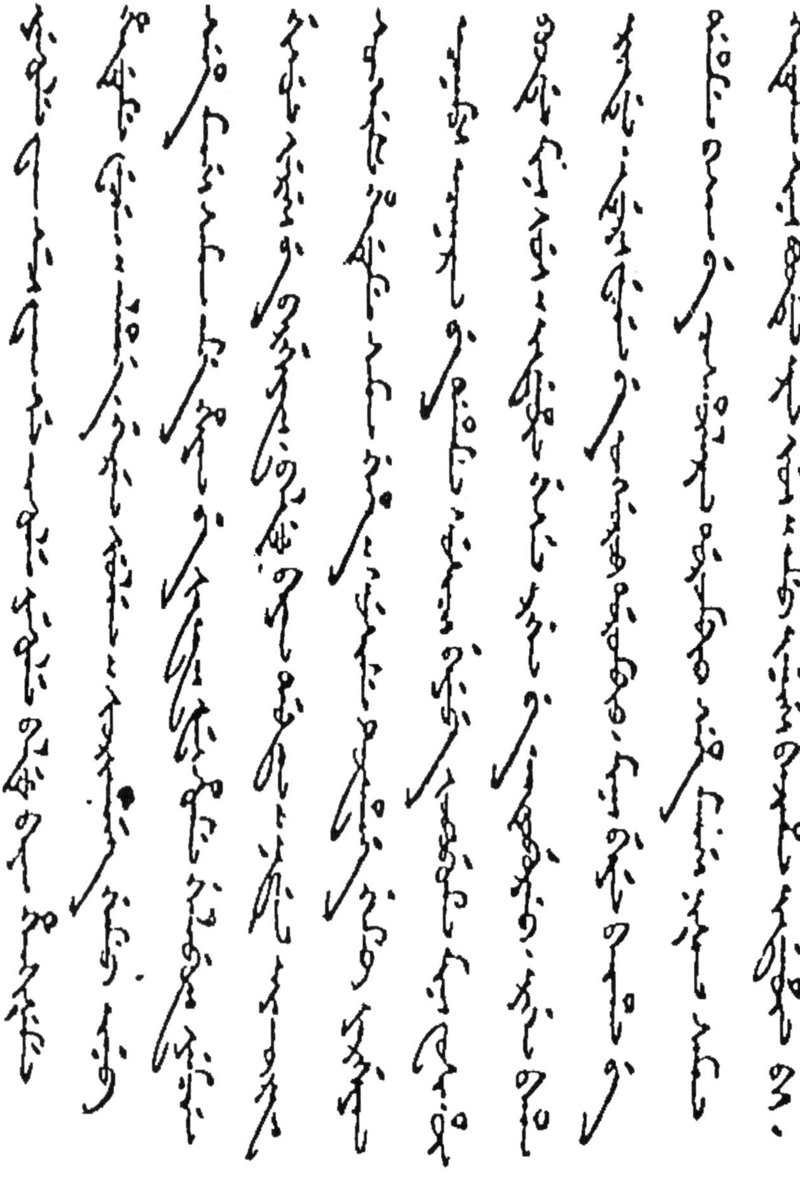

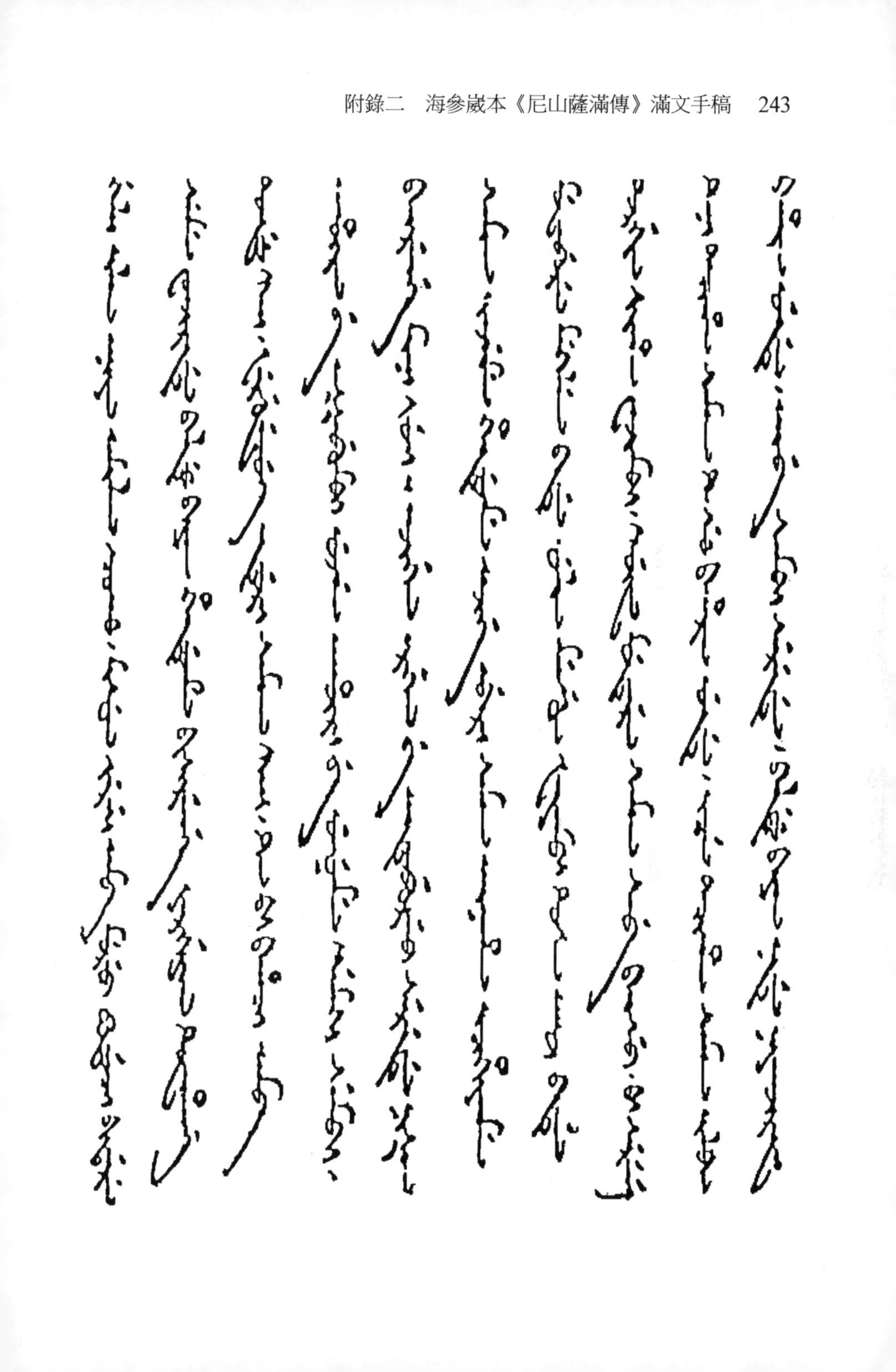

[illegible]

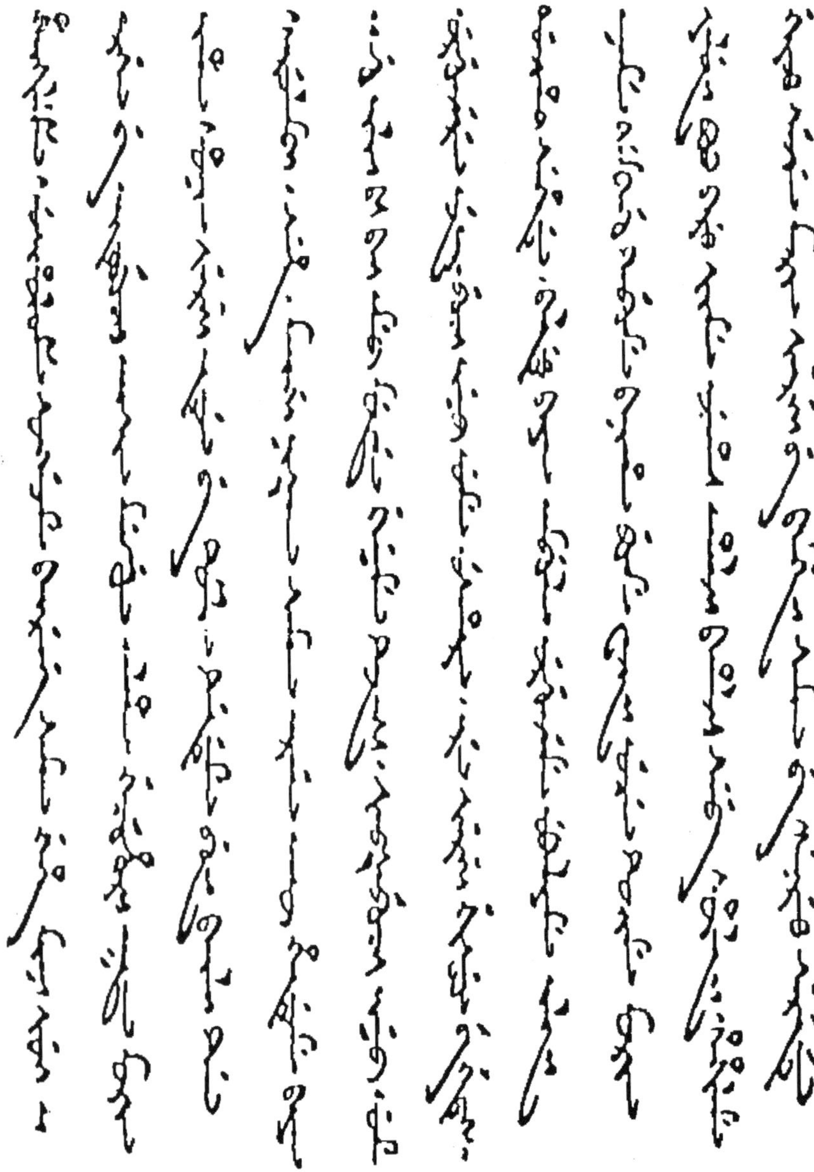

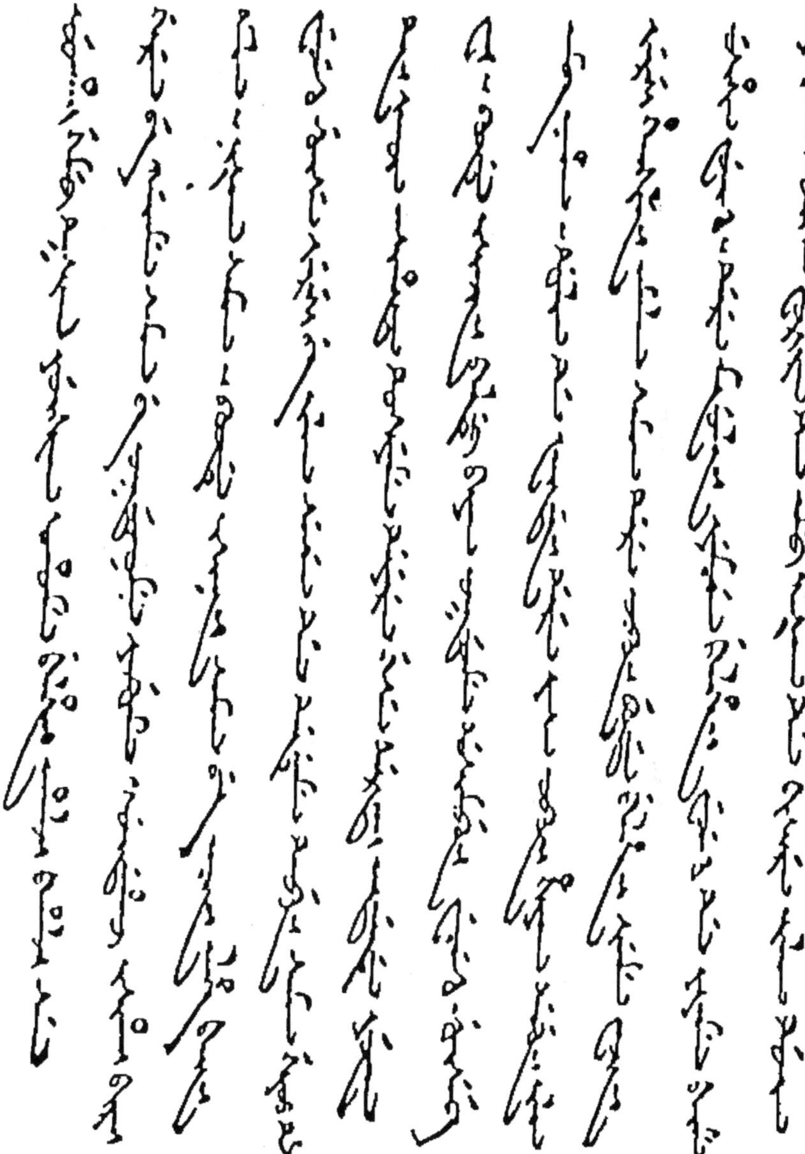

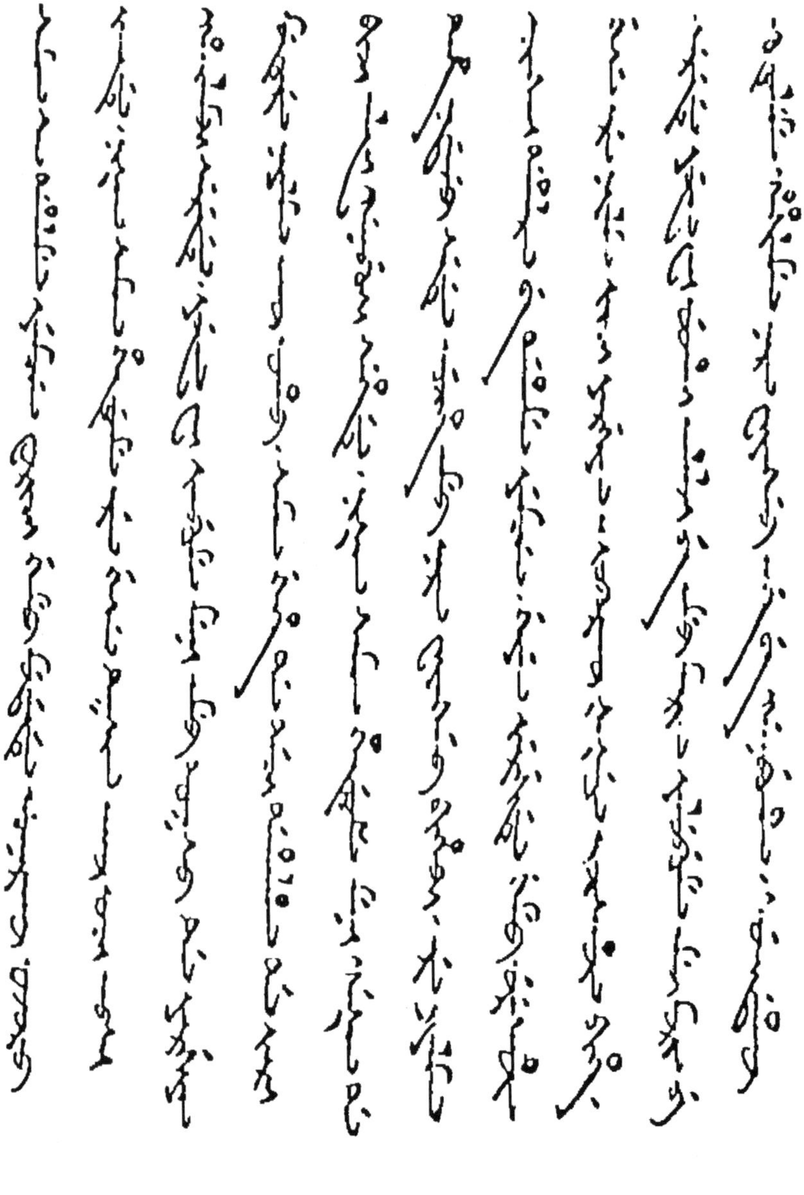

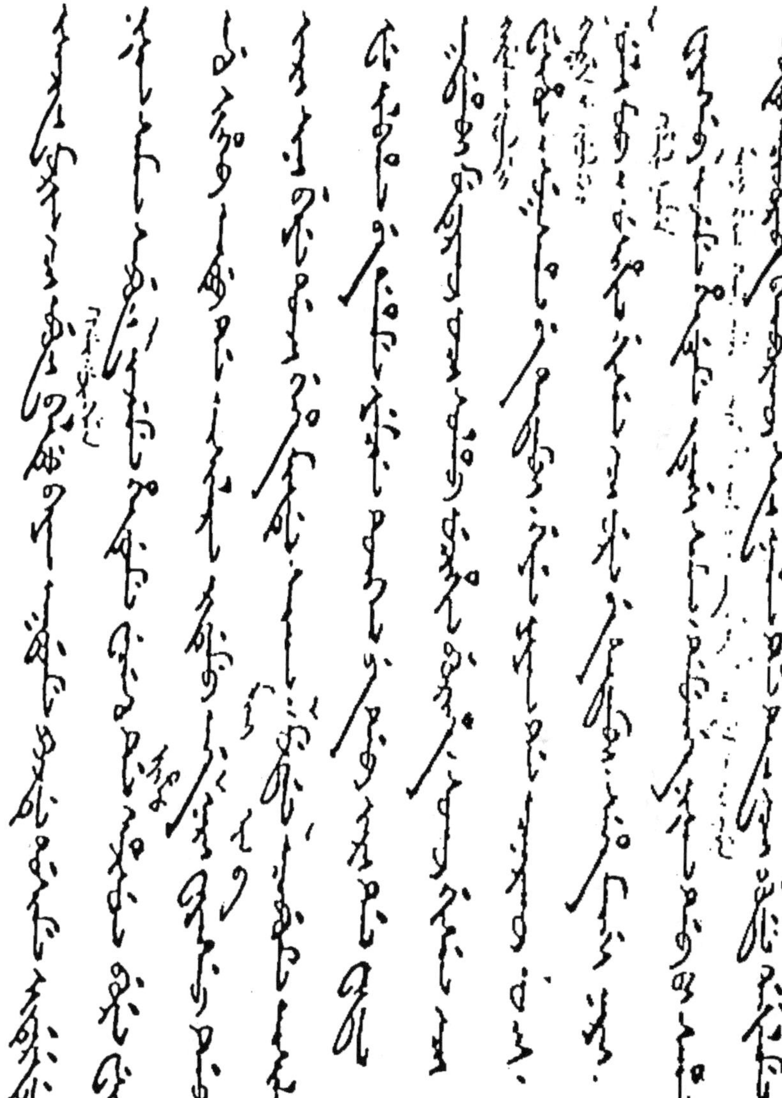

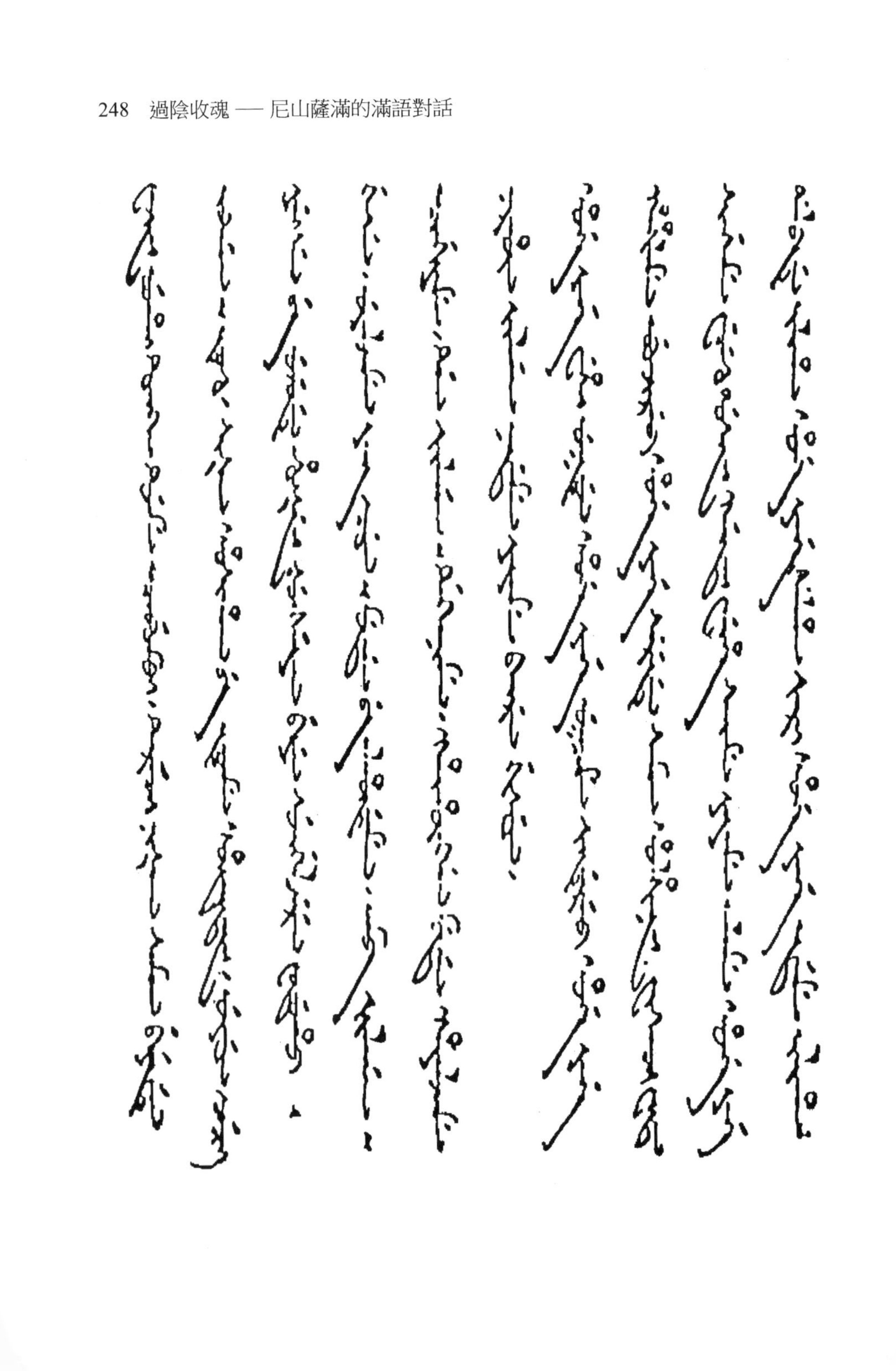

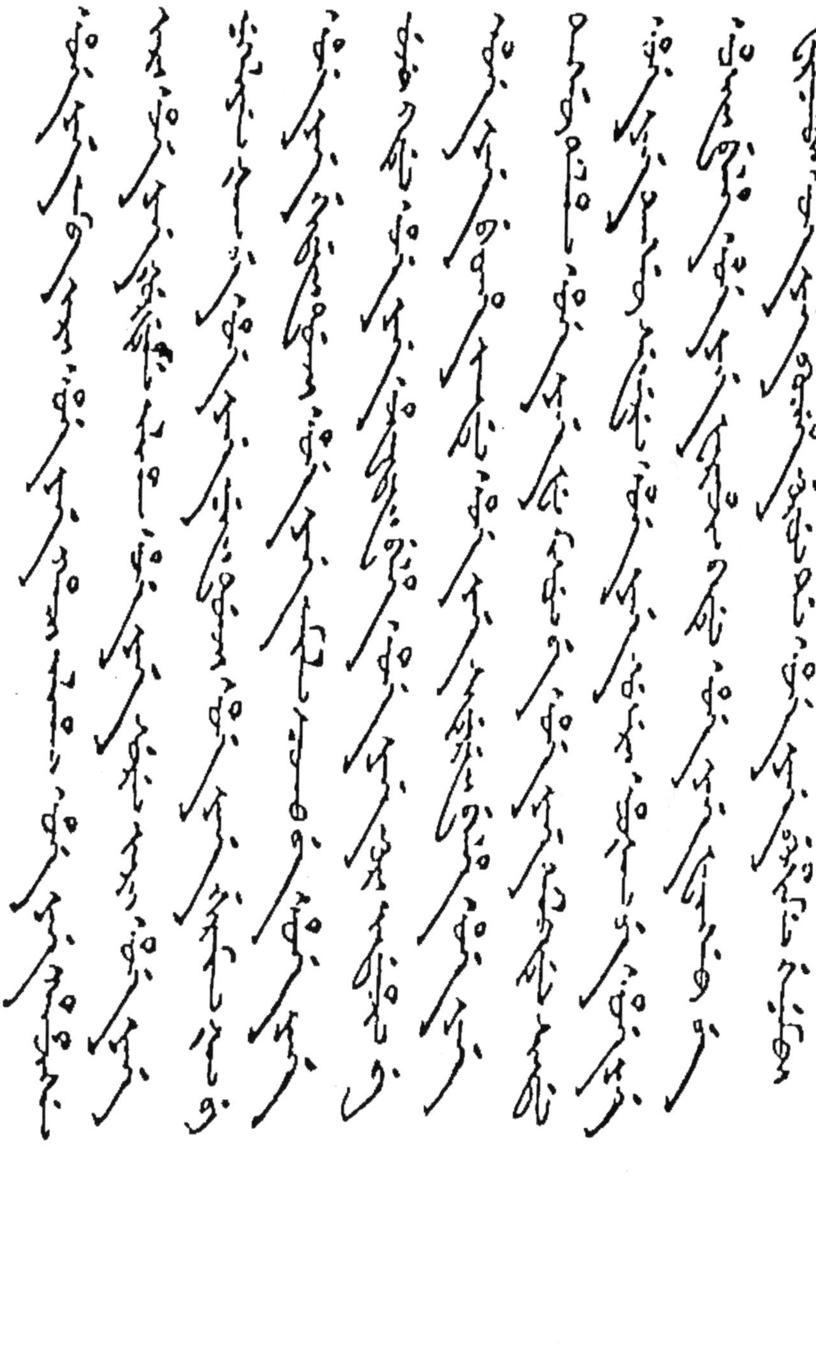

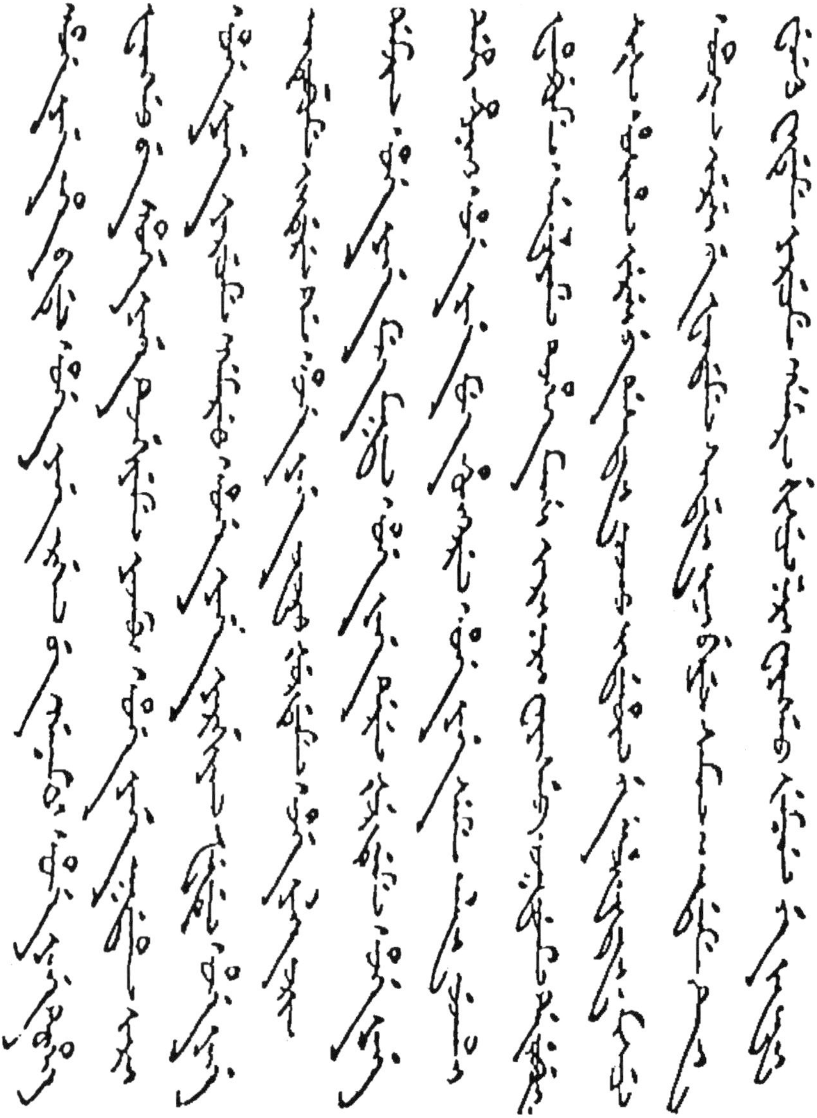

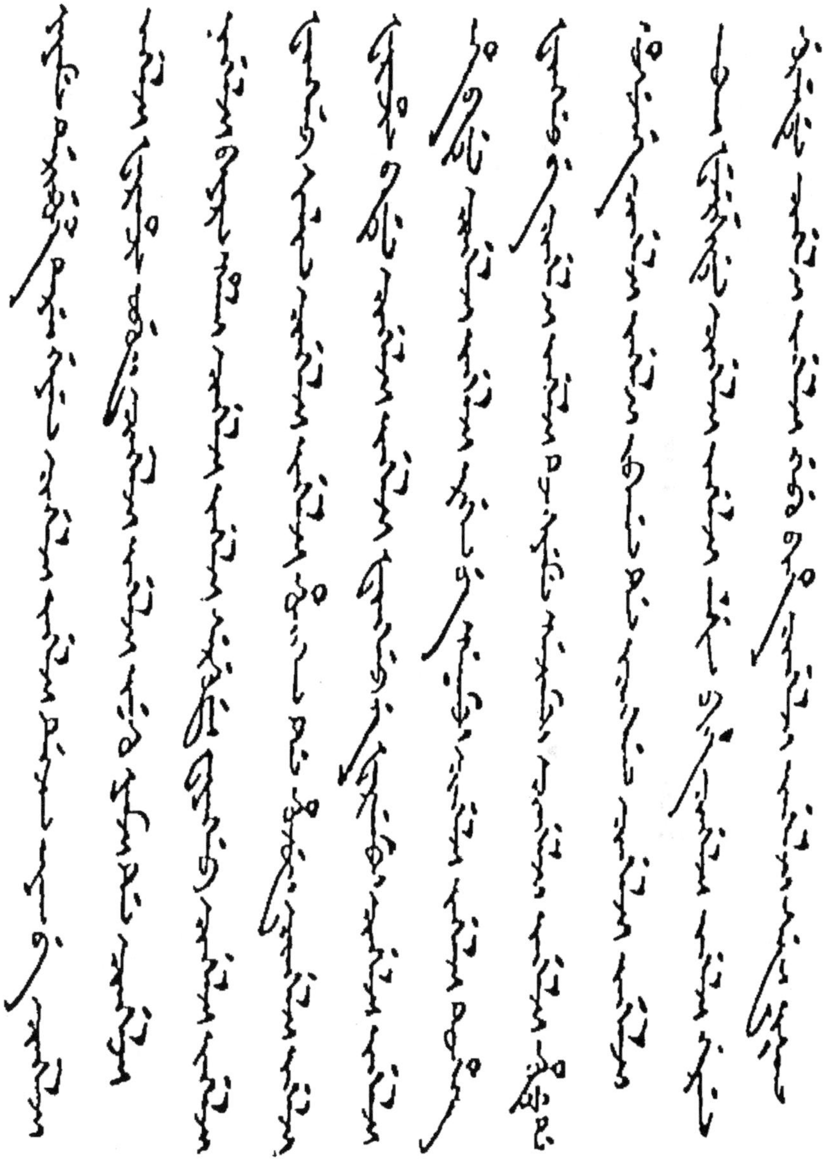

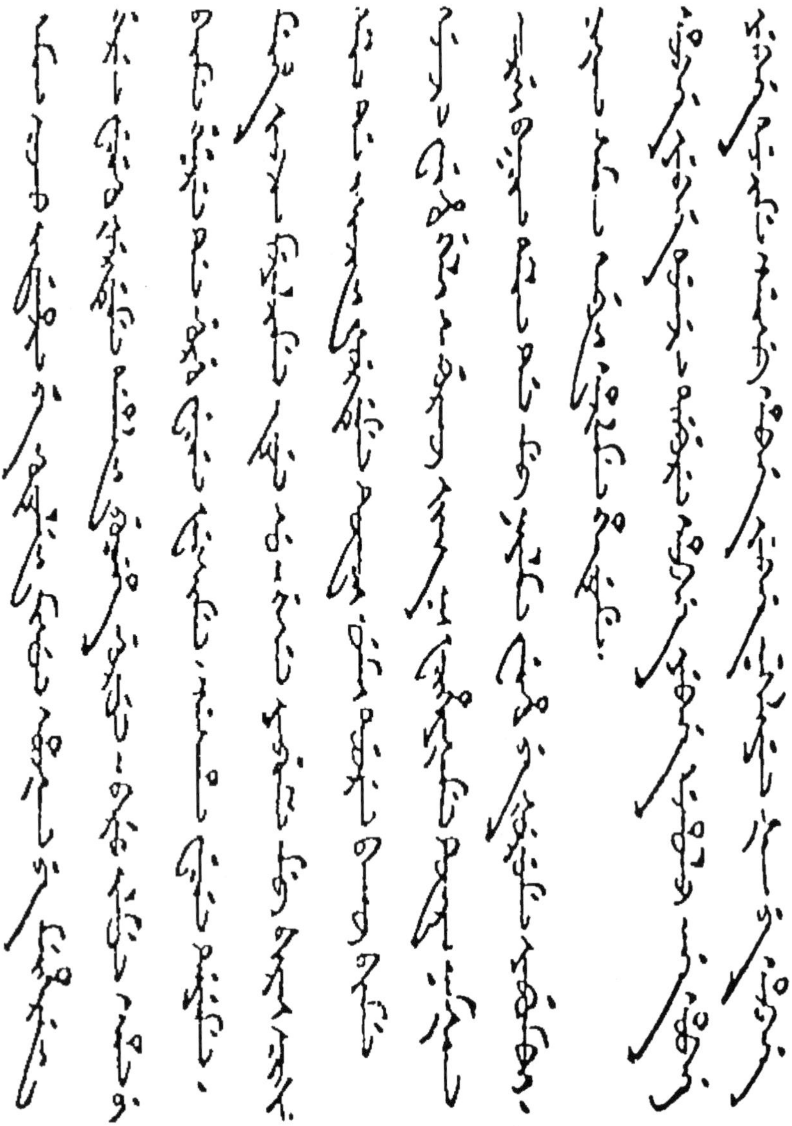

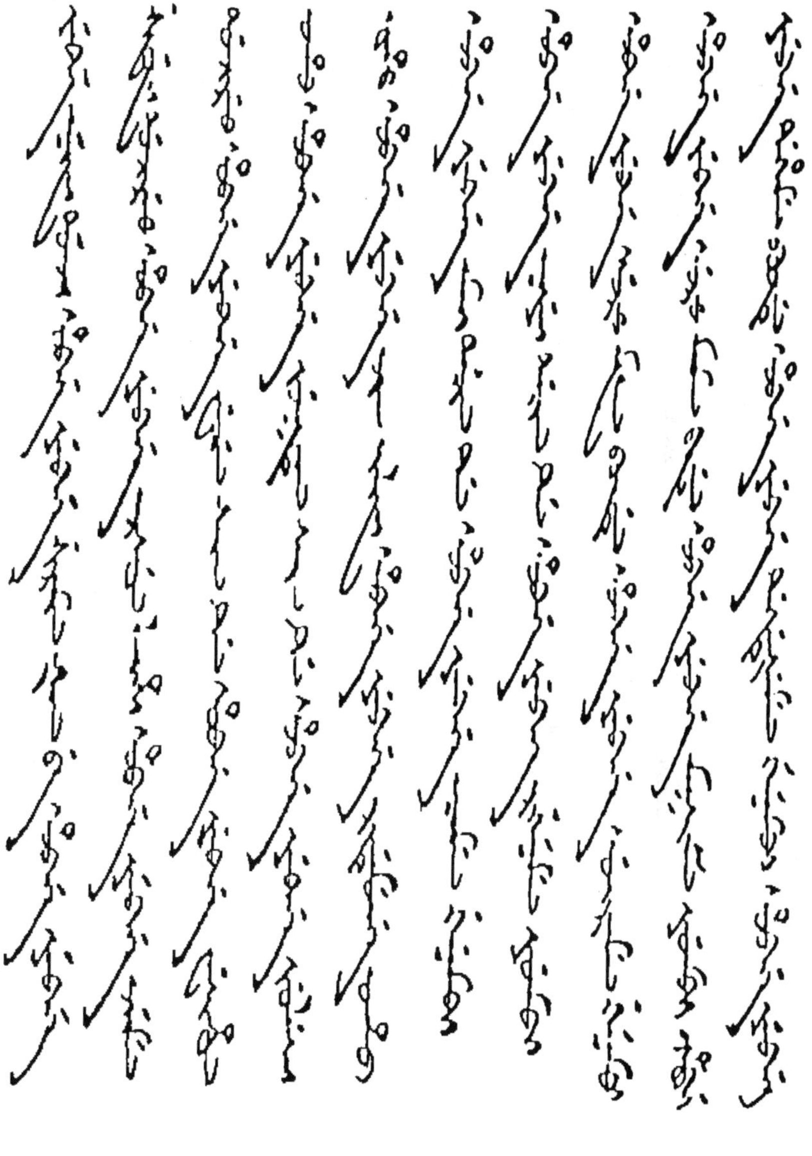

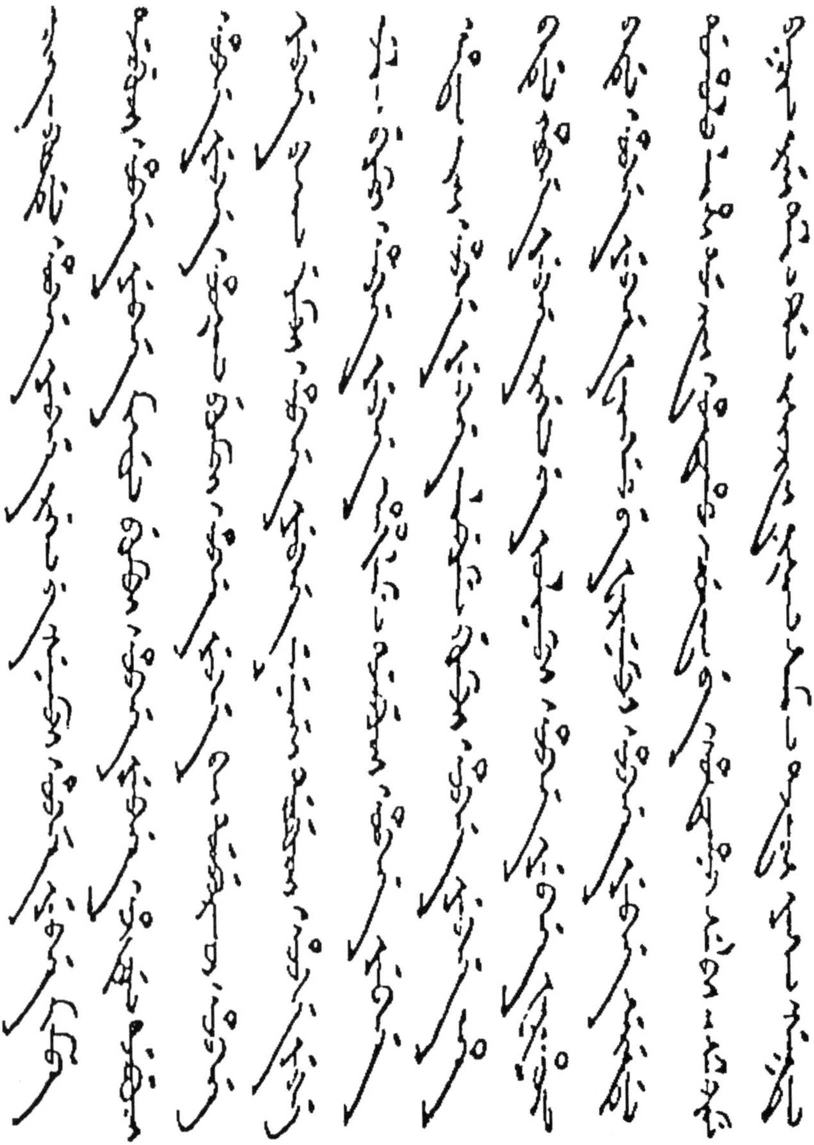

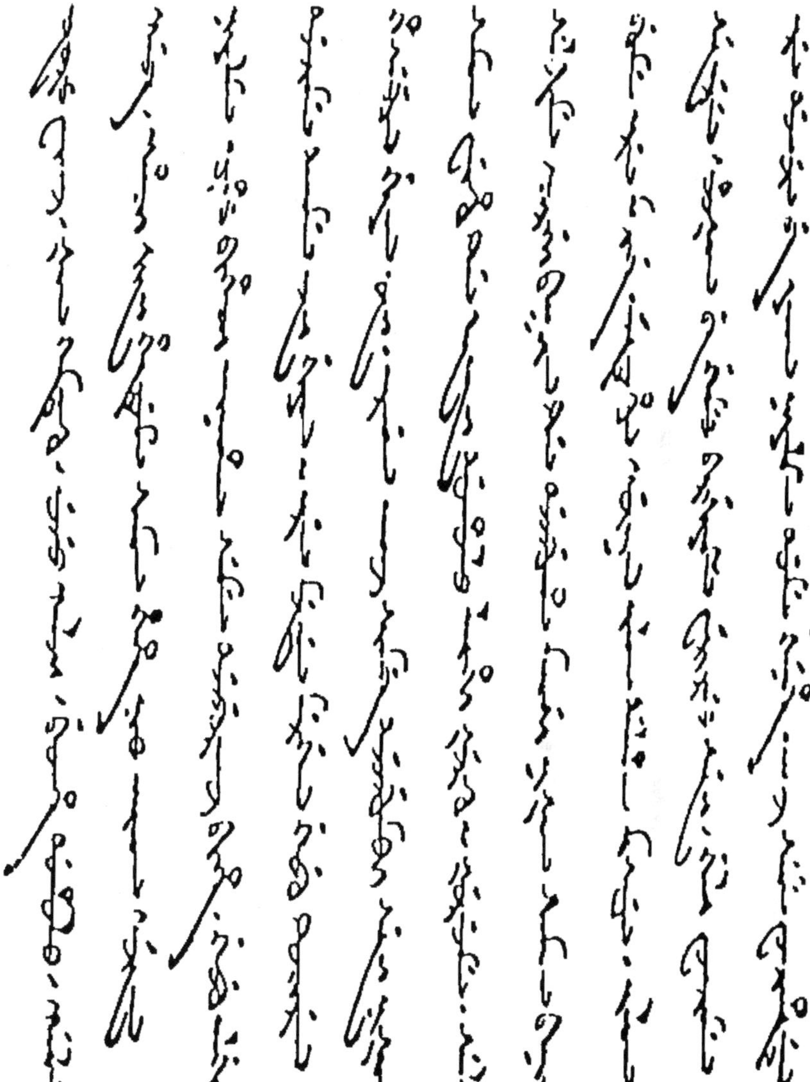

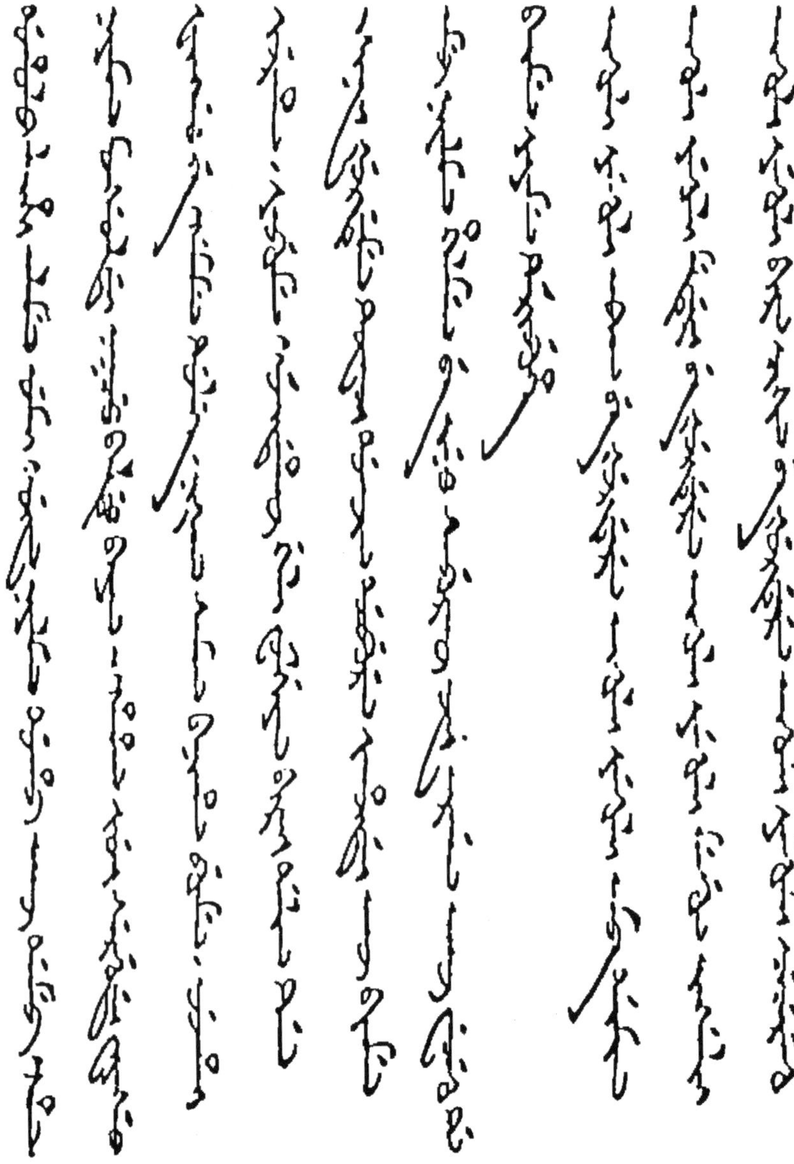

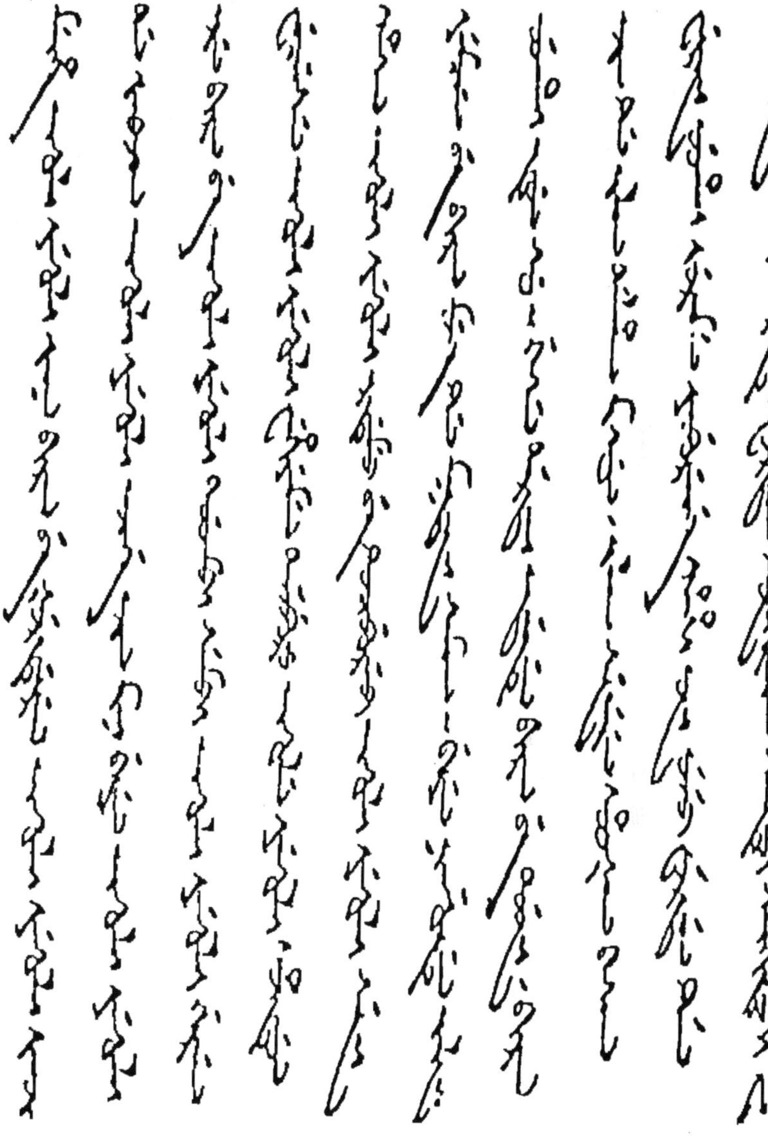

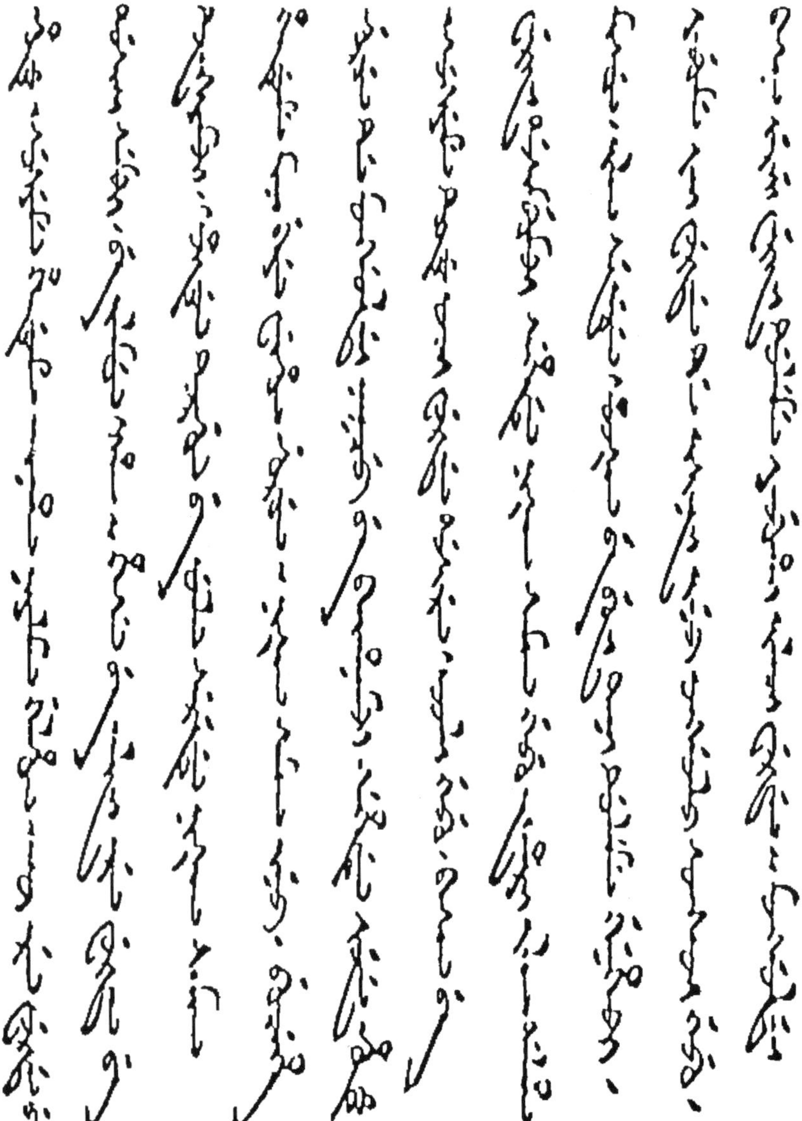

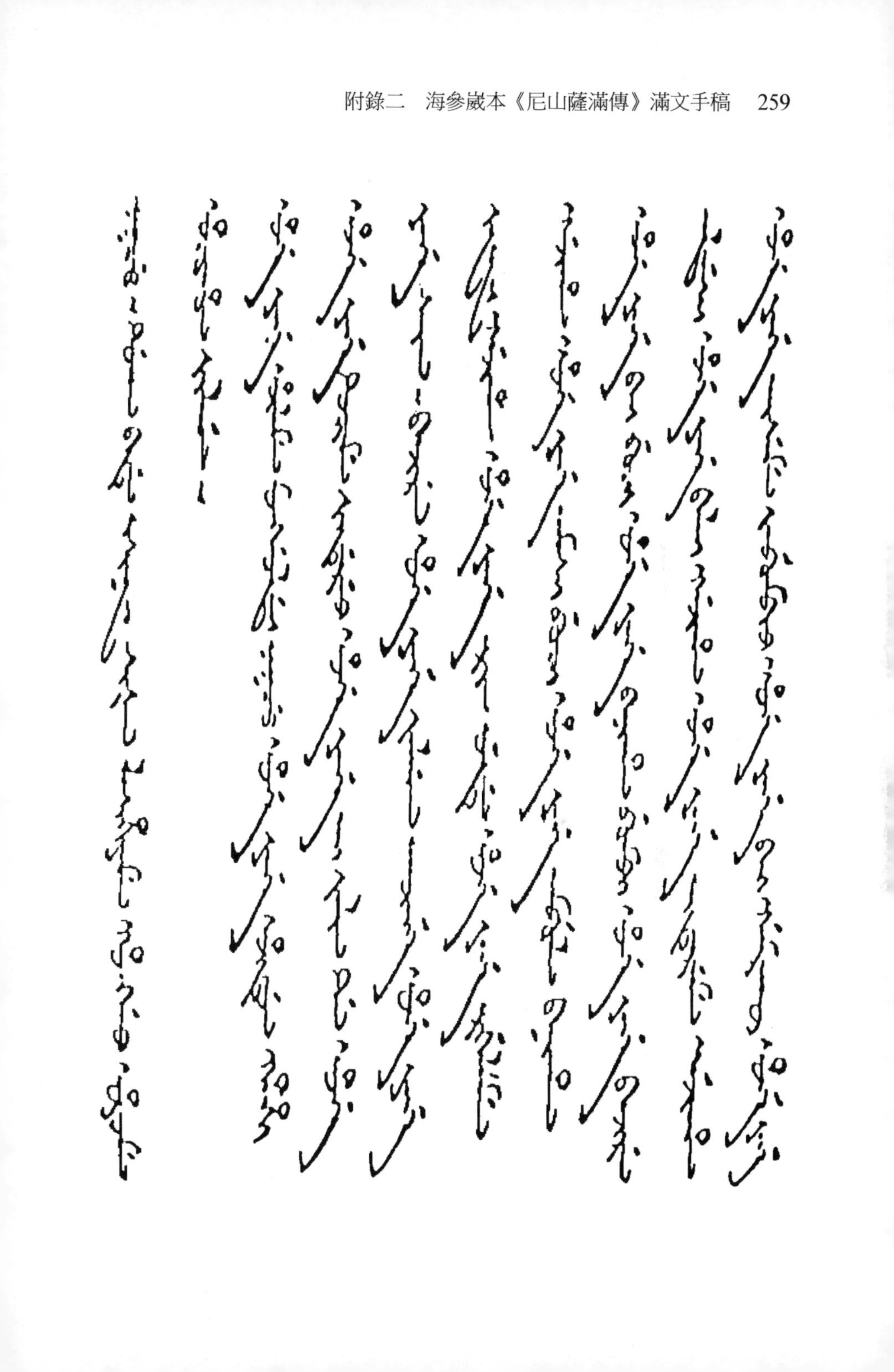

[illegible]

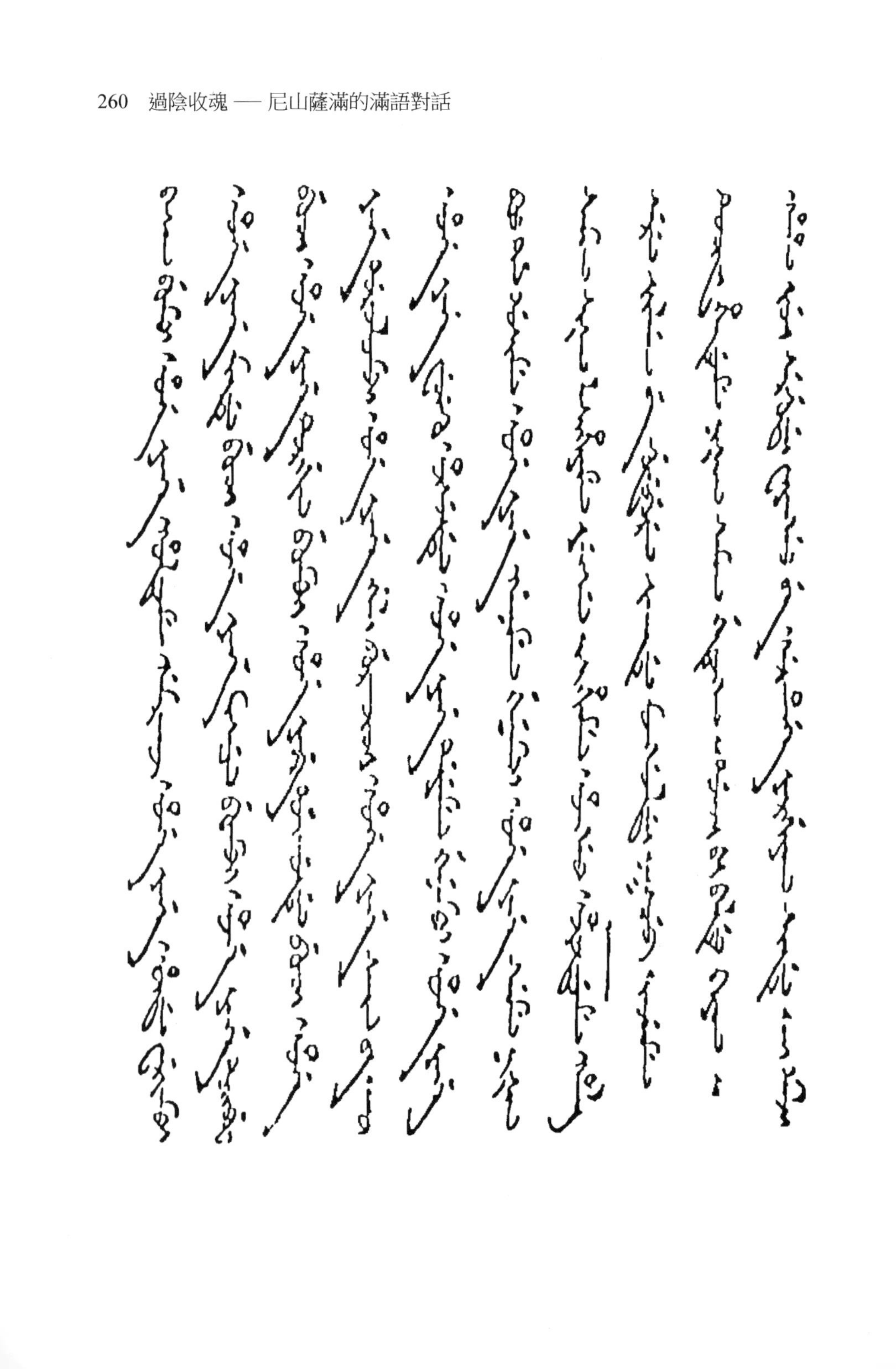

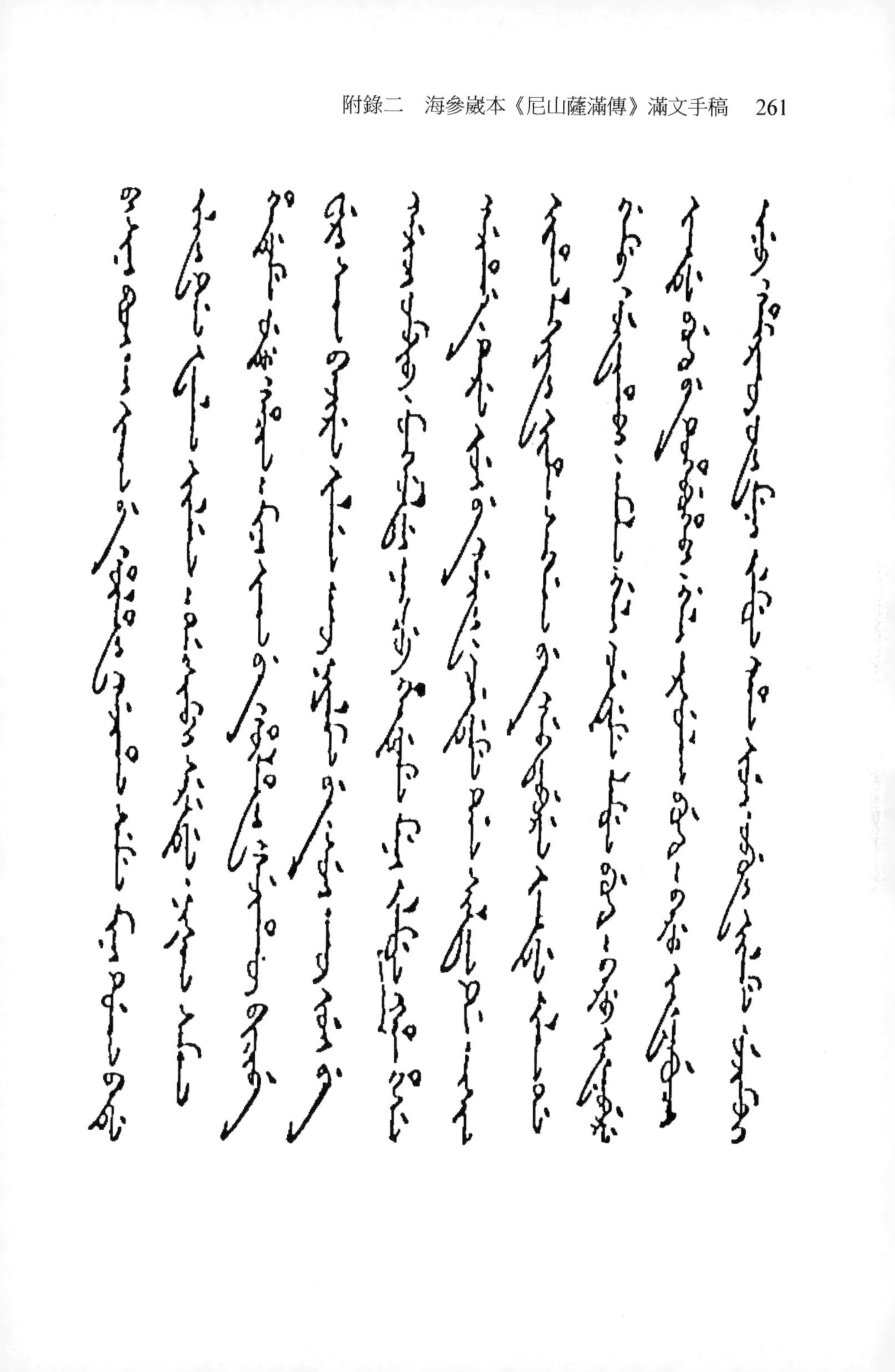

[illegible]

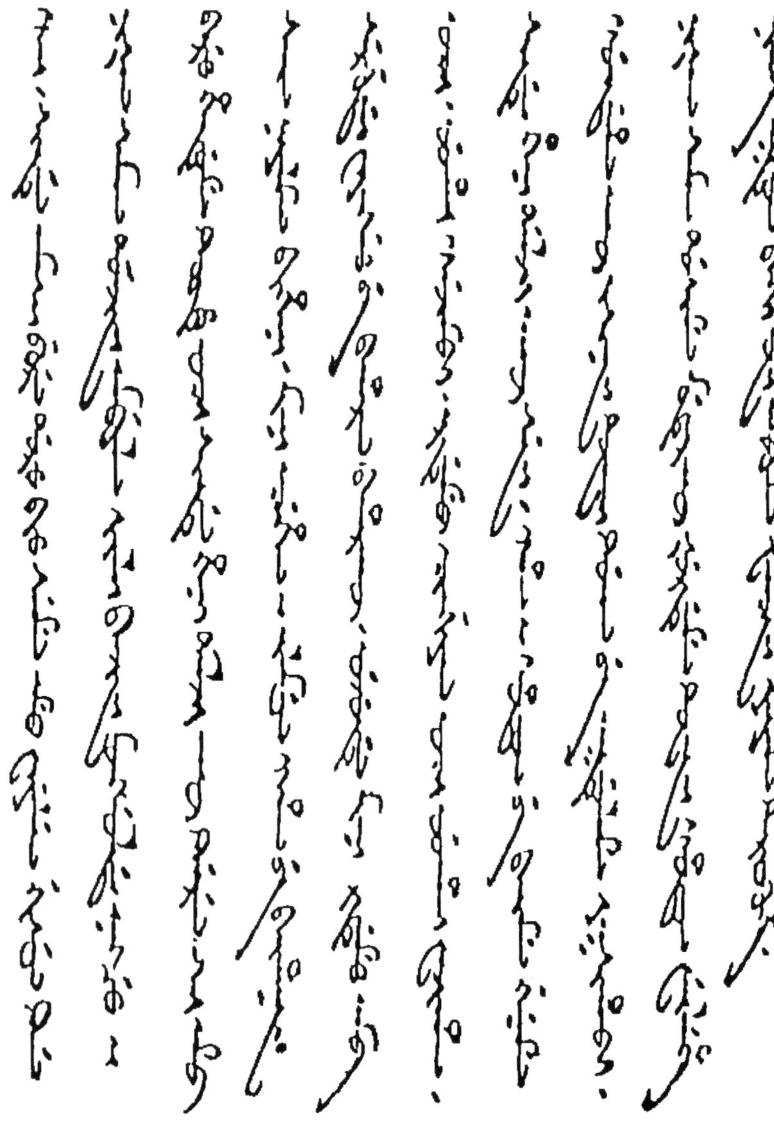

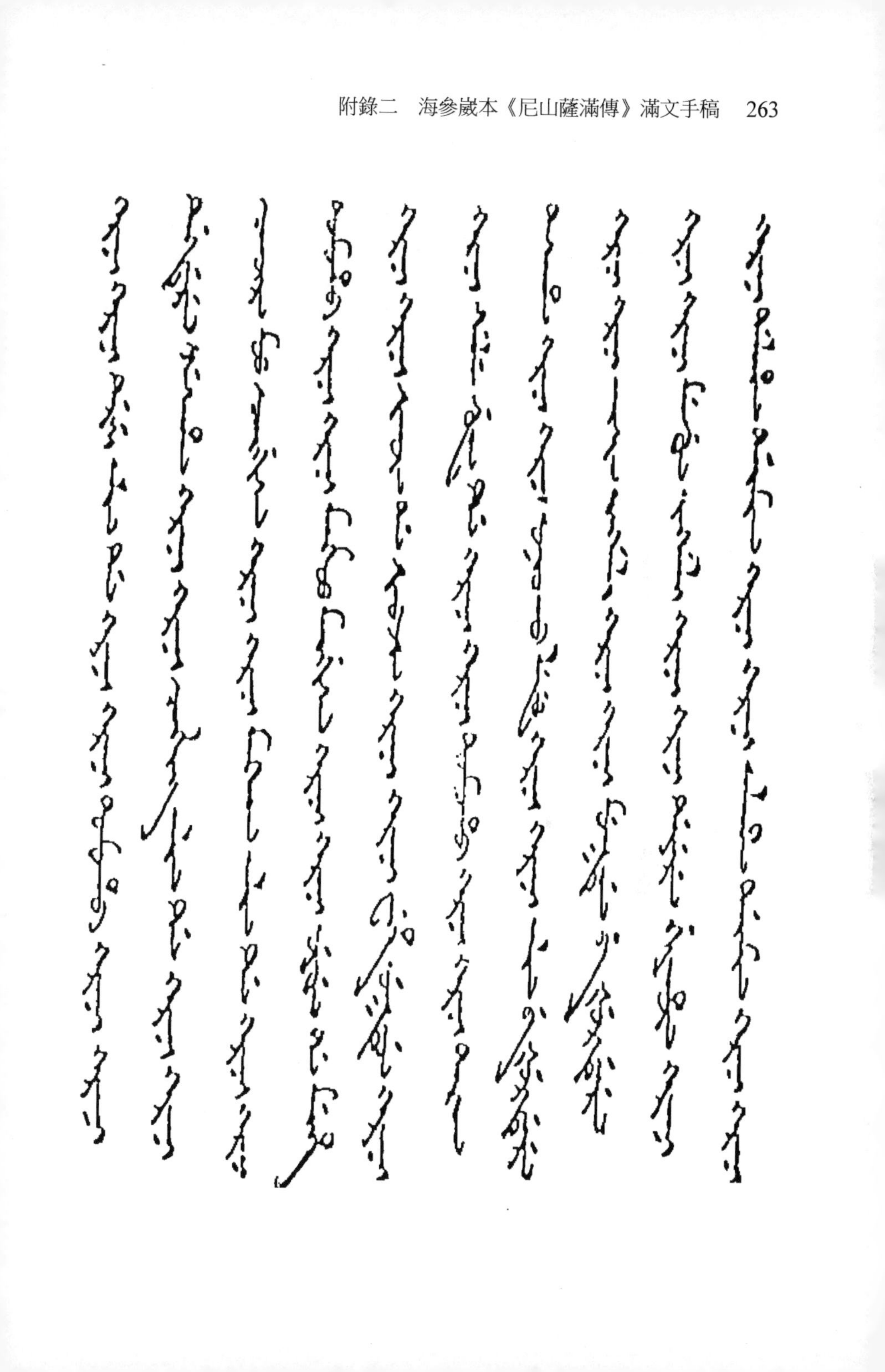

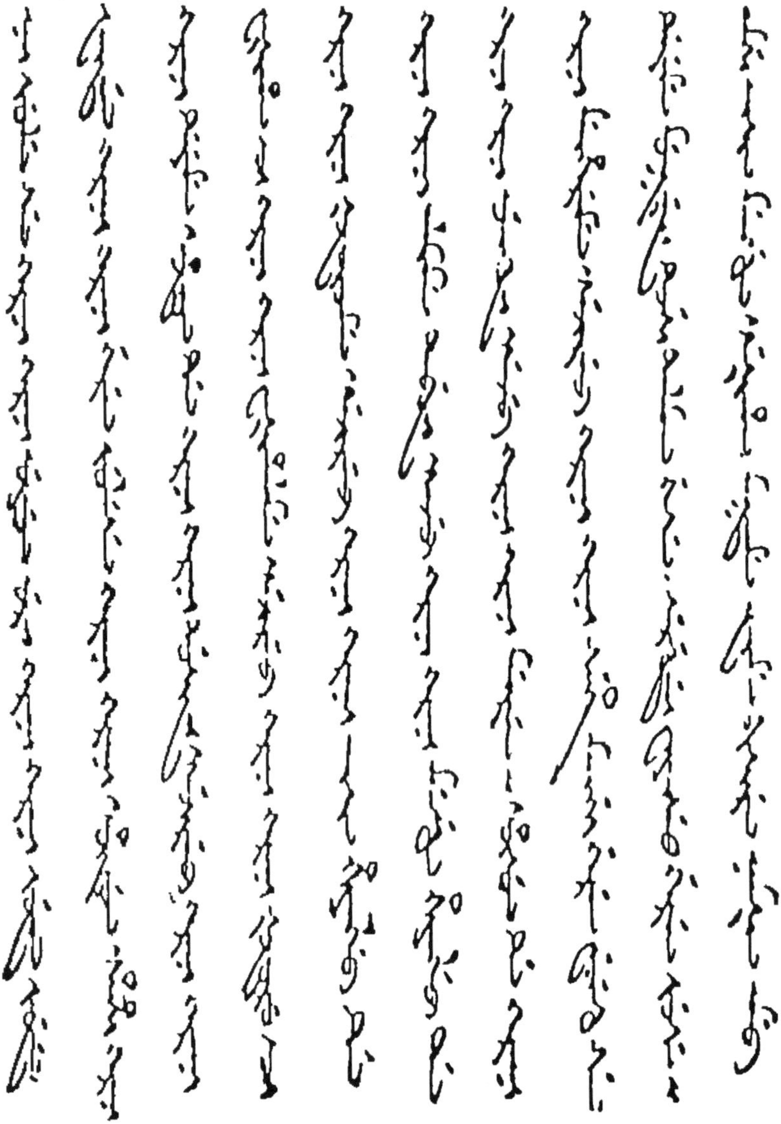

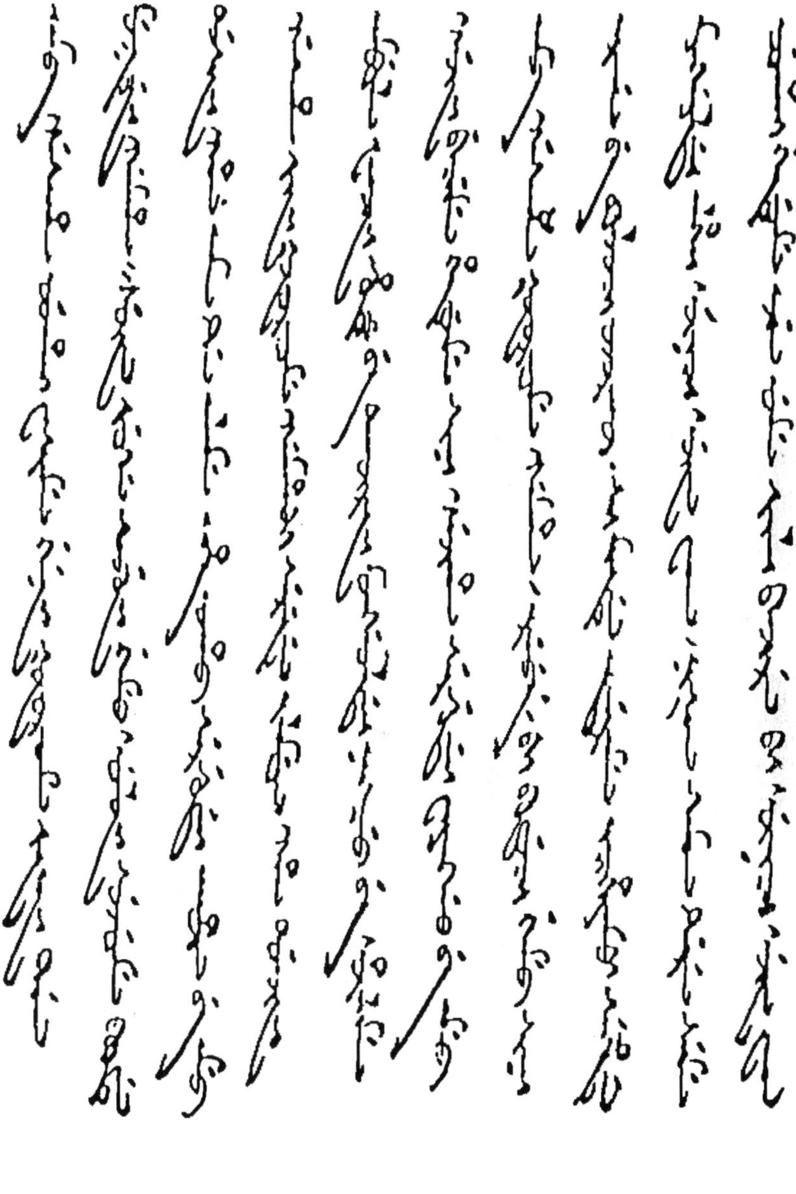

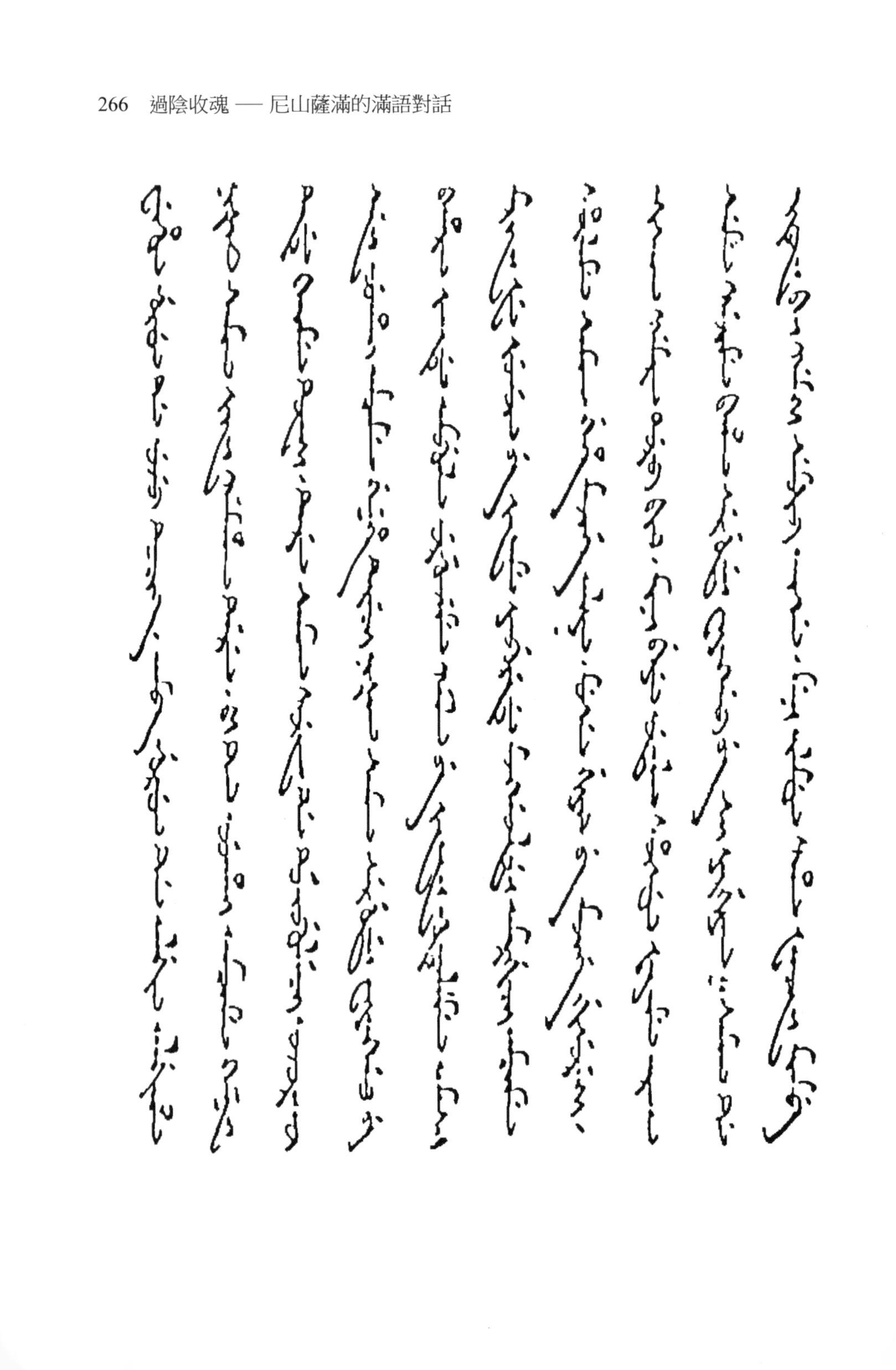

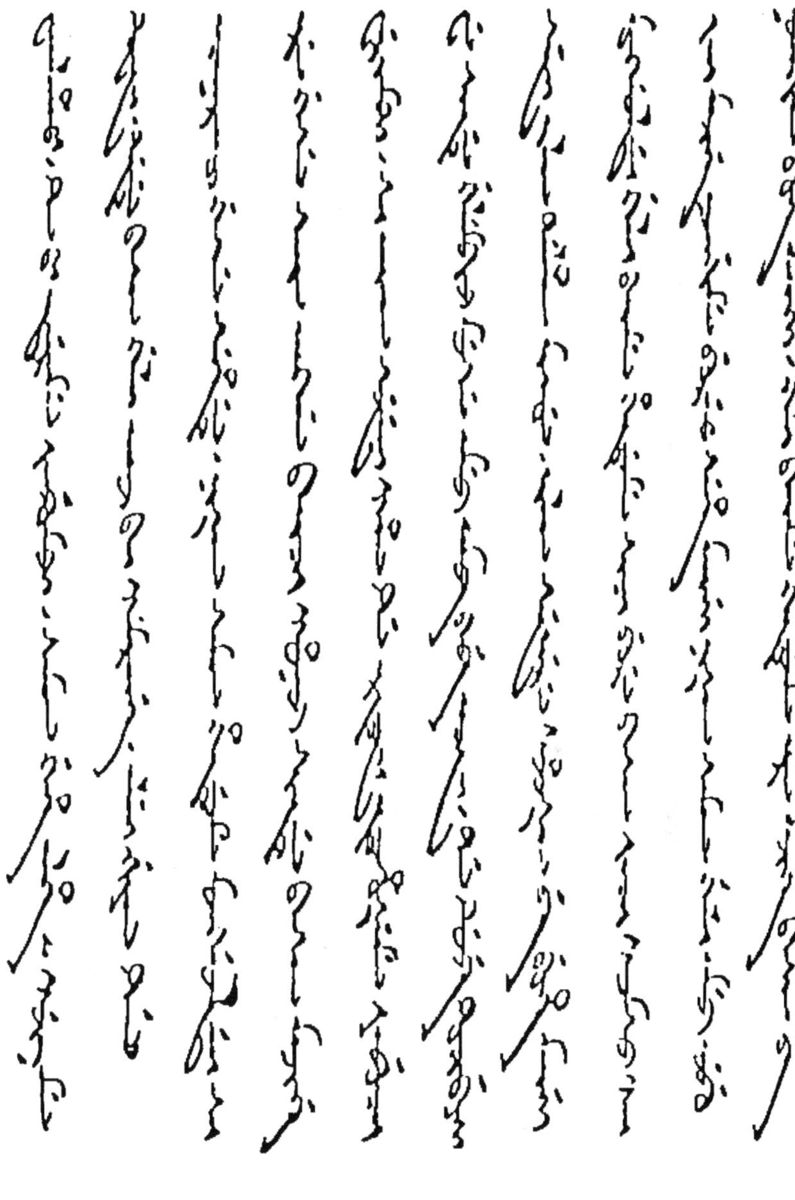

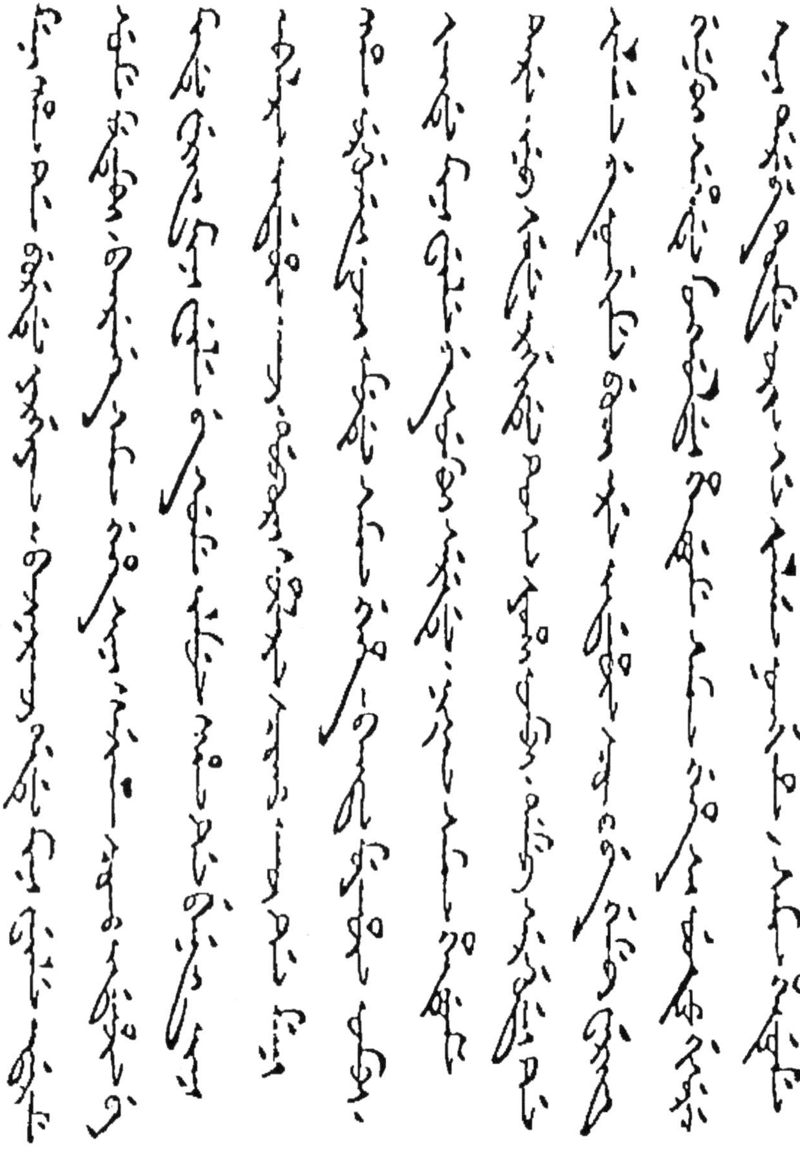

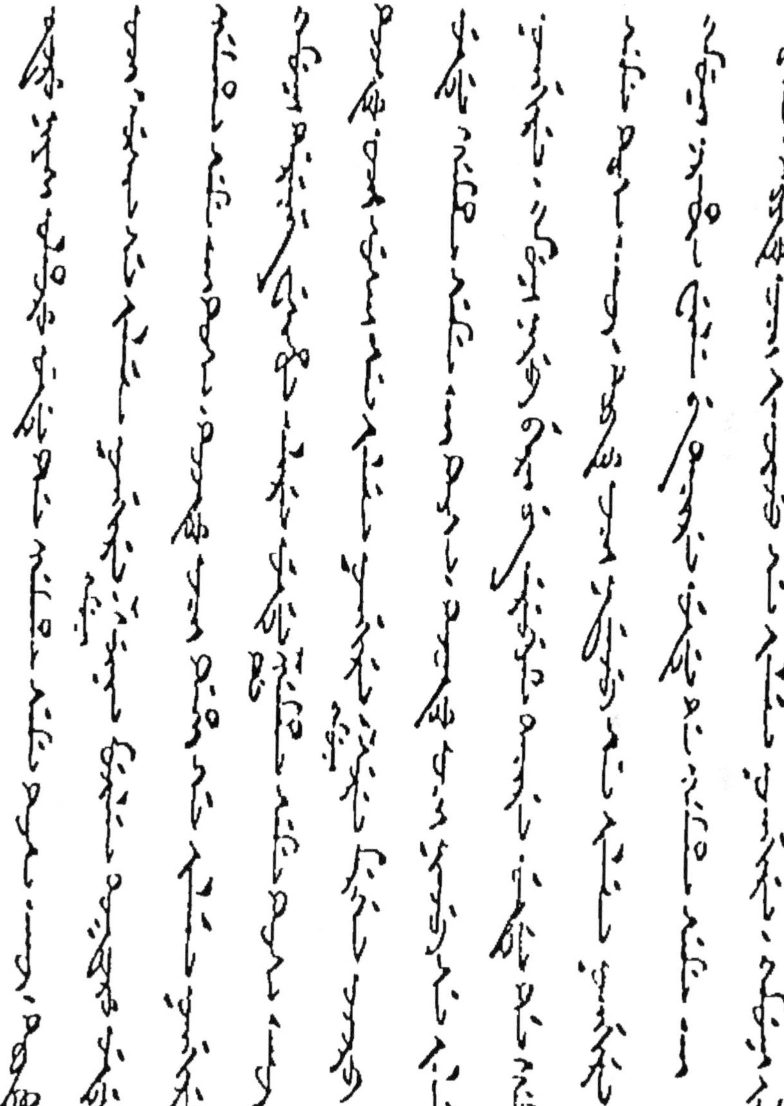

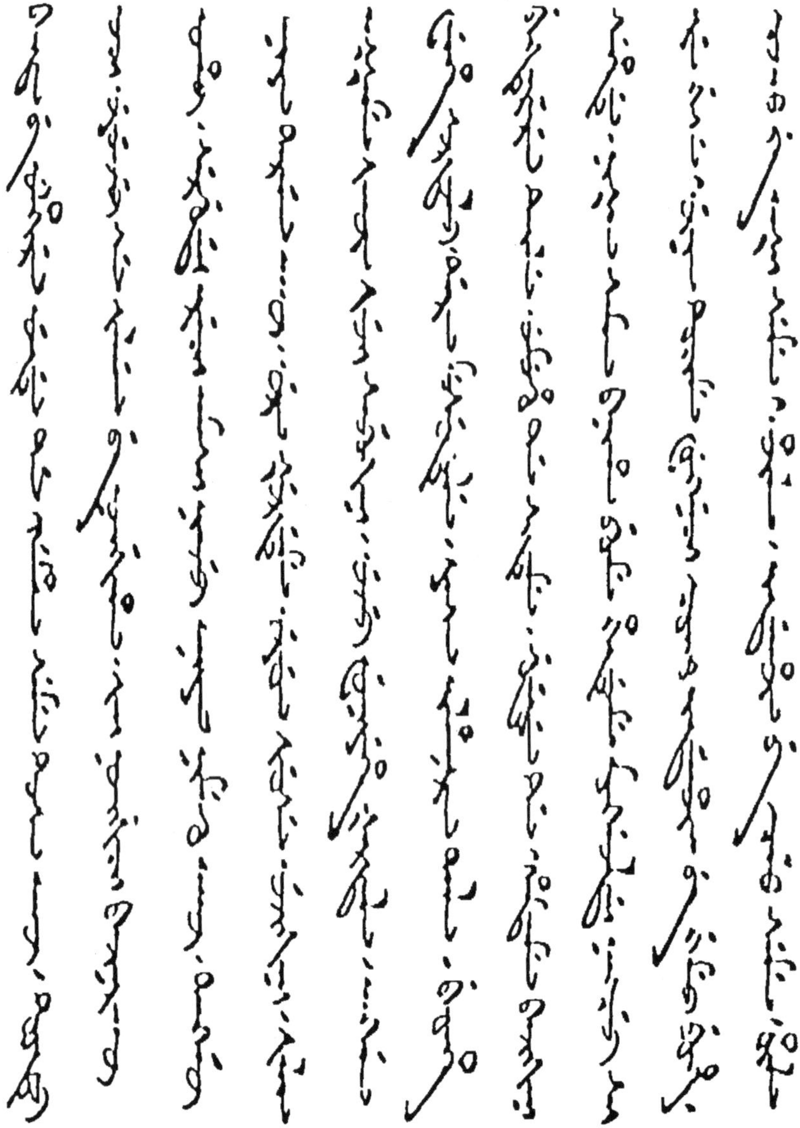

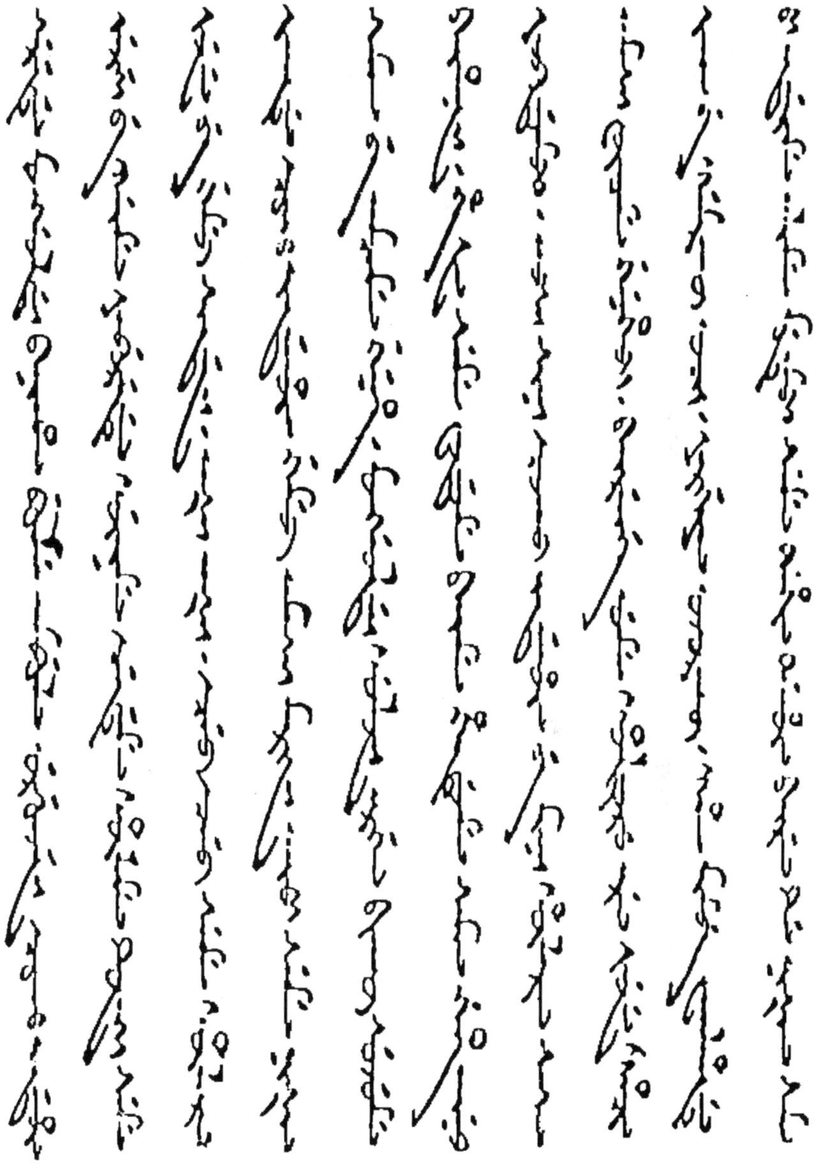

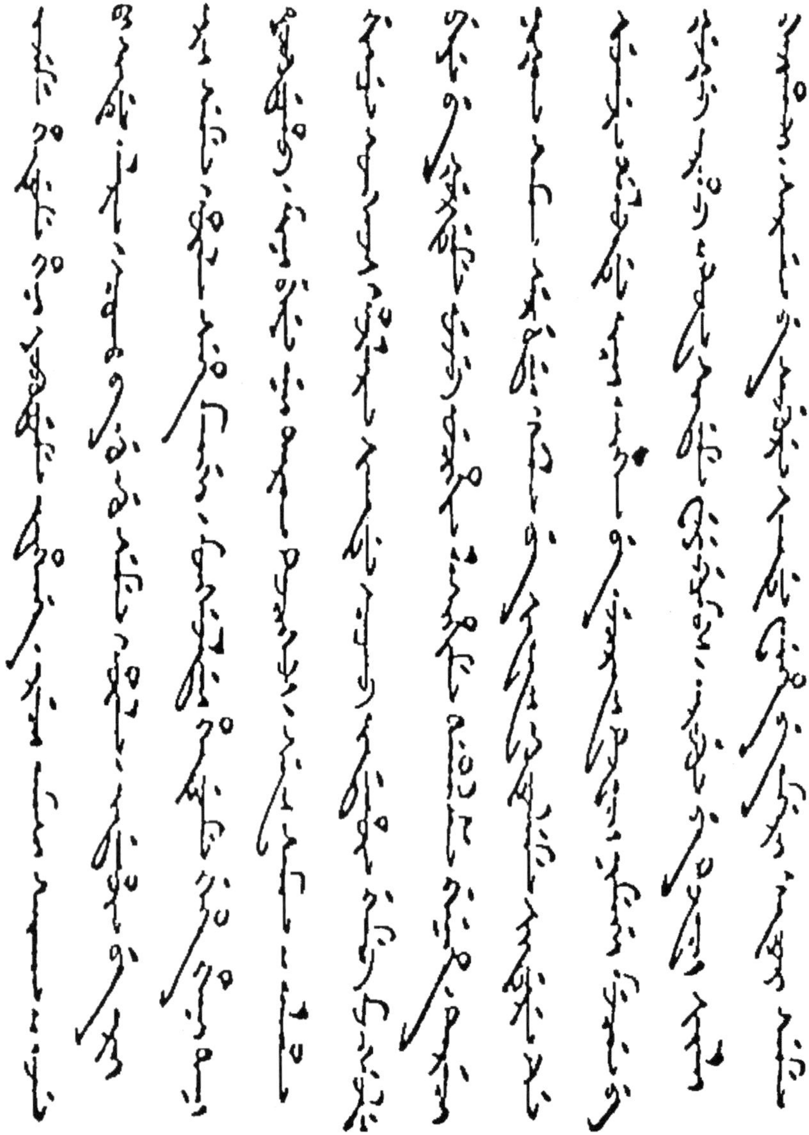

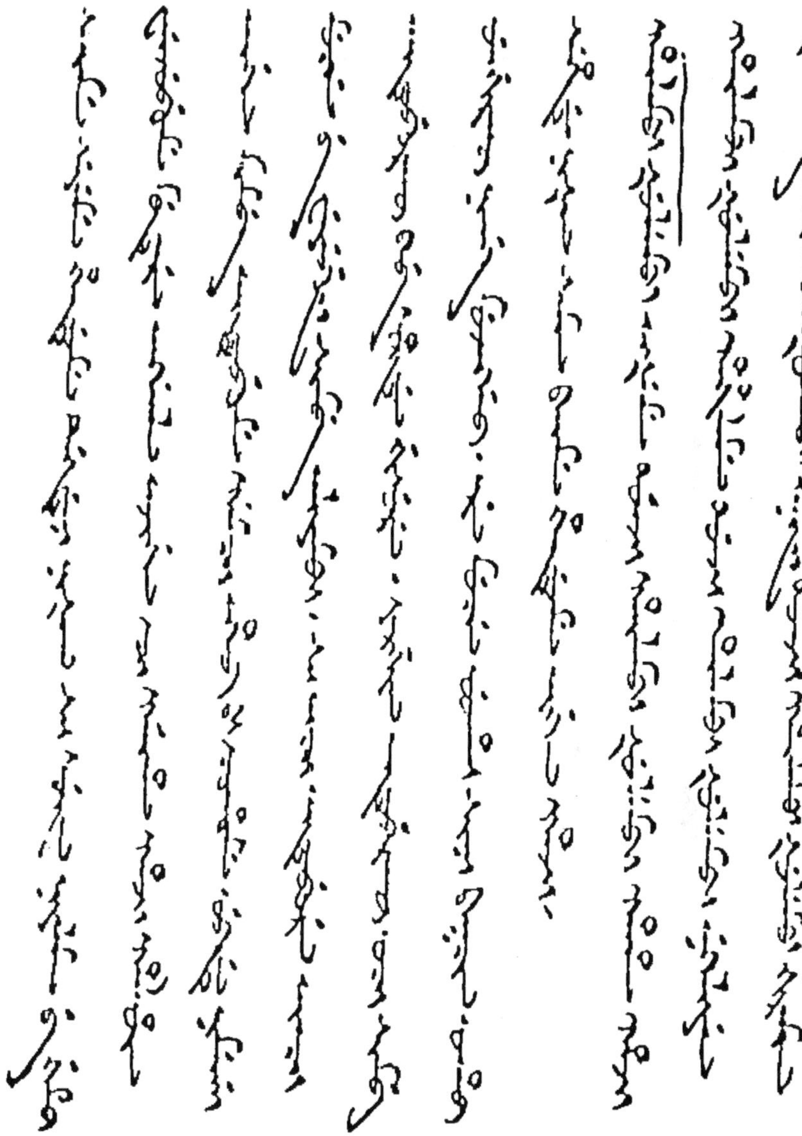

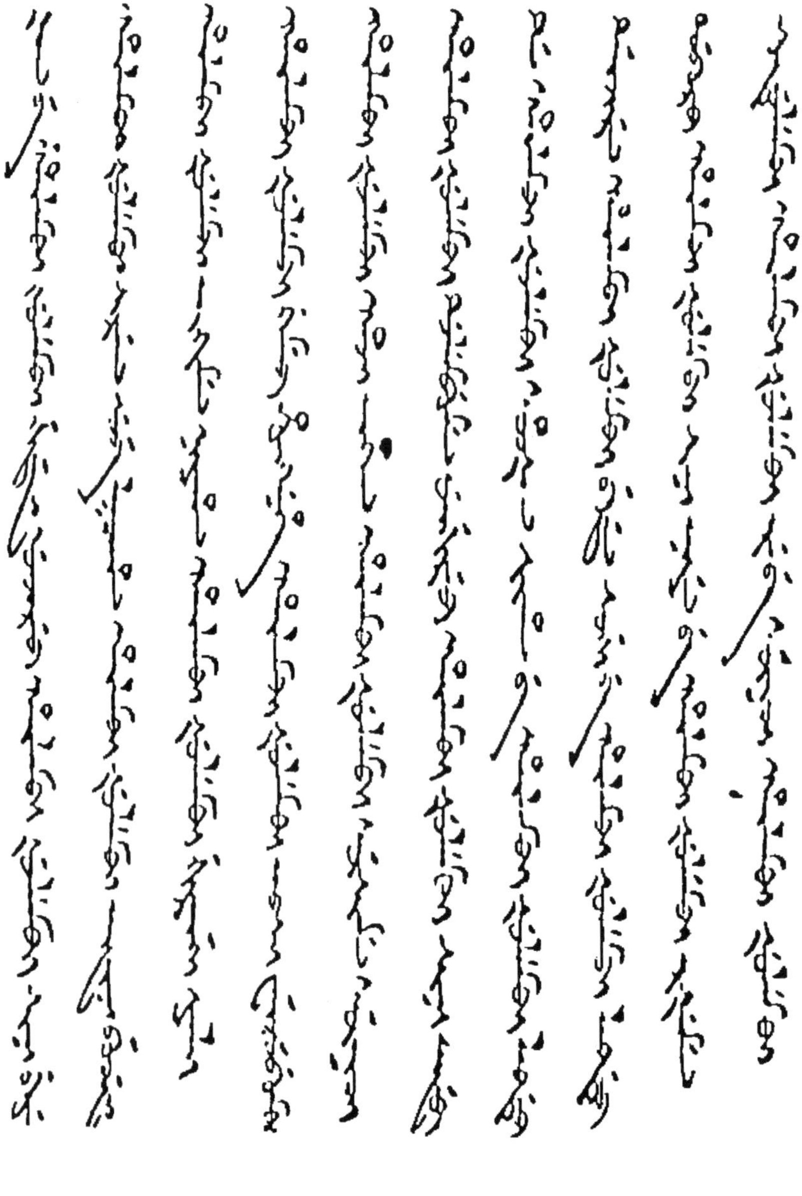

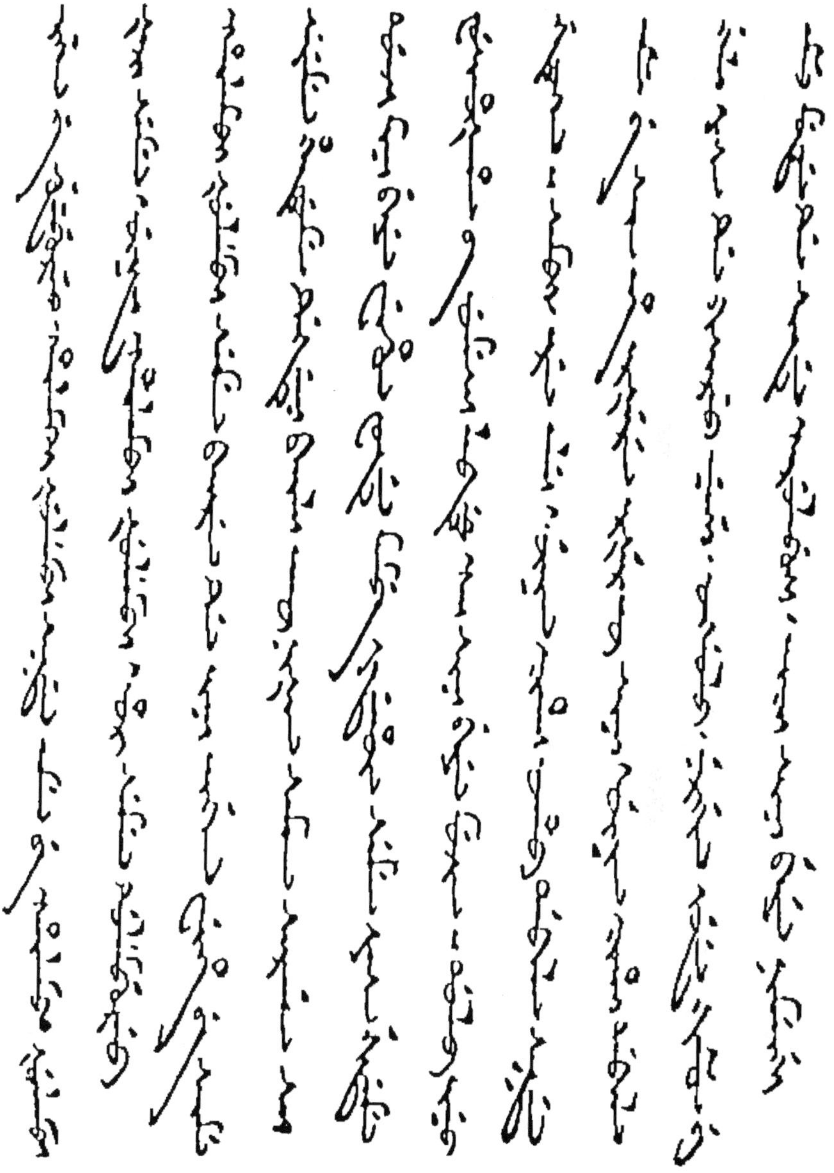

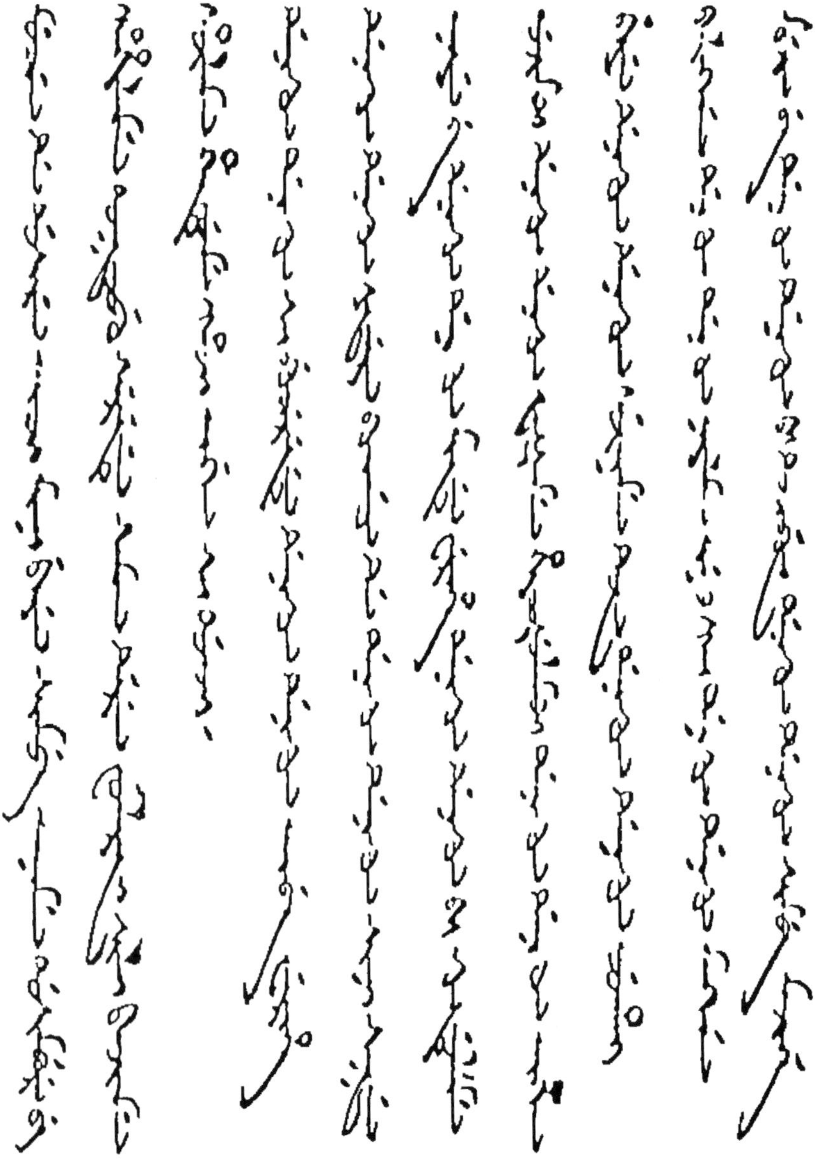

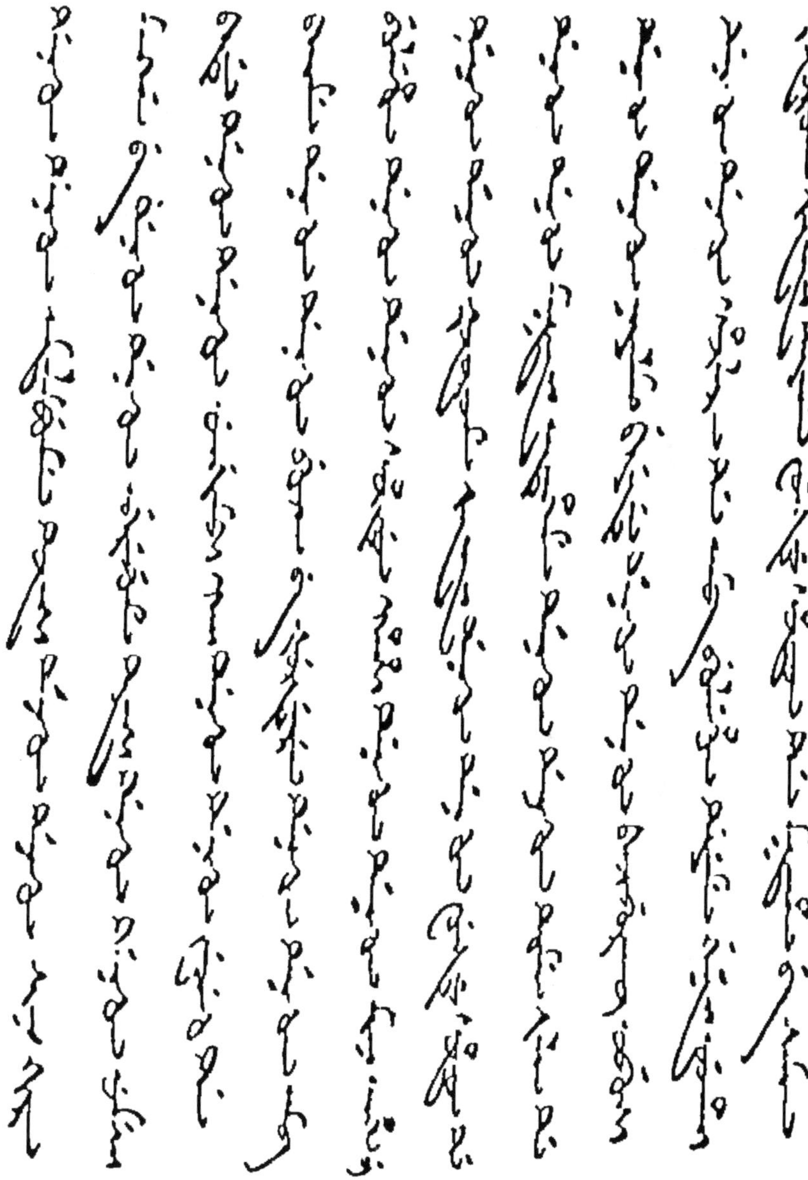

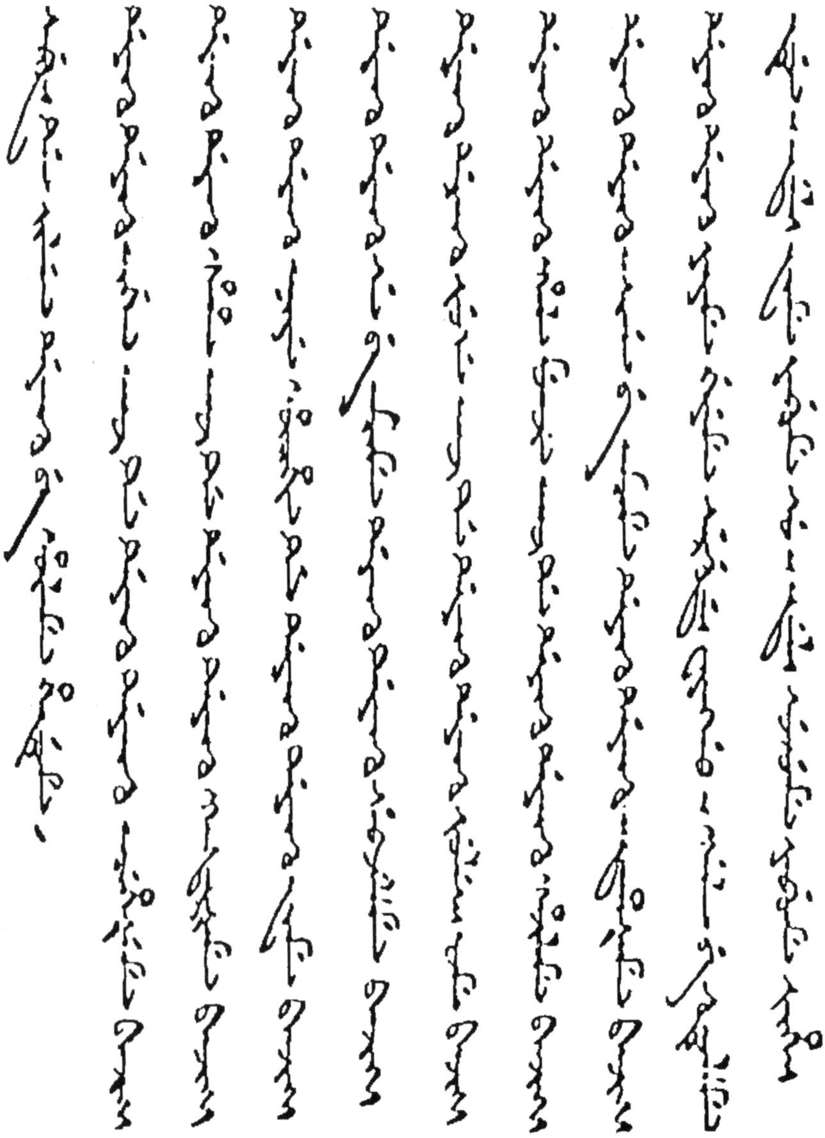

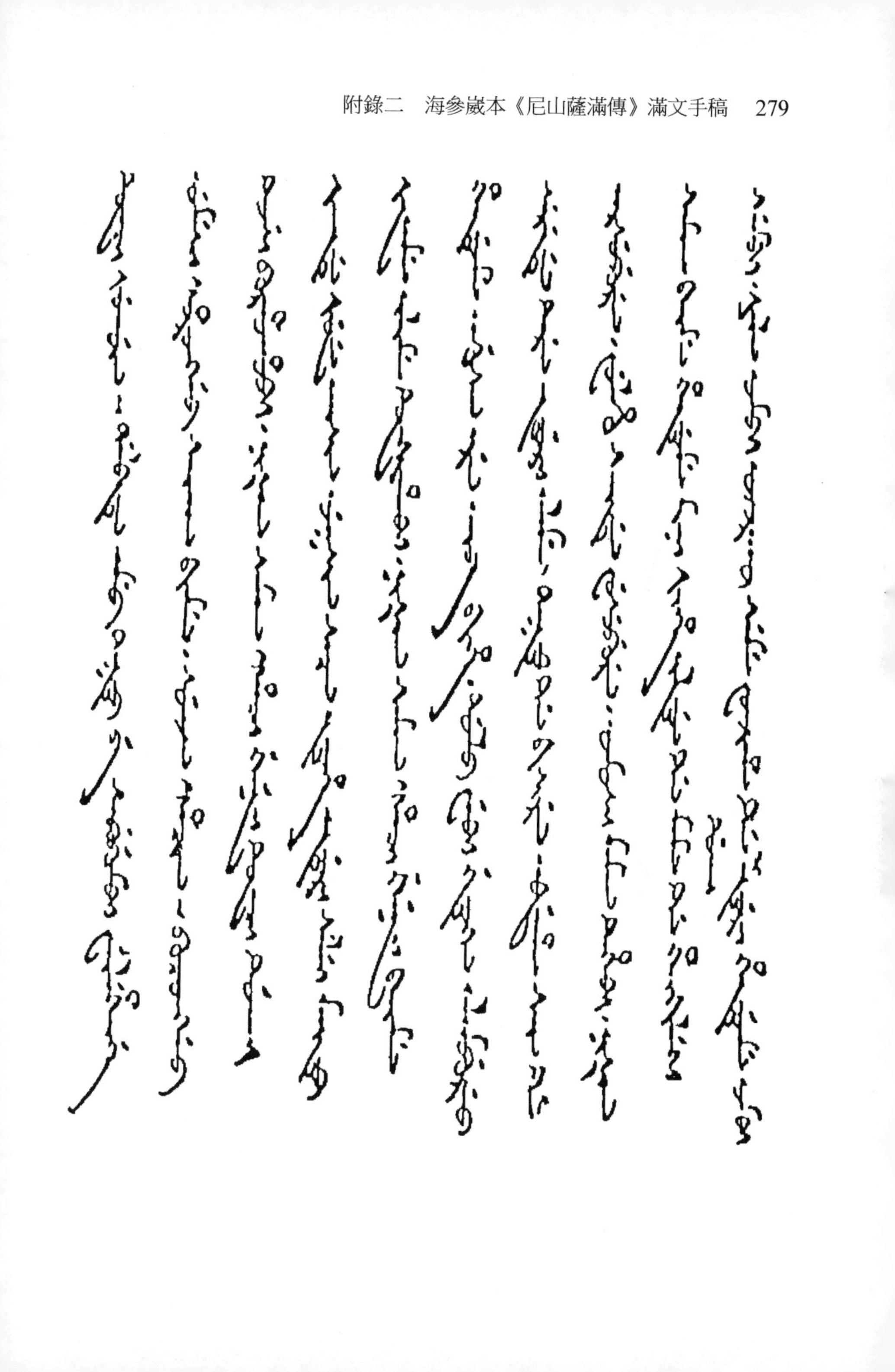

[illegible]

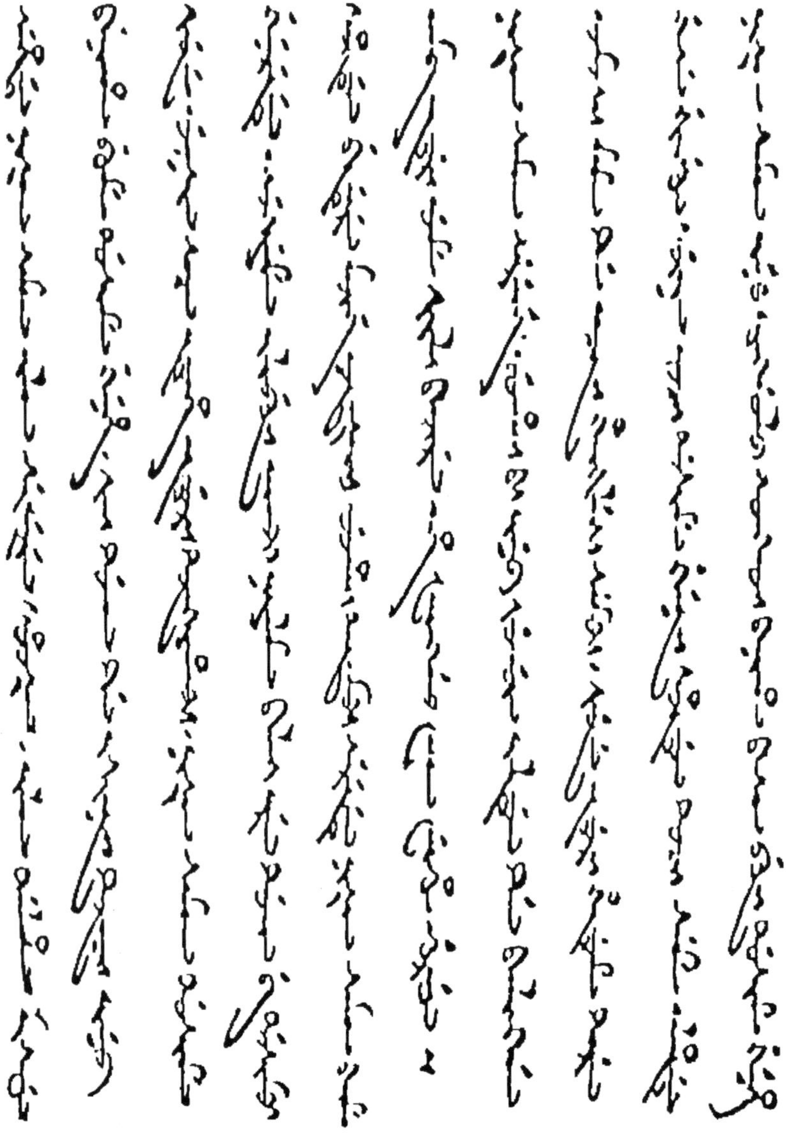

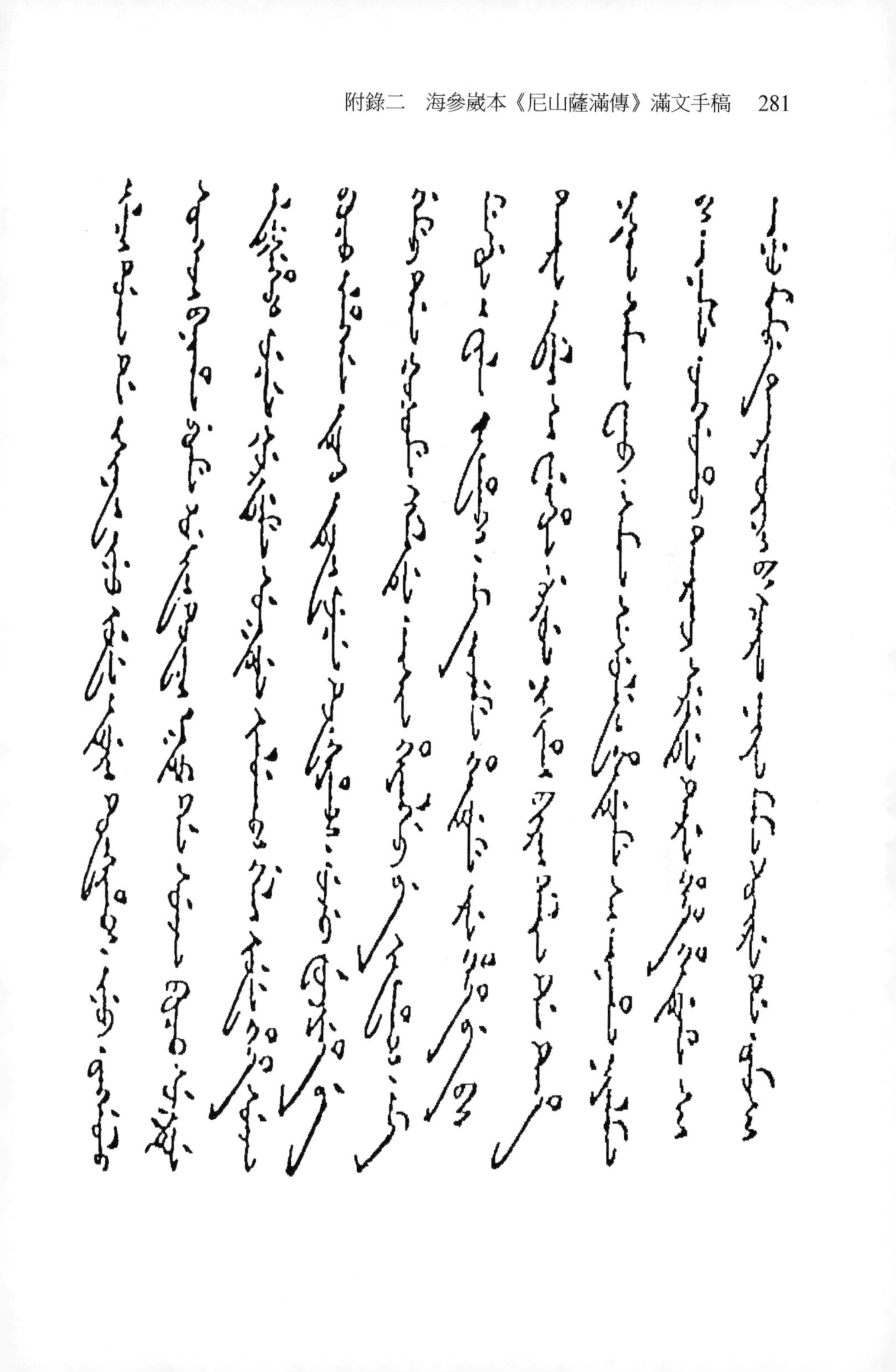

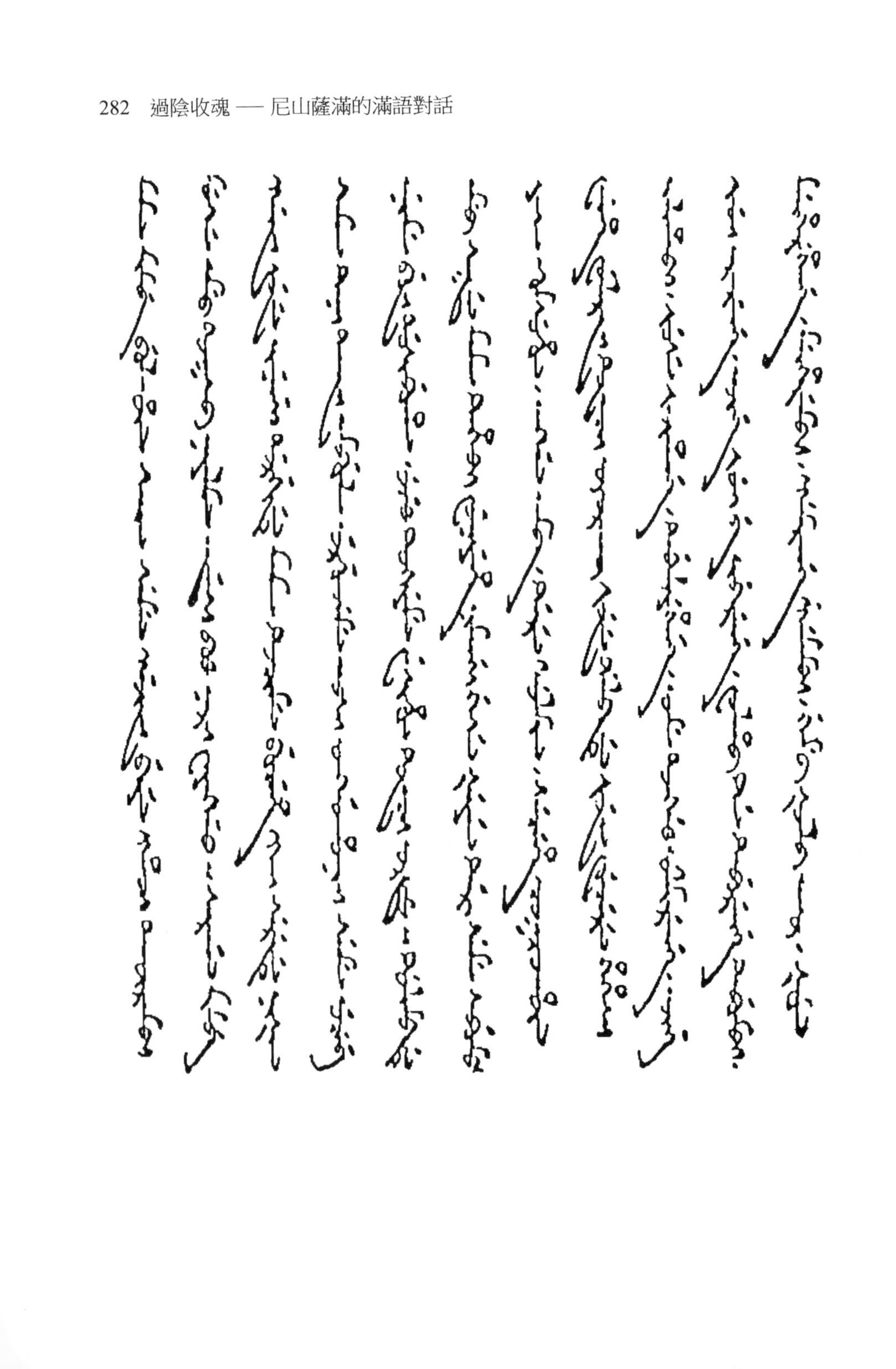

[illegible]

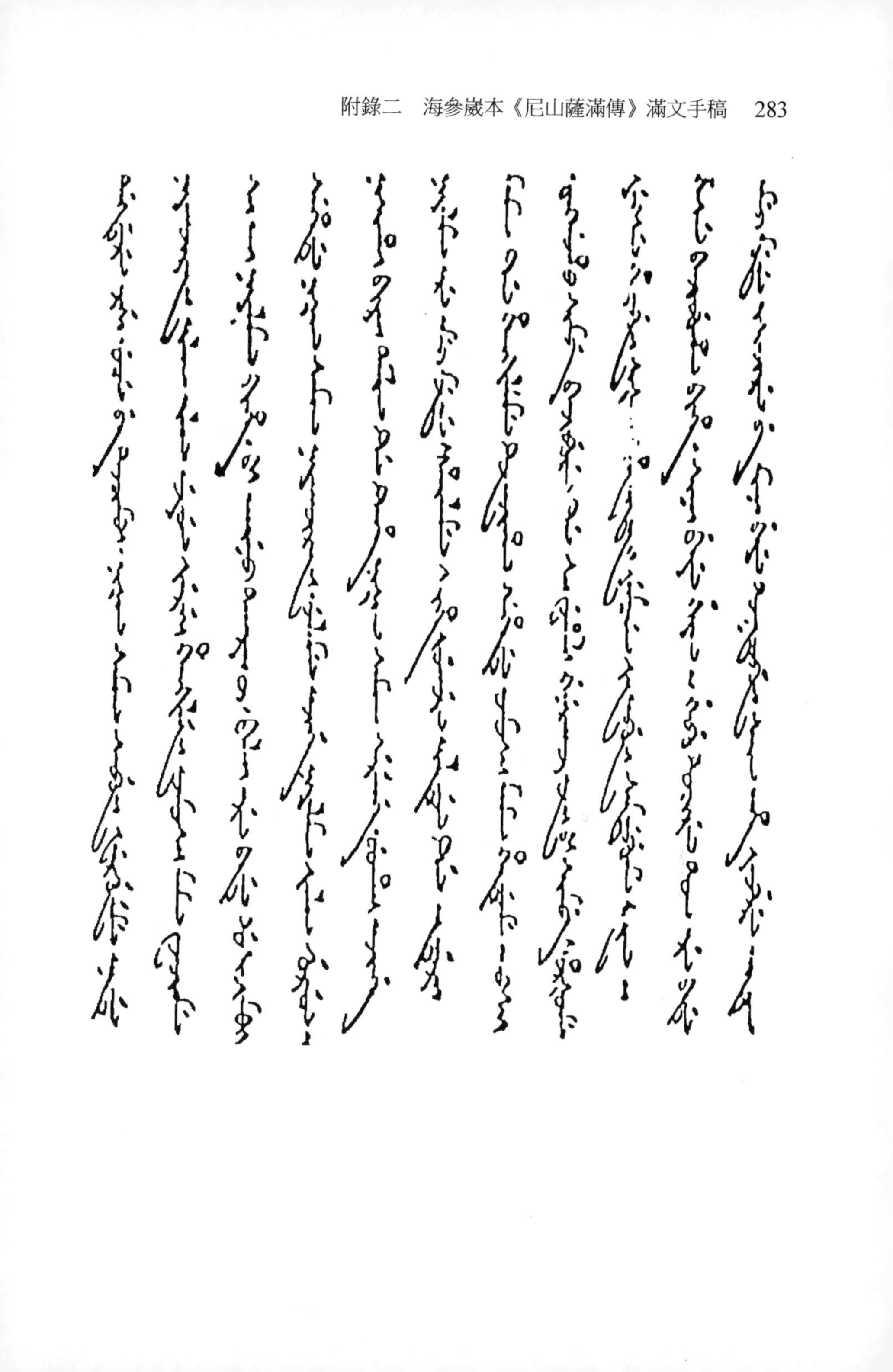

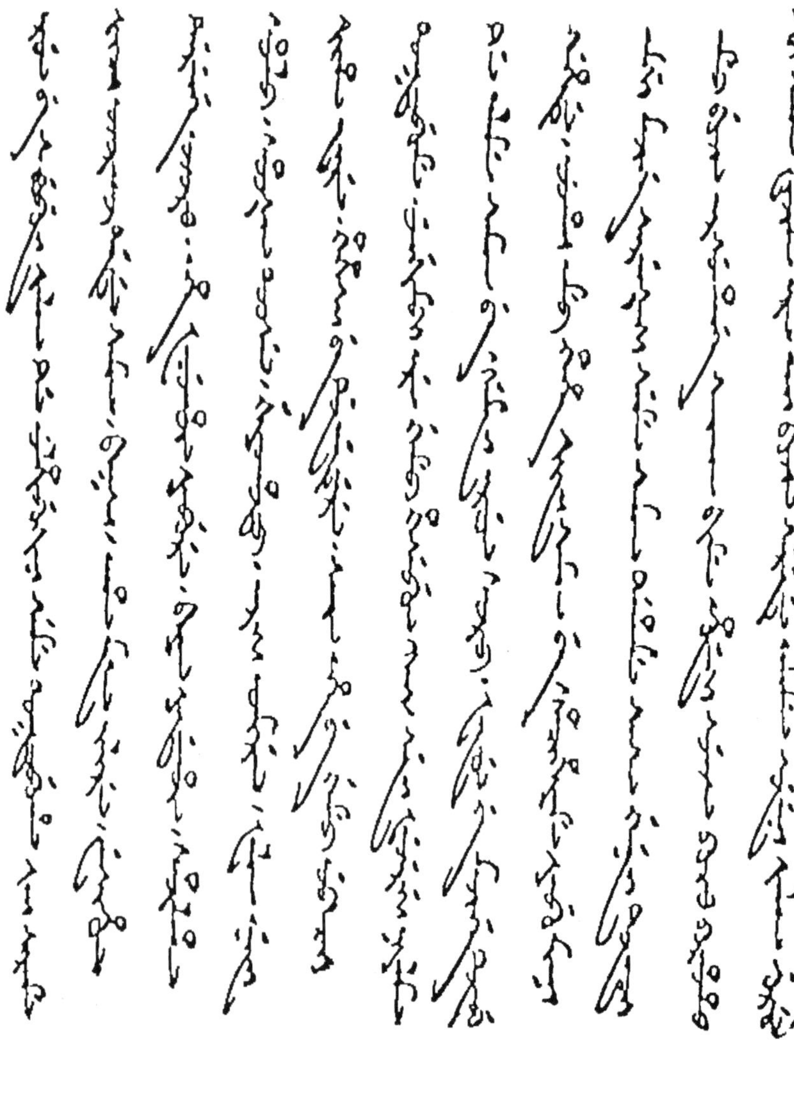

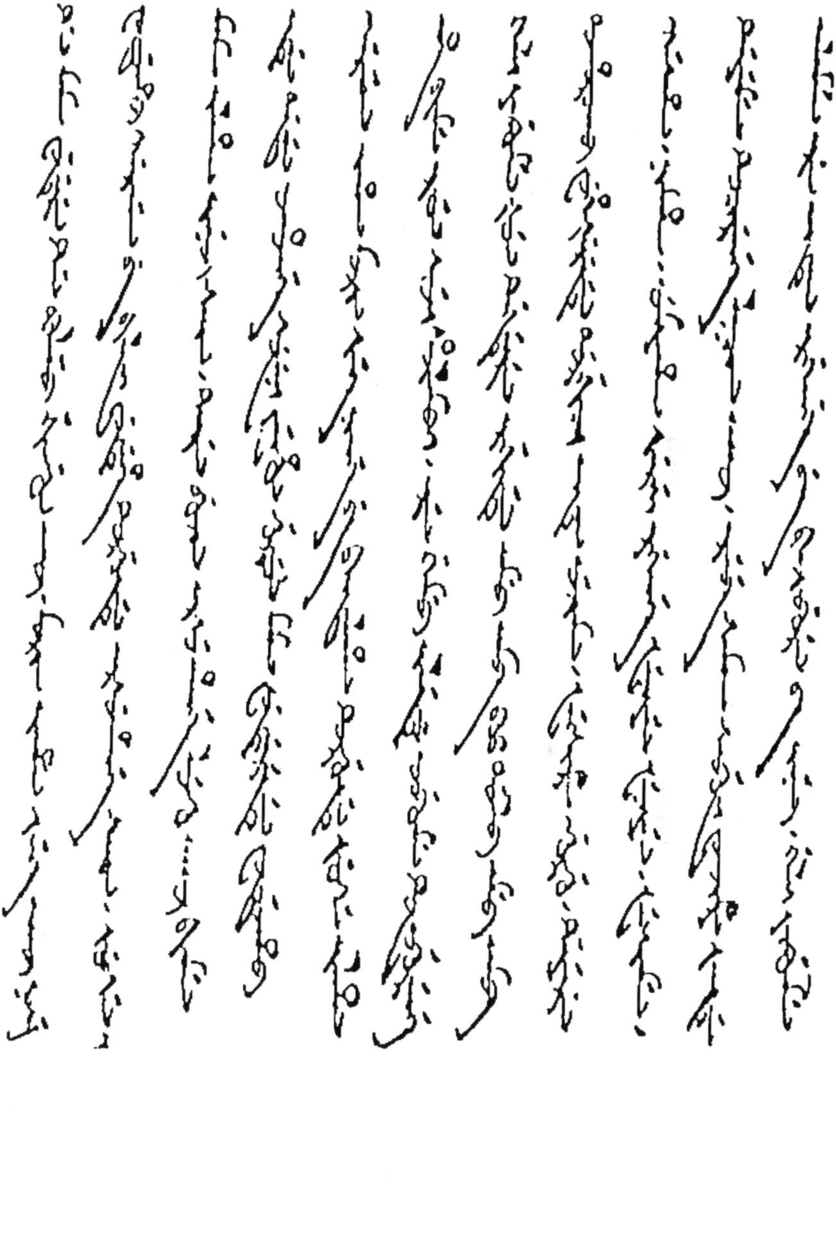

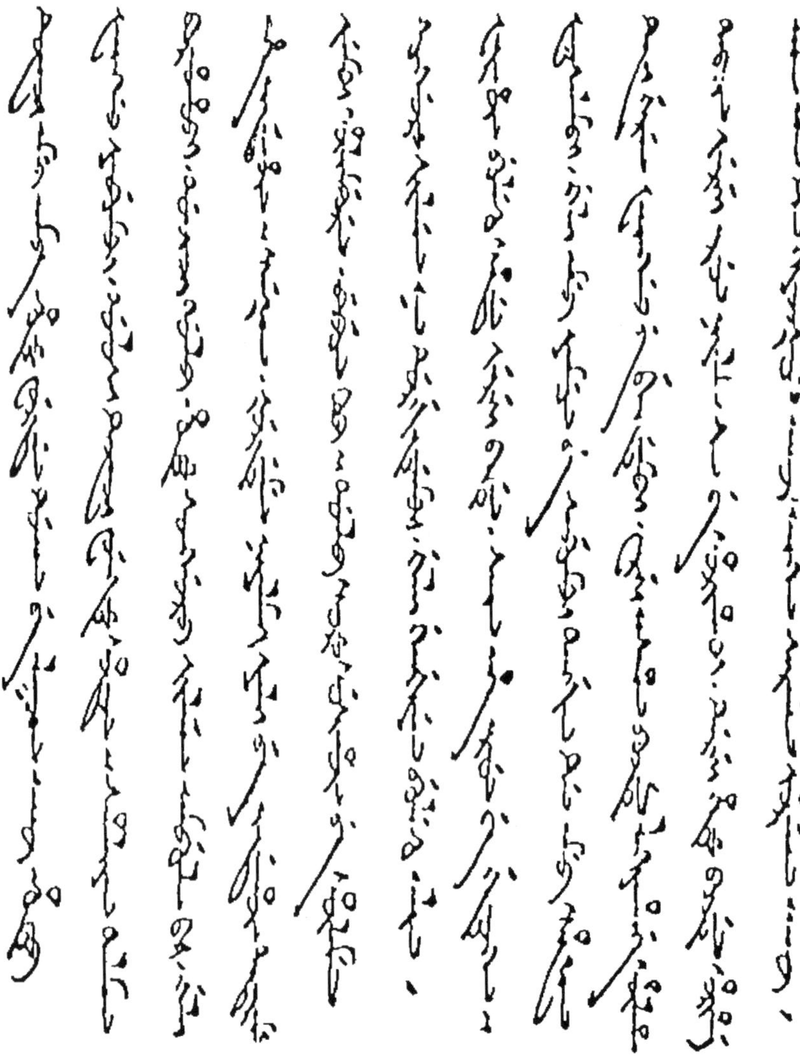

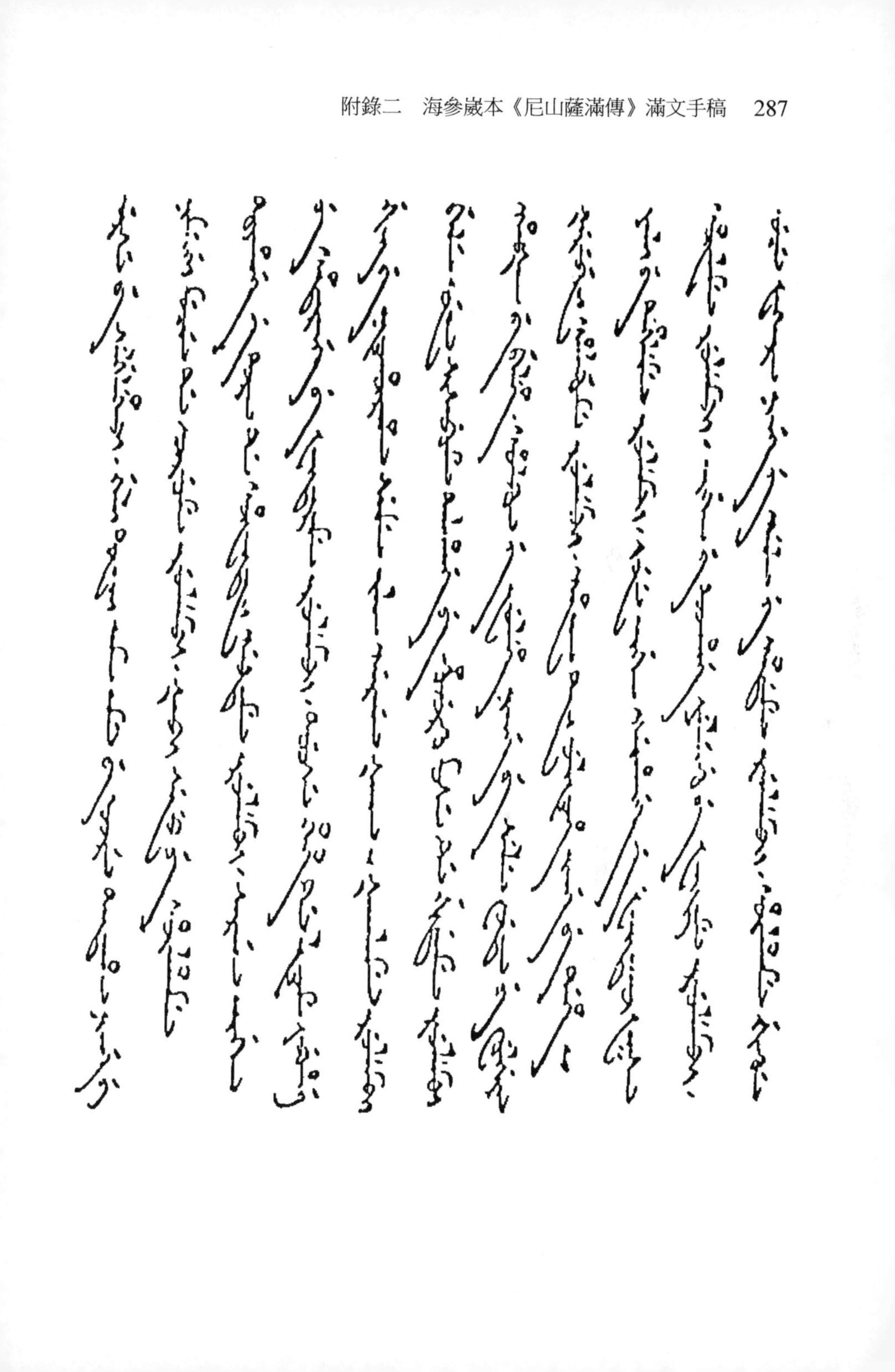

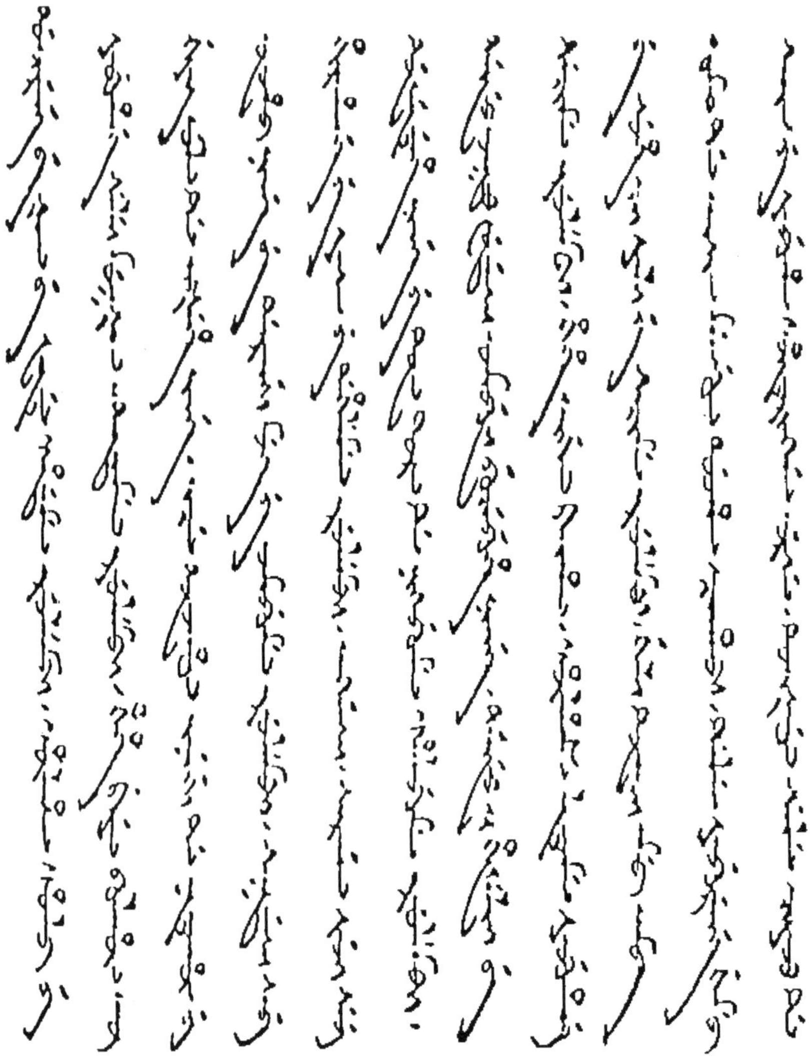

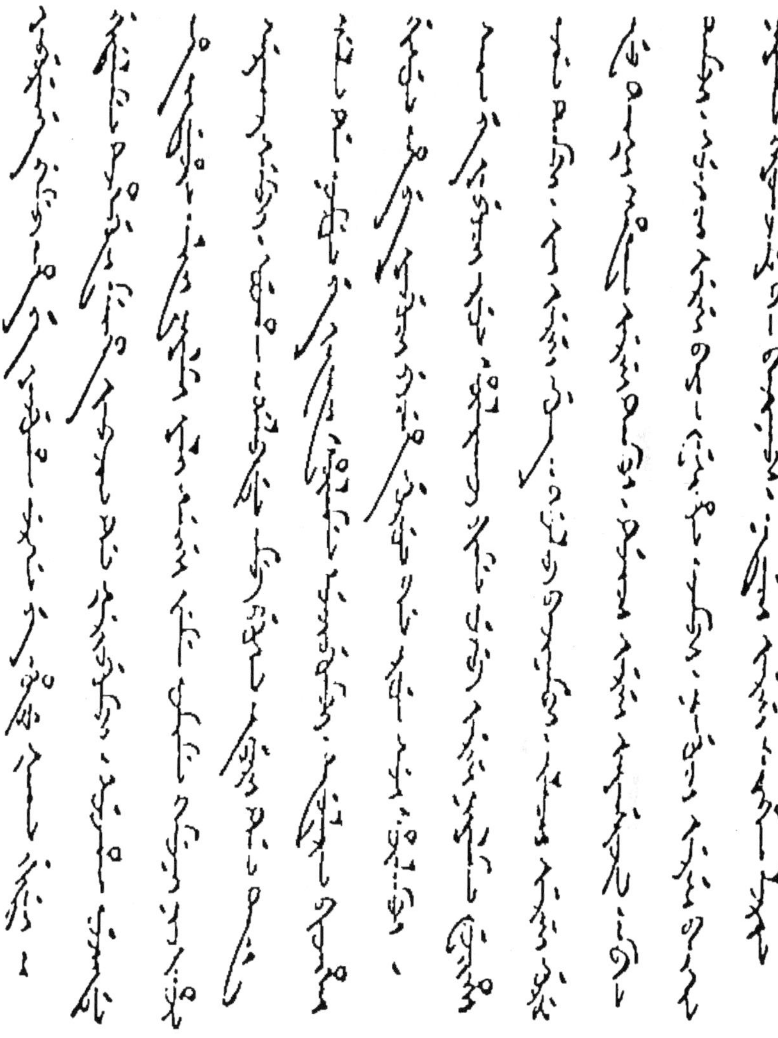

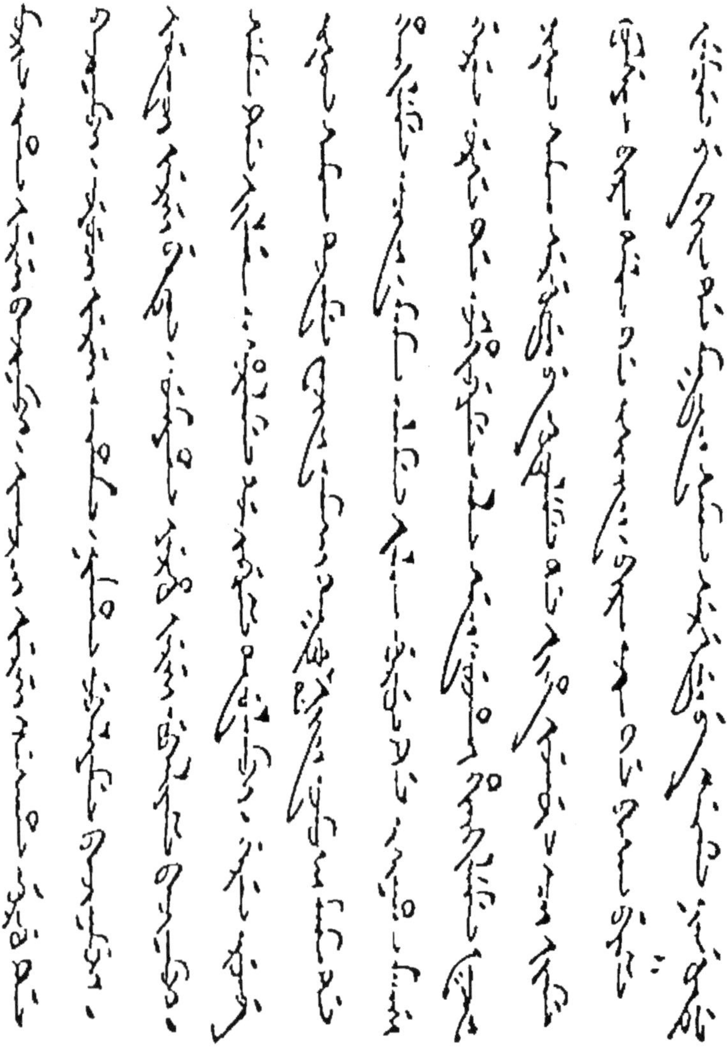

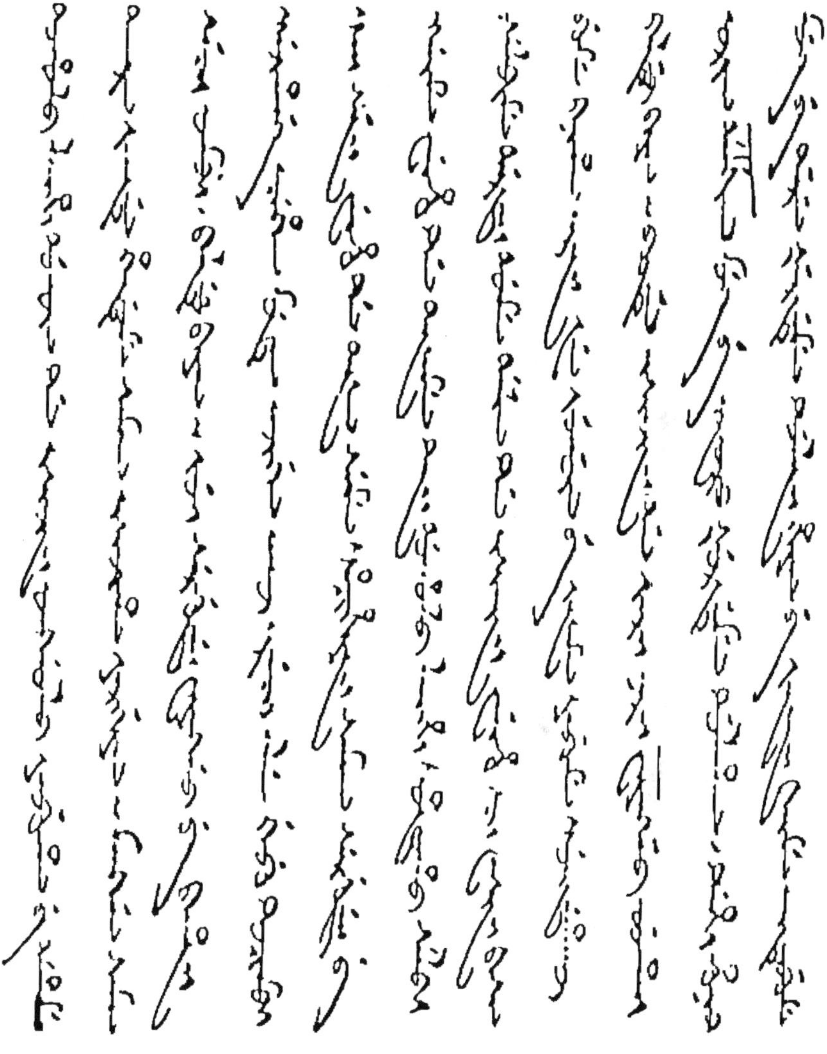

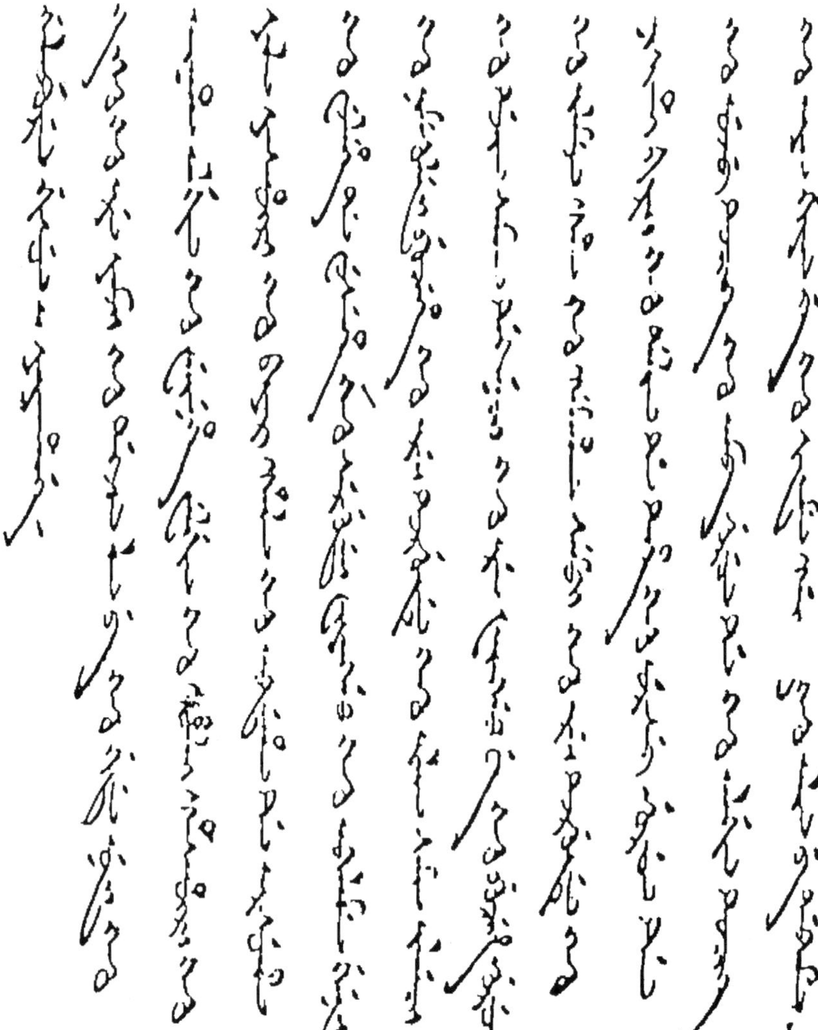

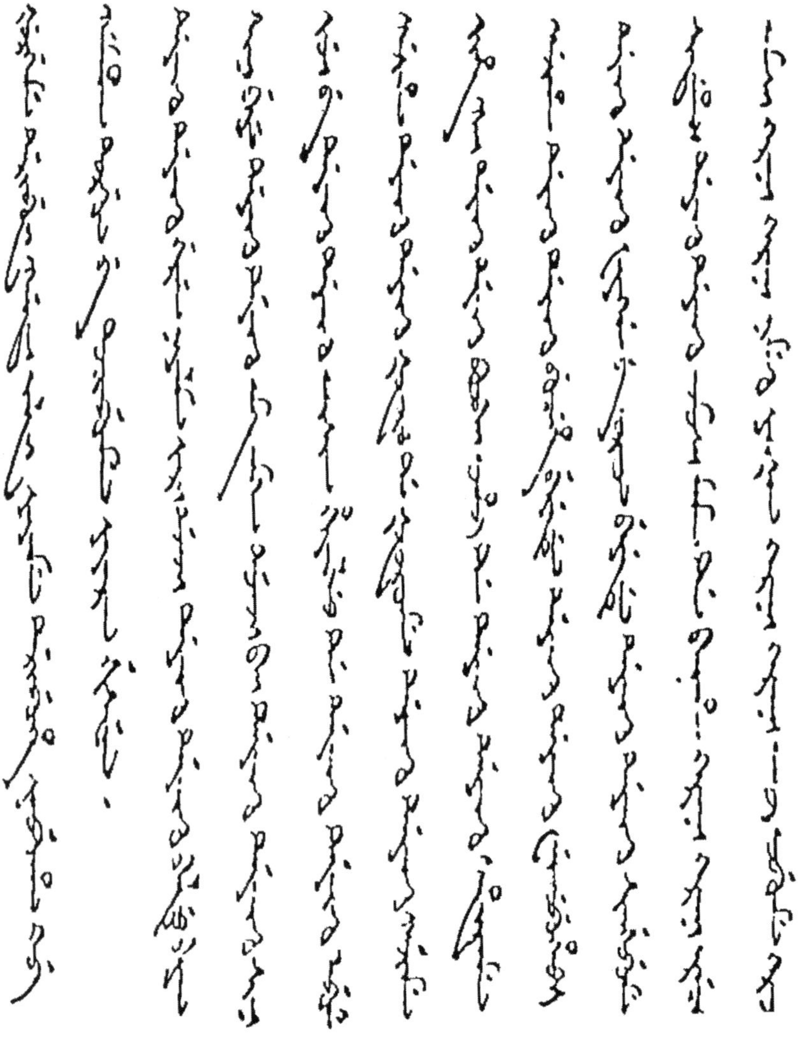

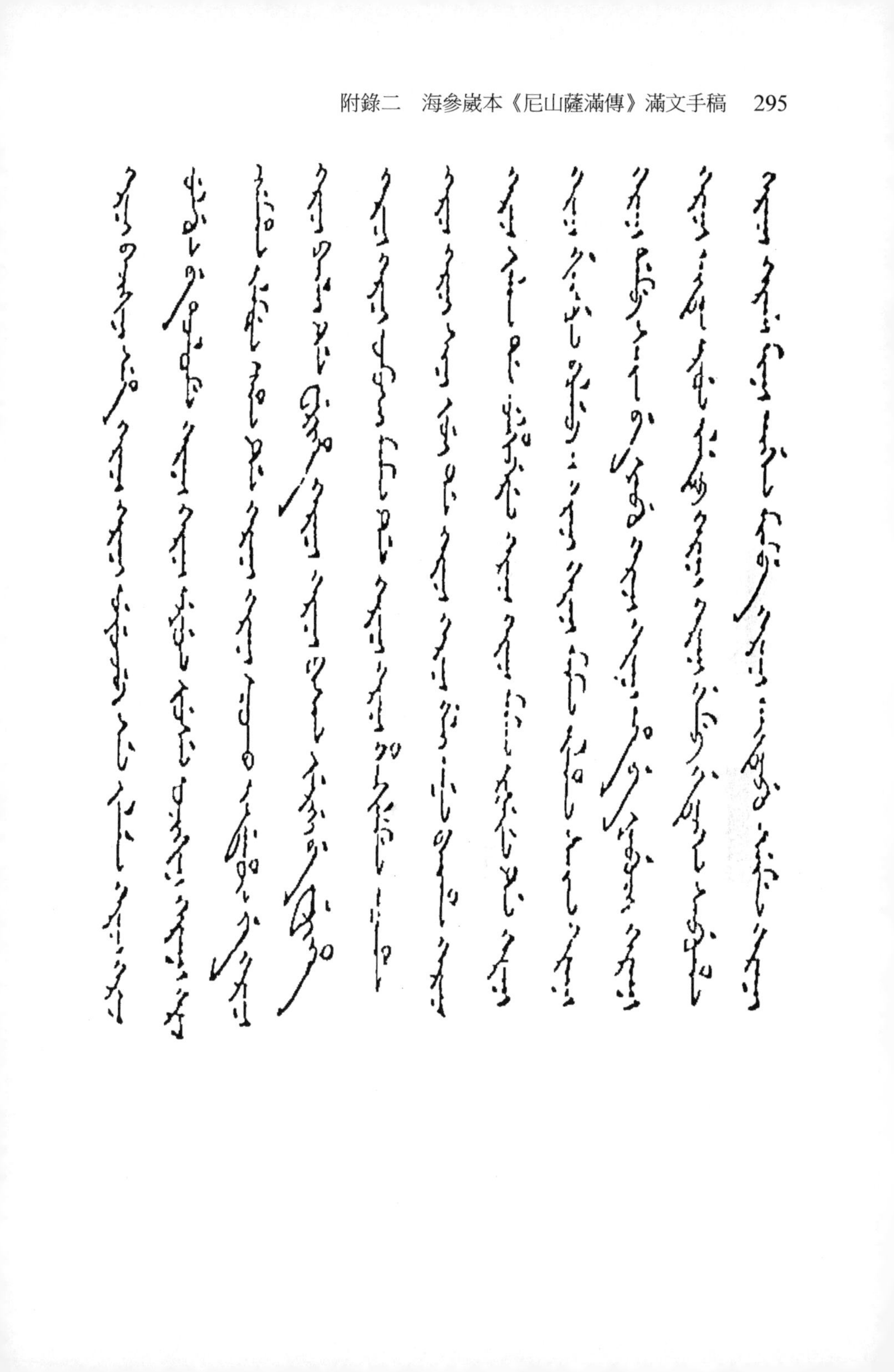

[illegible]

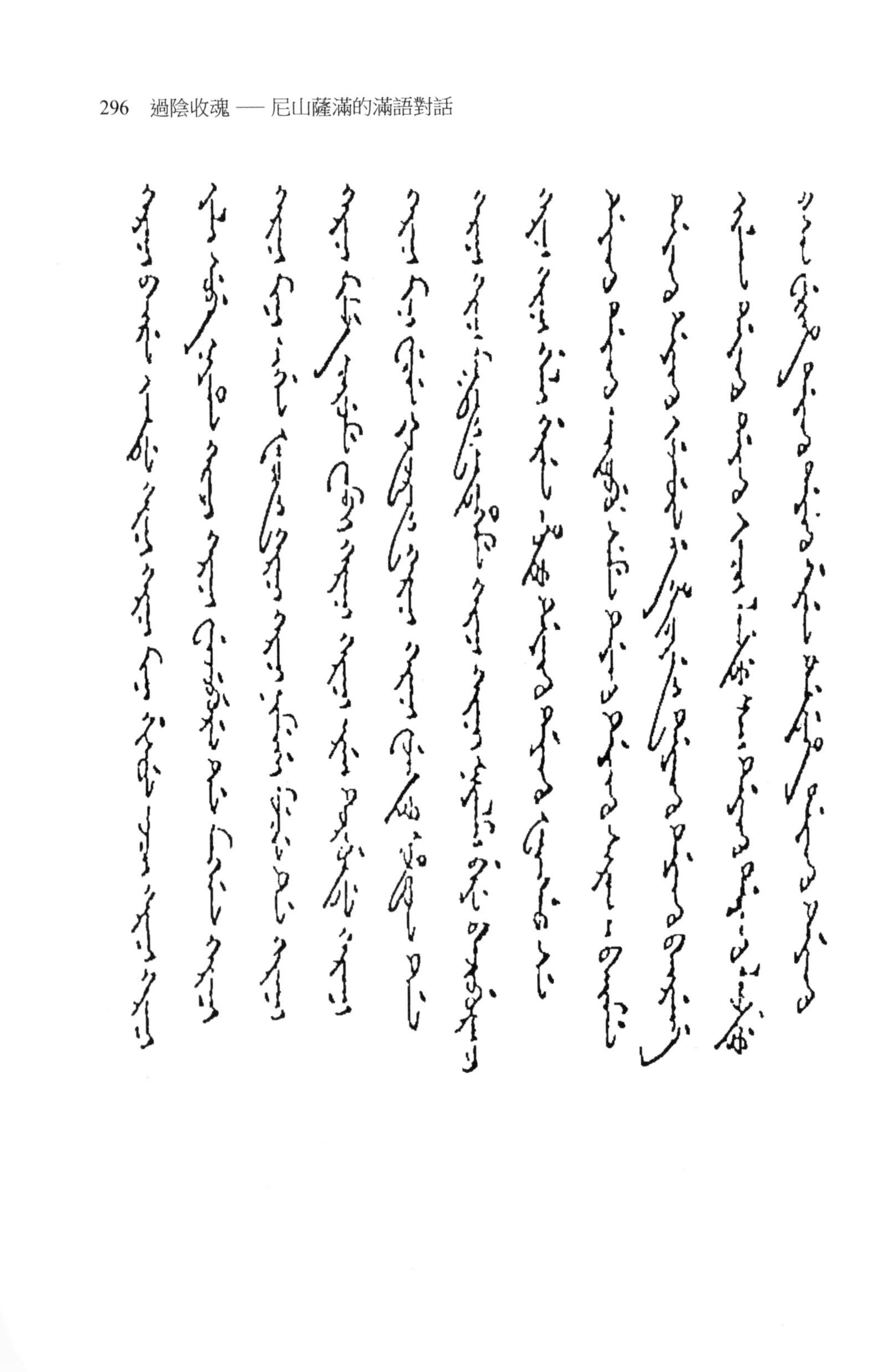

[illegible]

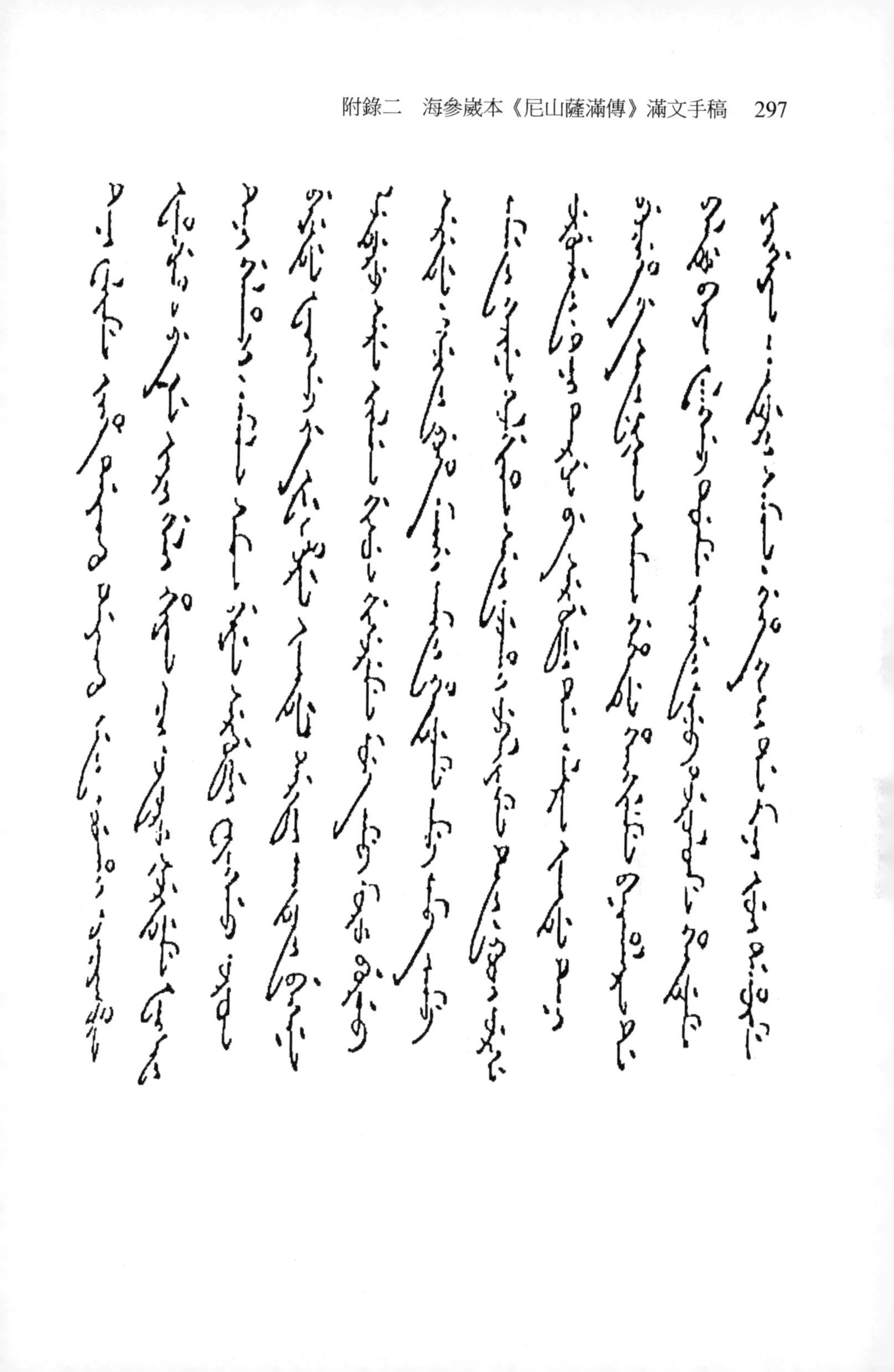

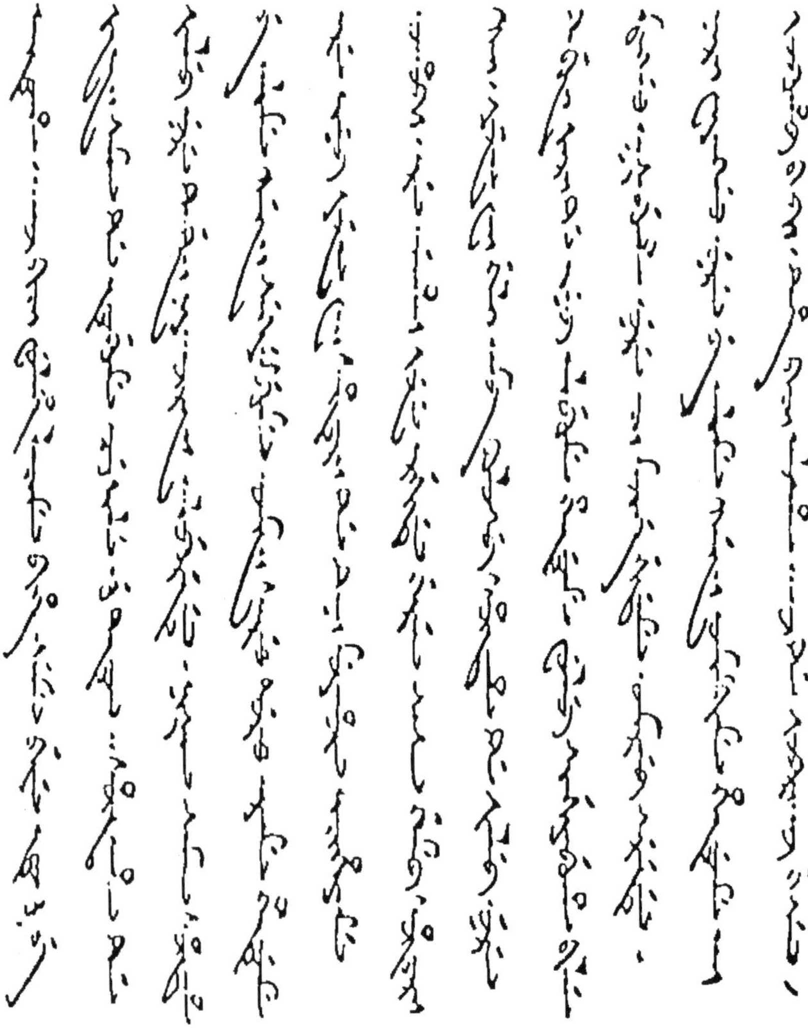

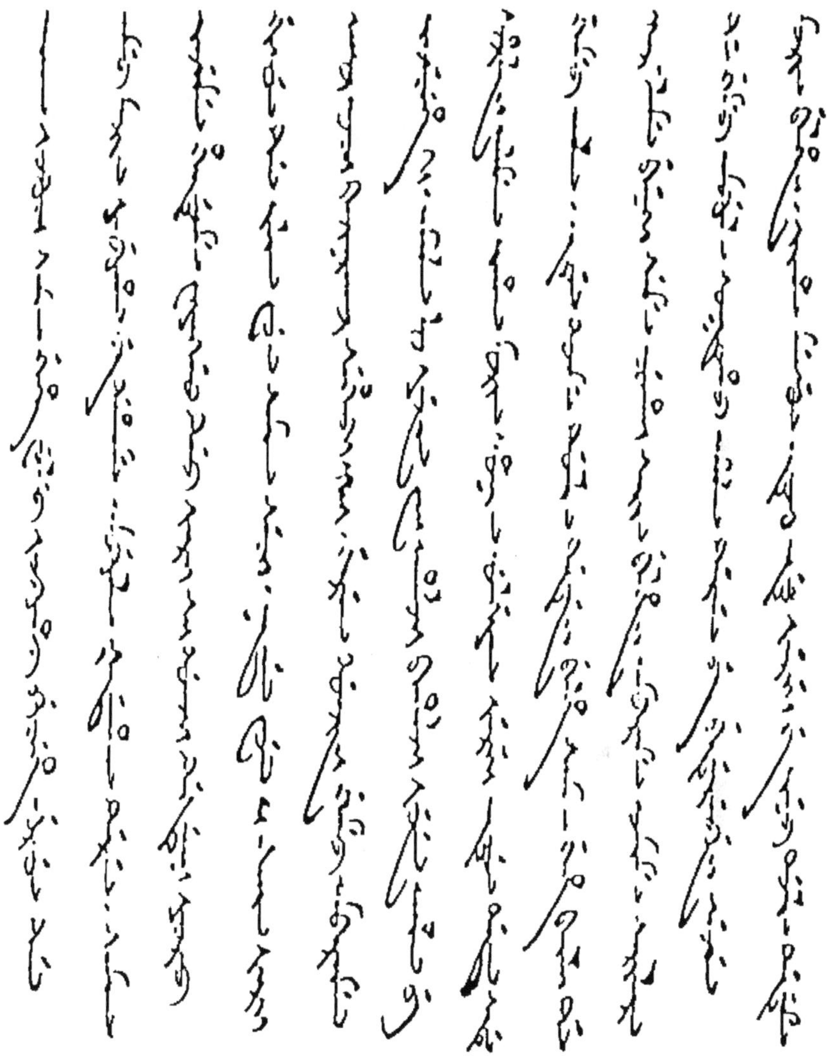

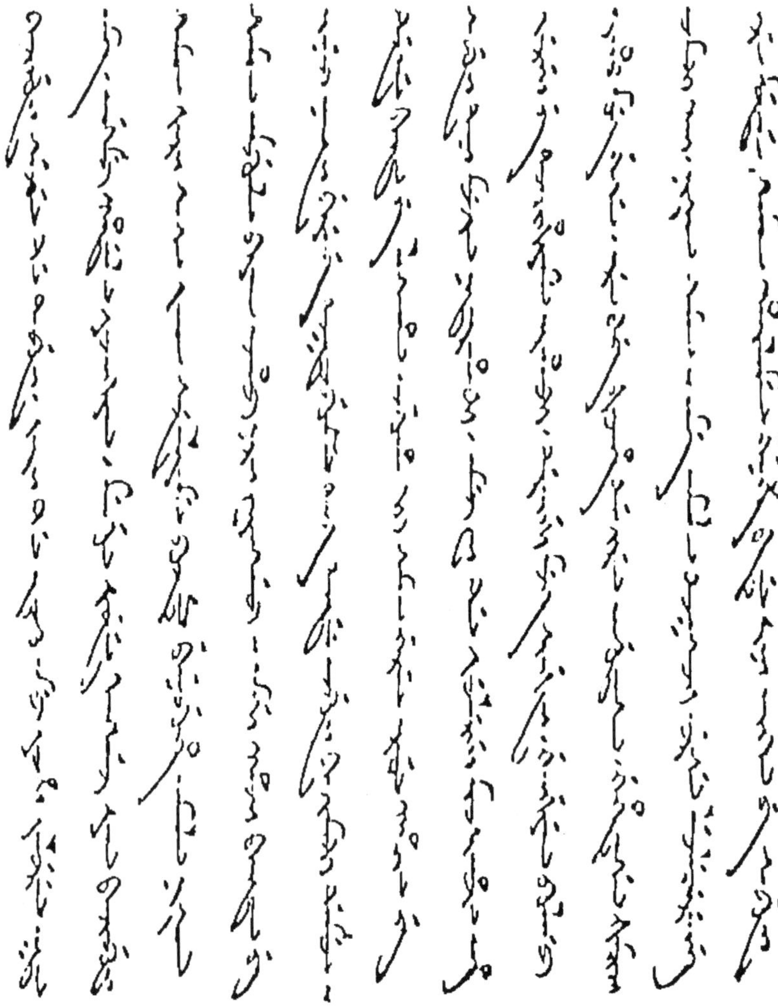

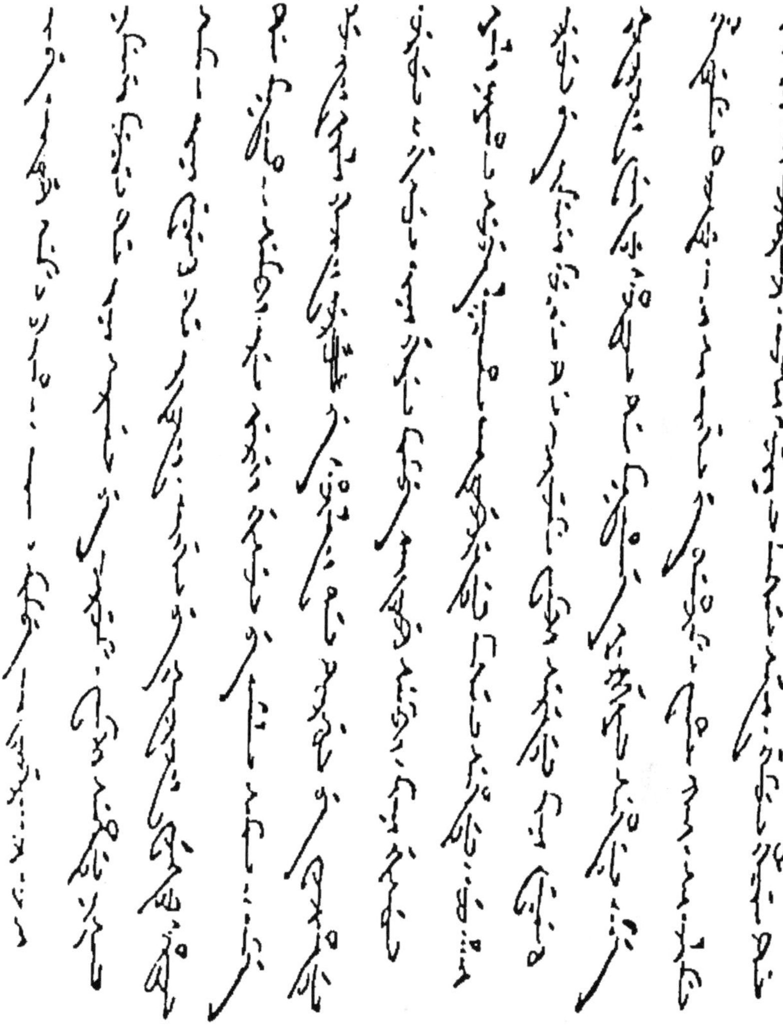

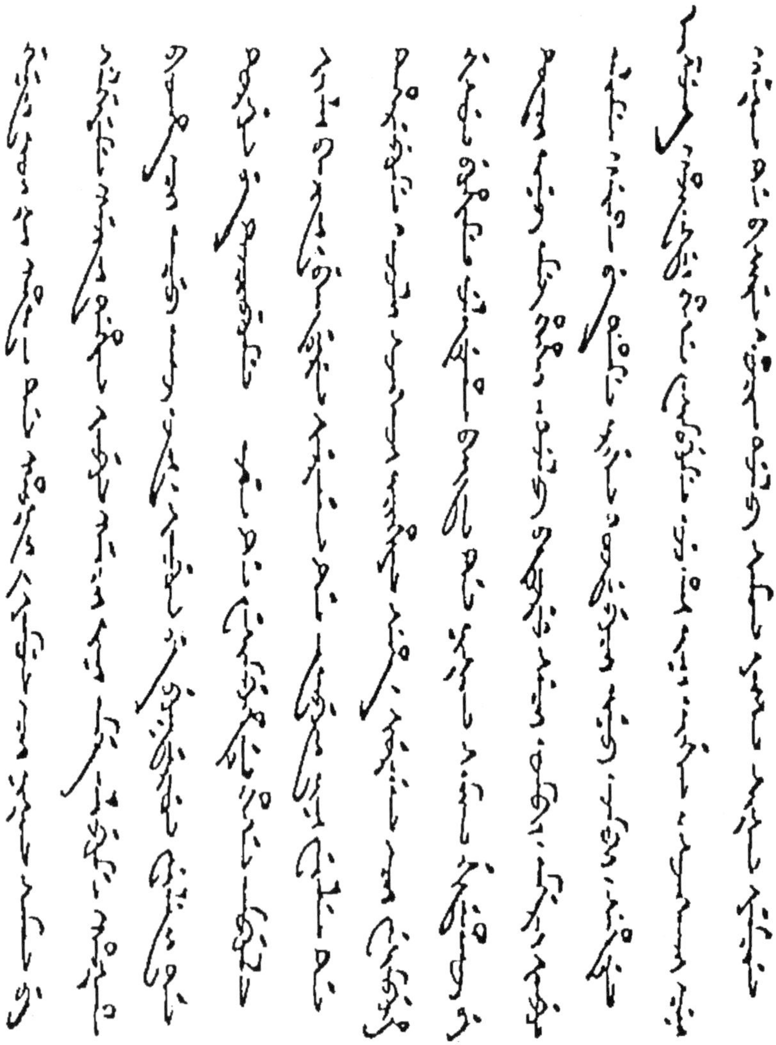

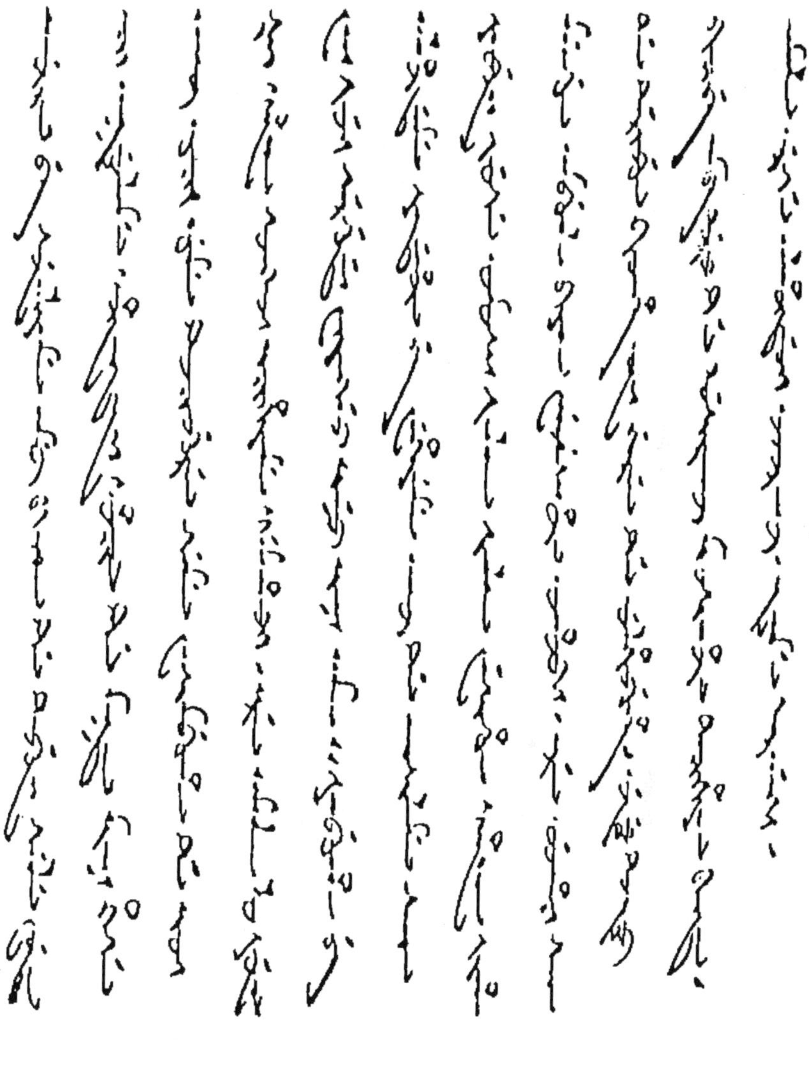

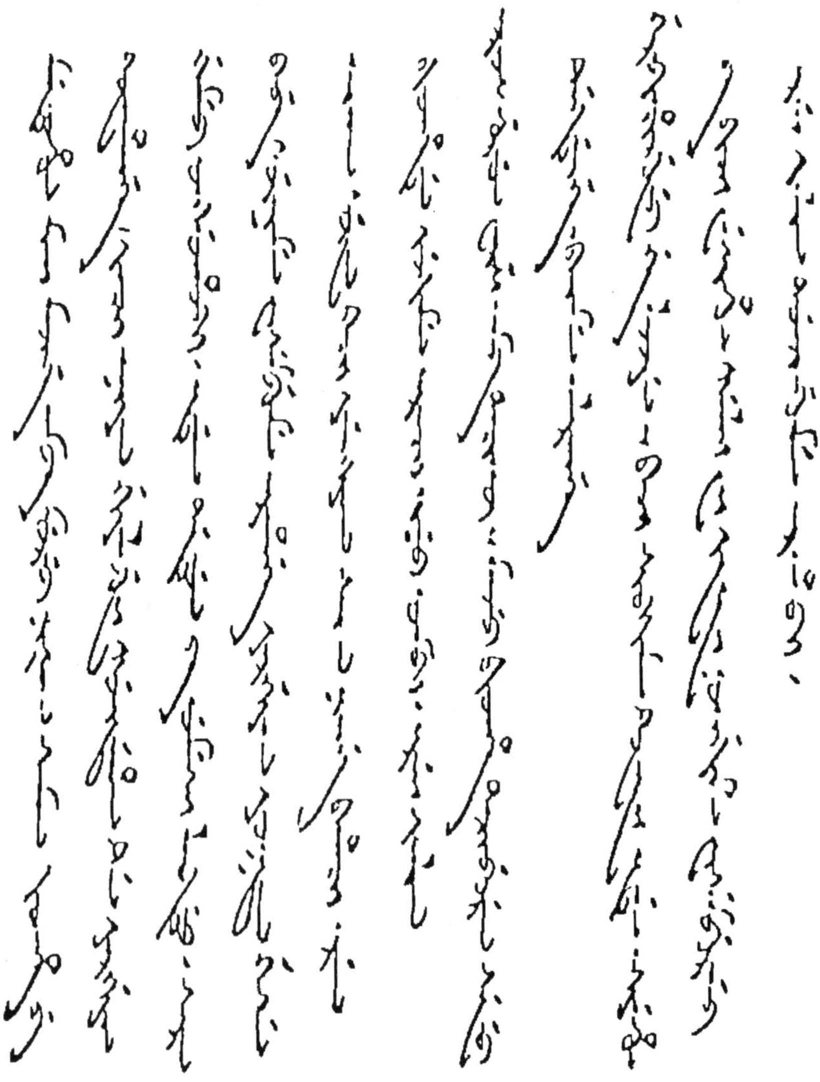

附錄三　滿文字母表

附錄三 滿文字母表

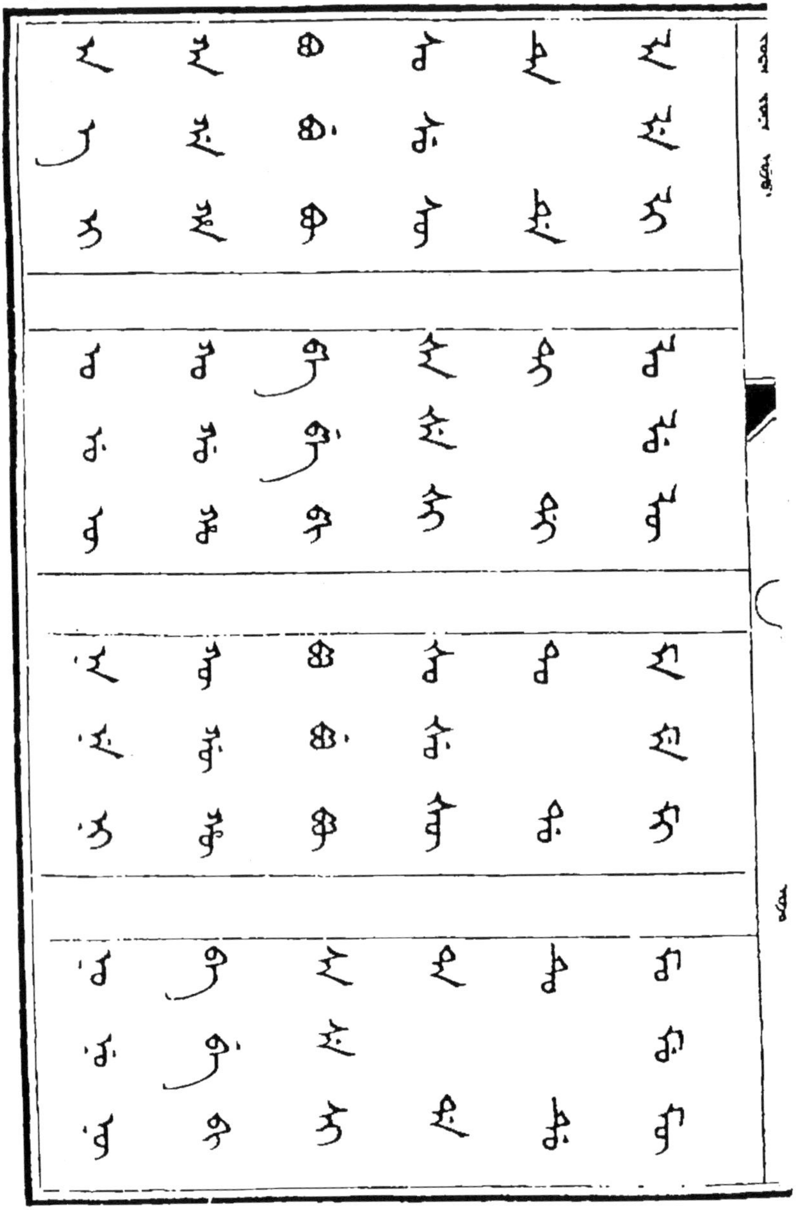

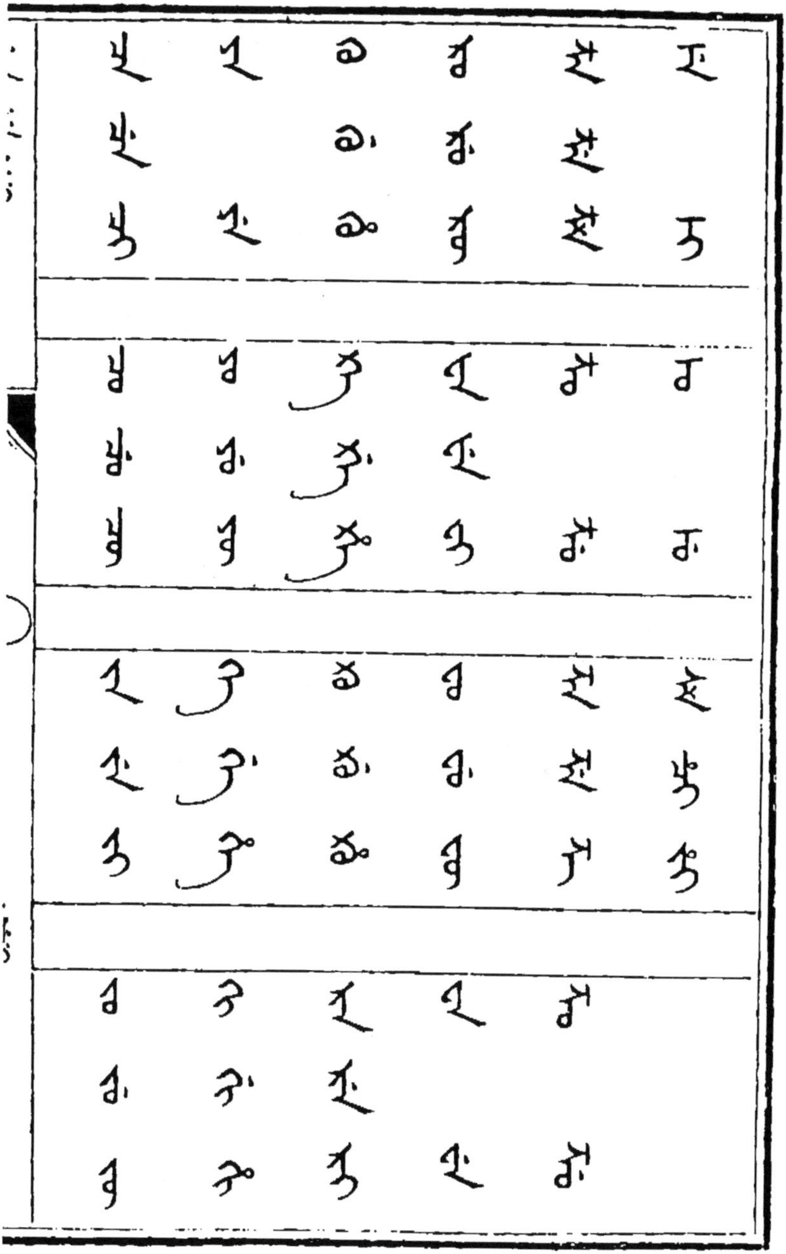

附錄四 滿文運筆順序

滿文運筆順序（清文啓蒙）

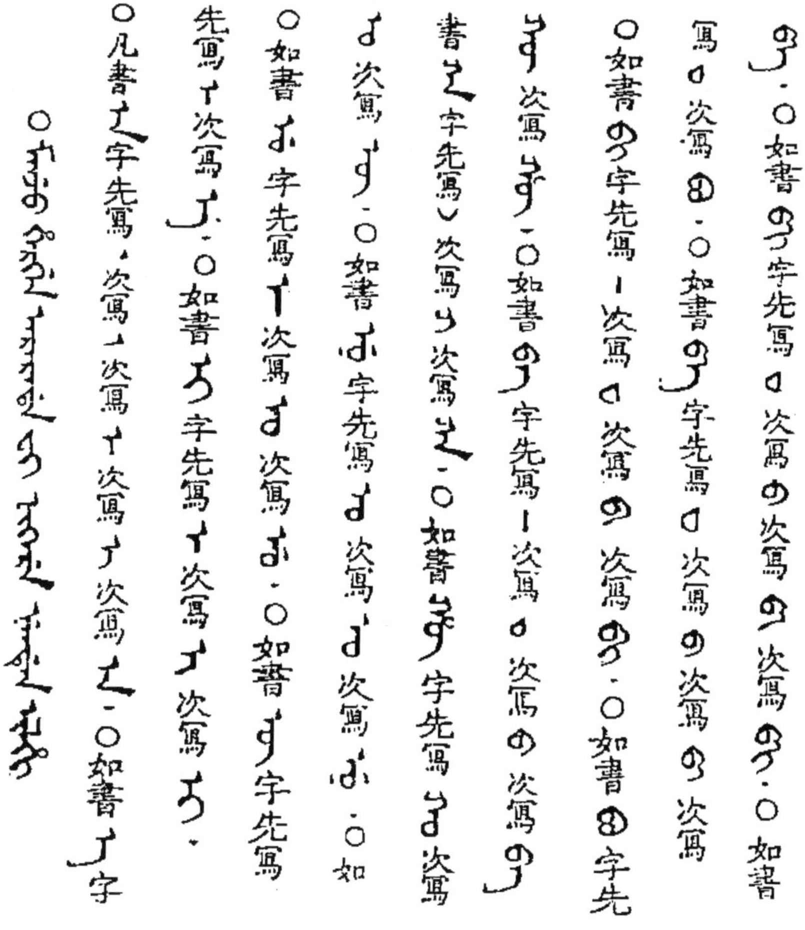

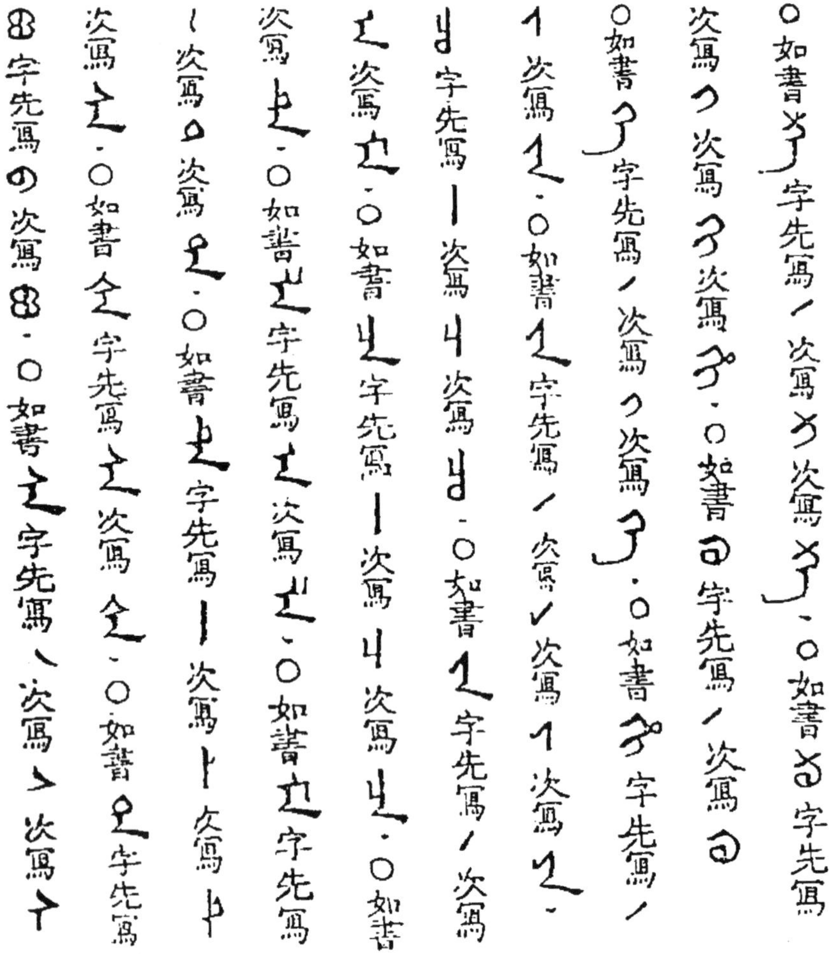
○如書字先寫次寫次寫。○如書字先寫
次寫次寫次寫。○如書字先寫次寫
○如書字先寫次寫次寫。○如書字先寫
次寫。○如書字先寫次寫次寫次寫。
字先寫次寫次寫。○如書字先寫次寫
次寫。○如書字先寫次寫次寫。○如書
次寫。○如書字先寫次寫。○如書字先寫
次寫次寫。○如書字先寫次寫次寫
次寫。○如書字先寫次寫。○如書字先寫
字先寫次寫。○如書字先寫次寫次寫

○如書　字先寫　次寫　次寫　·○如書　字
次寫　·○如書　字先寫　次寫　次寫　·
·○如書　字先寫　次寫　·○如書　字先寫
○如書　字先寫　次寫　·　如書　字先寫　次寫
次寫　·○如書　字先寫　次寫　次寫　·
○如書　字先寫　次寫　·○如書　字先寫
字先寫　次寫　次寫　·○如書　字先寫一次寫　·
書　字先寫　次寫　次寫　次寫　·○如書
字先寫　次寫　·○如書　字先寫　次寫　○如
次寫　·○如書　字先寫　次寫　次寫　·○如書

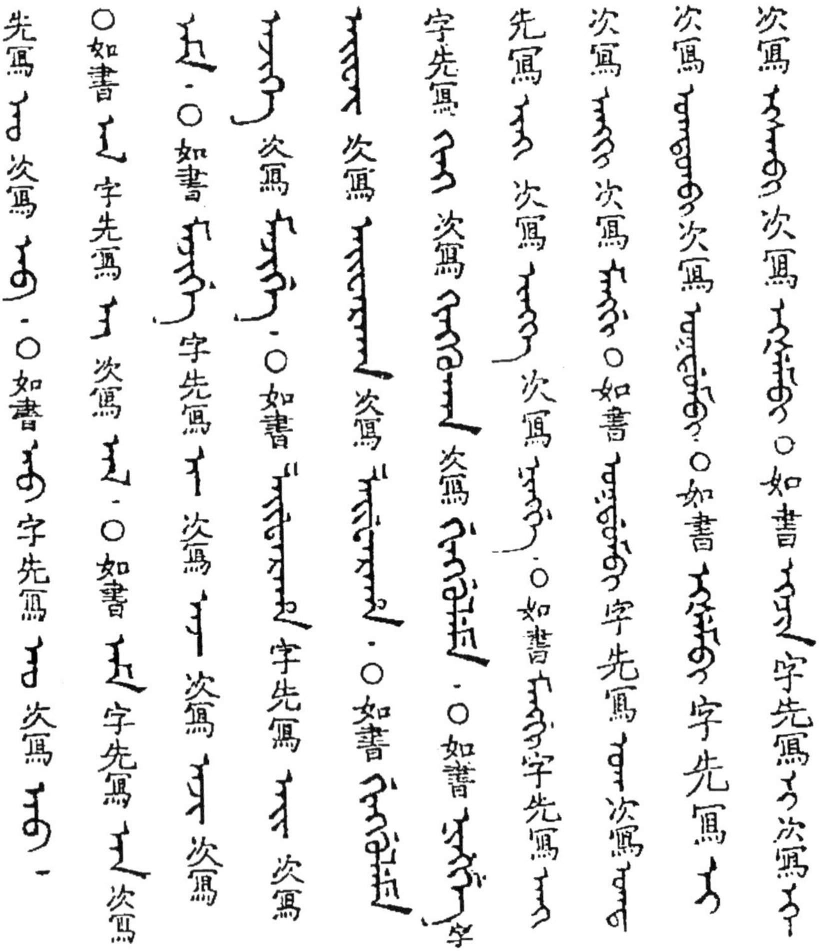
次寫 次寫 ○如書 字先寫 次寫
次寫 次寫 ○如書 字先寫
次寫 次寫 ○如書 字先寫 次寫
先寫 次寫 次寫 ○如書 字先寫
字先寫 次寫 次寫 ○如書 字
次寫 次寫 ○如書
次寫 ○如書 字先寫 次寫
○如書 字先寫 次寫 次寫 次寫
○如書 字先寫 次寫 ○如書 字先寫 次寫
先寫 次寫 ○如書 字先寫 次寫

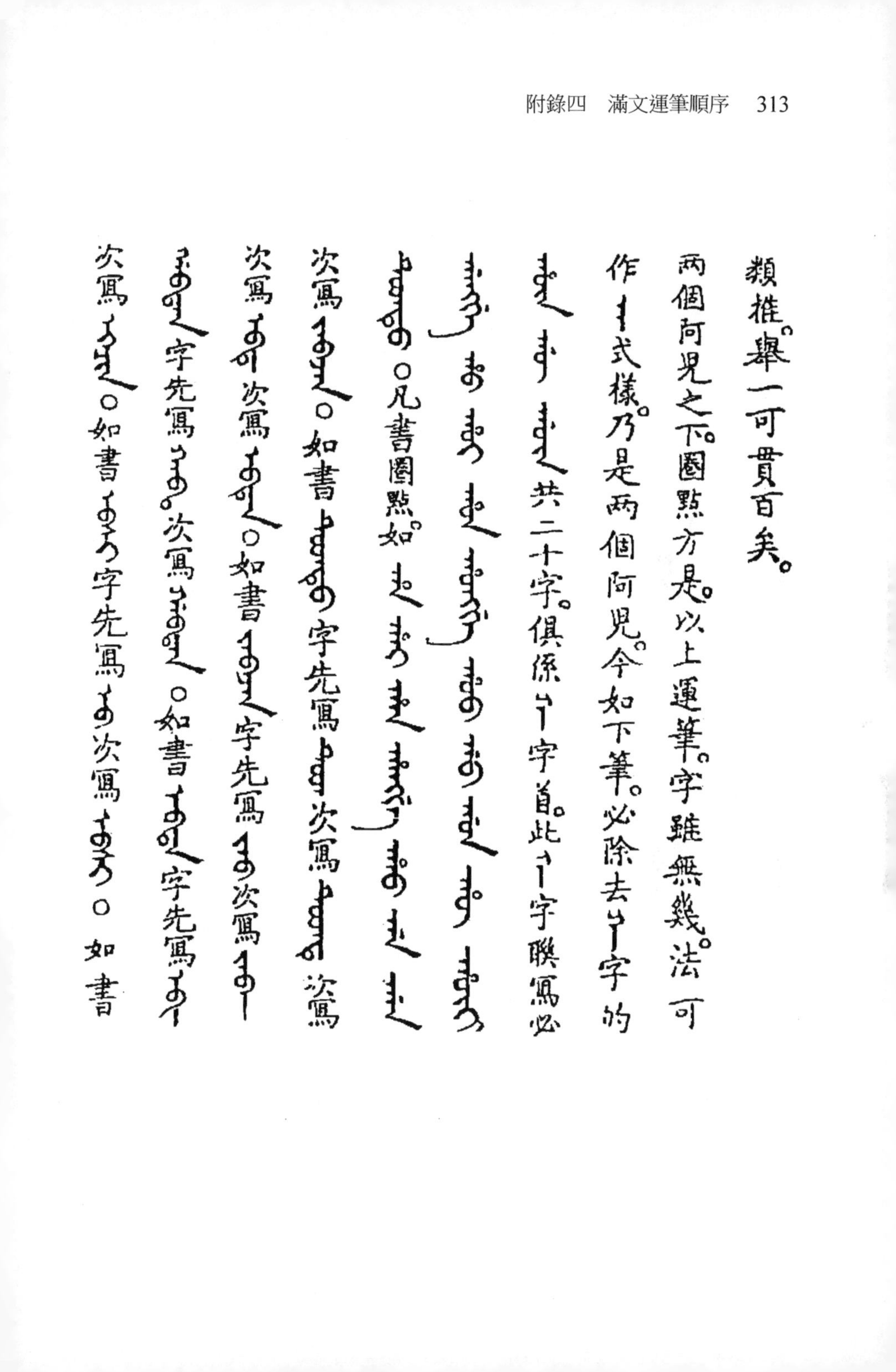

類推。舉一可貫百矣。

兩個阿兒之下。圈點方是。以上運筆。字雖無幾。法可作[illegible]式樣。乃是兩個阿兒。今如下筆。必除去[illegible]字的[illegible] [illegible] [illegible]共二十字。俱係[illegible]字首。此[illegible]字聯寫必[illegible] [illegible] [illegible] [illegible] [illegible] [illegible] [illegible] [illegible] [illegible] [illegible] [illegible] [illegible] [illegible] [illegible] [illegible] [illegible] [illegible]○凡書圈點如[illegible] [illegible] [illegible] [illegible] [illegible] [illegible] [illegible]

次寫[illegible]○如書[illegible]字先寫[illegible]次寫[illegible]次寫

次寫[illegible]次寫[illegible]○如書[illegible]字先寫[illegible]次寫[illegible]

[illegible]字先寫[illegible]次寫[illegible]○如書[illegible]字先寫[illegible]

次寫[illegible]○如書[illegible]字先寫[illegible]次寫[illegible]○　如書

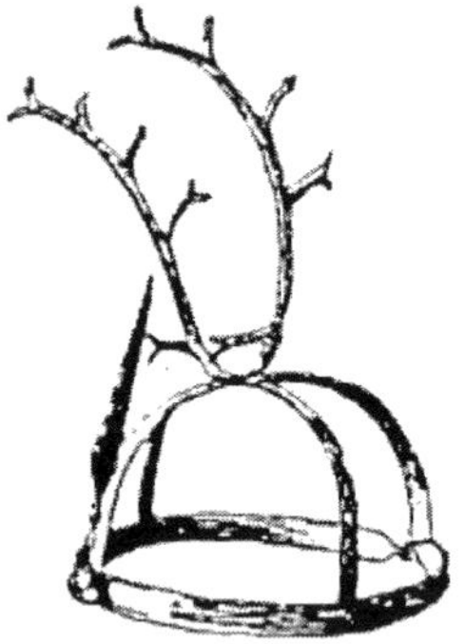

葉尼塞薩滿鹿角神帽

通古斯薩滿鹿角神帽

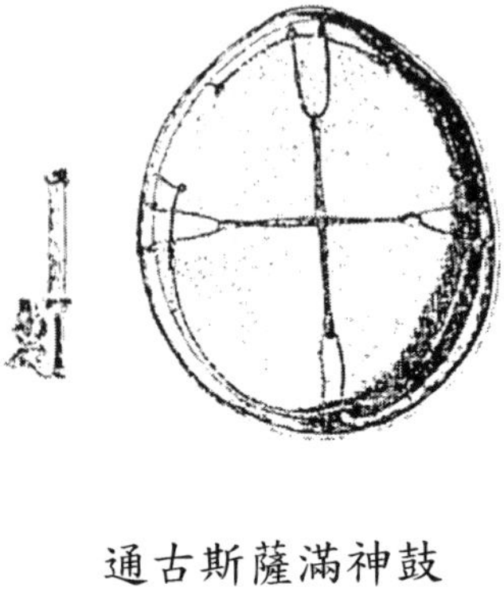

通古斯薩滿神鼓

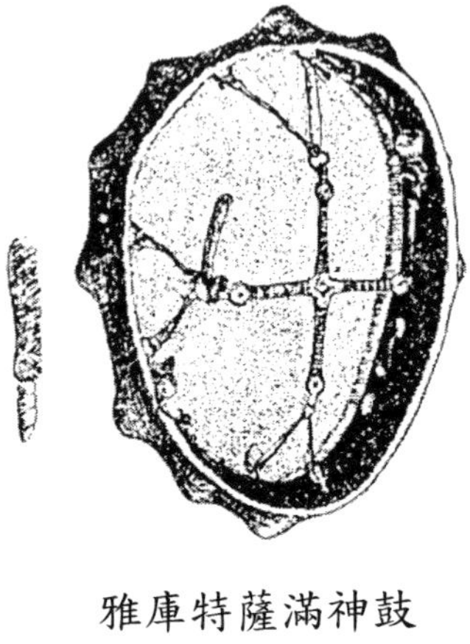

雅庫特薩滿神鼓